O Sapo e o Príncipe

OBJETIVA

PAULO MARKUN

O Sapo e o Príncipe

personagens, fatos e fábulas do Brasil contemporâneo

OBJETIVA

EDITORA OBJETIVA LTDA., rua Cosme Velho, 103
Rio de Janeiro – RJ – CEP 22241-090
Tel.: (21) 2556-7824 – Fax: (21) 2556-3322
www.objetiva.com.br

Coordenação editorial
Isa Pessôa

Assistente editorial
Maryanne Linz

Capa
Tita Nigrí

Índice onomástico
Fabiano Morais

Revisão
Taís Monteiro
Umberto Pinto de Figueiredo
Renato Bittencourt

Editoração Eletrônica
FUTURA

M346s

Markun, Paulo
O sapo e o príncipe : Personagens, fatos e fábulas do Brasil contemporâneo / Paulo Markun. - Rio de Janeiro : Objetiva, 2004

374 p. fotografias ISBN 85-7302-640-5

1. Brasil - Política e governo - 1995-2004. 2. Silva , Luiz Inácio Lula da (1945 -). 3. Cardoso, Fernando Henrique (1931 -). I. Título

CDD 320.981
923

Para Tatiana, Ana, Pedro,
João, Alice e Helena.

Urra o sapo-boi:
– Meu pai foi rei.
– Foi!
– Não foi.
– Foi.
– Não foi.

Do poema "Os Sapos", de Manuel Bandeira,
lido na Semana de Arte Moderna de 1922.

Sumário

A faixa passou de FHC para Lula, a bandeira do PT se agitou em milhares de mãos, consagrando a festa cívica com exuberância popular. Brasília, janeiro de 2003.

Fatos e Fábulas

Em outubro de 2002, pela vontade dos eleitores, Luiz Inácio Lula da Silva tornou-se o primeiro brasileiro de origem realmente popular a chegar à Presidência da República. Sua vitória levou um partido de esquerda, que até pouco antes apontava o socialismo como objetivo, a controlar a máquina administrativa federal. Marcante por si só, o fenômeno ganhou mais relevância por resultar da decisão livre e soberana da maioria da população, que Fernando Henrique Cardoso soube culminar com uma transição impecável, sem traumas ou sobressaltos.

Depois de quatro décadas de mandatos interrompidos e presidentes sem voto, tal evento já seria merecedor de registro, análise e interpretação. Até para identificar o papel que o *marketing* político desempenhou nessa virada.

Baseado em informações obtidas junto a fontes identificáveis e supostamente confiáveis, como entrevistas e depoimentos dos protagonistas, feitas pelo próprio autor ou por outros profissionais, bem como documentos, artigos e reportagens, este livro pretende ser apenas um primeiro olhar sobre tal episódio. Uma obra que se destina ao público em geral, não a especialistas ou aficionados da política.

O autor agradece aos que deram entrevistas e depoimentos exclusivos, a saber, Airton Soares, Aluísio Mercadante, Almir Pazzianoto, Antonio Carlos Félix Nunes, Chico de Oliveira, Duda Mendonça, Enílson Simões de Moura, Fernando Henrique Cardoso, Fernando Morais, Frei Chico, Jorge Caldeira, José Dirceu, José Genoino, José Serra, Laerte, Luís Dulci, Luiz Gushiken, Lourdes Maria Coelho Barelli, Nildo Masini, Paulo Vidal, Pedro Malan, Ricardo Kotscho, Walter Barelli.

A fase de pesquisa e apuração teve a participação de Ana Paula Lacerda, Aiuri Rebello, Lucianne Hamilton, Marcelo Aith, Maryanne Linz, Renata Gomes e Sameila Brandão. Eliane Sobral ajudou a elaborar o capítulo que procura resumir os acontecimentos dos oito anos de governo de FHC.

No processo de edição, foram indispensáveis as críticas, observações e o empenho de Isa Pessôa, Roberto Feith e toda a equipe da editora Objetiva.

Muito deve este trabalho à gentileza e colaboração de Ana Tavares, Antonio Risério, Danielle Adaillon, Duda Hamilton, Duda Mendonça, Eduardo Freha, Fausto Macedo, Jayme Spitscovsky, José Roberto Toledo, Igor Rosado, Kennedy Alencar, Leão Serva, Luís Nassif, Manoel Canabarro, Marcelo Netto, Marcelo Pontes, Maria Elisa Meirelles, Maurício Rivero, Regina Echeverria, Sergio Gomes e Telma Feher.

Com seu inédito *A Virada – do Exílio ao Planalto Central*, Petterson Rodrigues foi de grande valia. Feito para a conclusão de seu curso na Universidade Brás Cubas, o trabalho é um primeiro passo para a reconstituição da cinematográfica biografia de José Dirceu, que Petterson pretende agora completar e publicar.

Boa parte da trajetória de Fernando Henrique Cardoso foi desvendada por Brigitte Hersant Leoni, autora de *Fernando Henrique Cardoso, O Brasil do Possível* (Editora Nova Fronteira, Rio de Janeiro, 1997), e Ted Goertzel, com seu *Fernando Henrique Cardoso e a Reconstrução da Democracia no Brasil* (Editora Saraiva, São Paulo, 2002).

Uma fonte importante sobre a história de Lula é o *site* www.abcdeluta.org.br, que preserva abrangentes e reveladores depoimentos dele próprio e de outras lideranças sindicais do ABC.

Outra fonte é a tese de doutoramento que a jornalista e escritora Denise Paraná defendeu em 1995 junto ao Departamento de História da Faculdade de Filosofia, Letras e Ciências Humanas da Universidade de São Paulo. Entusiasta da história oral, Denise registrou os depoimentos de Lula e seus irmãos em *Lula, o Filho do Brasil* (Perseu Abramo, São Paulo, 2002) e assim garantiu material para que outros pesquisadores pudessem trabalhar, como se fez aqui.

Sobre o sapo e o príncipe do título, eles remetem tanto aos apelidos dos protagonistas, quanto a uma das histórias infantis celebrizadas por Jacob Ludwig e Wilhelm Carl Grimm. No século XIX, a dupla resolveu preservar as tradições culturais de seu povo na Alemanha subjugada por Napoleão, em que o francês havia se tornado a língua oficial. Os irmãos Grimm levaram tão a sério a missão de recolher as histórias contadas pelos camponeses que acabaram imortalizando muitas delas.

O *Sapo Príncipe*, ou *Henrique de Ferro,* começa quando uma linda princesinha perde sua bola de ouro num lago. Socorrida por um sapo, faz com ele um acordo, que tenta romper logo adiante. Mas o sapo era persistente e acaba conseguindo o que queria – comer e dormir com a princesa no castelo. Na hora agá, ela se revolta e o joga contra a parede. Descobre então que, na verdade, ele é um príncipe encantado. Os dois casam-se e vivem felizes para sempre. Na última cena, Henrique de Ferro, o fiel lacaio do príncipe-sapo, quase morre de alegria ao ver o amo voltar à velha forma.

Na política, mudanças como as registradas recentemente no Brasil costumam ser resultado de um longo processo – embora, aparentemente, sejam tão súbitas e radicais quanto a transformação do sapo em príncipe no conto dos irmãos Grimm.

Com o objetivo de identificar o quanto existe de fato e fábula nessa história é que surgiu este livro.

PAULO MARKUN

Lula e Fernando Henrique logo após a passagem da faixa. Sem os óculos, que tinham acabado de cair, FHC observa a informalidade do novo presidente.

1

A Faixa

(2003)

Primogênito de uma família carioca de classe média, a vasta árvore genealógica de um inclui mais de dez generais, dois ministros da Guerra, um presidente do Banco Central, um senador e um prefeito do Distrito Federal. Do outro, o penúltimo dos oito filhos de um casal de agricultores nordestinos, nem há registro preciso dos antepassados.

Um brincou nas praias e morros de Copacabana até os nove anos. O outro tinha cinco quando deixou Garanhuns, interior de Pernambuco, em direção a São Paulo na carroceria de um pau-de-arara.

Aos 15 anos, um usava terno e gravata nas férias, em pleno verão do Rio. Pouco mais novo, o outro carregava os ternos passados e engomados por uma tinturaria na periferia de São Paulo, mas pedia paletó emprestado para ir ao cinema.

Um viveu semanas de fervor religioso na época da primeira comunhão, mas trocou a fé pela lógica e acabou apontado como ateu. O outro, devoto de Jesus e de São Francisco de Assis, vai à missa de vez em quando e faz o sinal-da-cruz antes das refeições.

Ser militar ou cardeal era o sonho de um, que recebeu o primeiro salário como professor de História Econômica da Europa. O outro, que oscilou entre motorista de caminhão-tanque e bombeiro, foi vendedor ambulante, engraxate e *office boy,* antes de sentir-se o dono do mundo ao receber meio salário mínimo por mês, envergando o macacão azul de operário.

Um é poliglota, o outro volta e meia escorrega nas concordâncias do português. Um considera a leitura um grande prazer; o outro tem preguiça de ler. Um é contido, o outro, chorão. Um é santista, o outro, corintiano. Um joga pôquer, o outro, truco. Um bebe uísque e vinho, o outro, cachaça. Um admitiu ter dado uma tragada num baseado, mas não fuma nada; o outro chegou a catar bitucas de cigarro no chão da fábrica e ainda hoje não dispensa cigarrilhas e, eventualmente, charutos feitos só para ele em Itabuna, na Bahia.

Um escuta ópera, música clássica e, eventualmente, *jazz*. O gosto do outro alcançou as árias popularizadas por Pavarotti, depois de apreciar Altemar Dutra, Nelson Gonçalves, Roberto Carlos, Elis Regina, Chico Buarque e, mais recentemente, baianos e sertanejos.

Um não gosta do contato físico com estranhos e sofre quando precisa apertar milhares de mãos, abraçar centenas de corpos e erguer criancinhas no colo. O outro cultiva a proximidade e se expande nos cumprimentos, passando um braço pelas costas do interlocutor e batendo várias vezes em seu peito com a mão espalmada.

Um admira o pai, um militar que queria ser escritor. O outro venera a mãe, camponesa e retirante que conseguiu criar os filhos em meio a todas as adversidades.

Um se declara um ingênuo que acredita nas pessoas; o outro diz que, em sua terra, o fio do bigode valia mais que qualquer documento, mas reconhece que hoje já não se pode agir assim, porque há muita esperteza no mundo.

Um nunca chamou o outro de sapo, ainda que este tenha lhe pespegado o epíteto de príncipe muitas vezes, sempre com um sentido pejorativo.

Um meteu-se na política ainda no colégio, defendendo o monopólio estatal do petróleo. O outro passou ao largo do sindicato nos primeiros anos como operário. Nenhum dos dois imaginou o poder como projeto de vida, mas por força dos caminhos do país – e da manifesta vontade de 52.793.264 brasileiros –, um acabou entregando ao outro o comando da nação.

Mais de 200 mil pessoas acompanharam o ritual, no que foi a maior festa popular já ocorrida em Brasília. No momento mais aguardado, a faixa verde-e-amarela resvalou sobre a cabeça de um e jogou seus óculos ao chão. Sem qualquer hesitação, o outro abaixou-se, apanhou os óculos e devolveu-os a seu dono, que prosseguia com a cerimônia, como se nada tivesse acontecido.

Foi apenas outro imprevisto no estranho *pas de deux* vivido por estes brasileiros com trajetórias totalmente distintas, às vezes opostas, mas que se entrelaçaram em várias ocasiões. Na porta do elevador privativo do Palácio do Planalto, já presidente, Luiz Inácio Lula da Silva deixou o protocolo e as desavenças de lado e garantiu para Fernando Henrique Cardoso, agora sem poder algum:

– *Você sabe que aqui deixa um amigo...*

Há quem assegure que os dois irão confrontar-se novamente nas urnas. E, antes que a hipótese seja confirmada ou desmentida pelos fatos, é conveniente mergulhar mais fundo na história de um e outro, que, como todas as histórias, não pode ser resumida a diferenças, semelhanças e alcunhas superficiais como sapo e príncipe.

Lula com a família na praia – dona Lindu, Ruth, Lula, um amigo da família, Jaime na lambreta e Maria.

2

Pau-de-arara
(1931-1952)

Quando sentiu de novo aquela dor, Eurídice Ferreira de Melo, a dona Lindu, 30 anos, mandou seu cunhado buscar a parteira em Caetés. José era bem magro, e a dona, muito gorda. Os dois caíram do cavalo algumas vezes e, por pouco, a viagem não foi em vão, lembra o cunhado de Lindu:

– *Quando chegamos, o menino já foi nascendo. Depois, mamou como um bezerro.*

A casa era uma meia-água, com quarto, sala e cozinha, a uma légua – cerca de seis quilômetros – de Caetés e a três léguas de Garanhuns, no planalto da Borborema, interior de Pernambuco. Cimento só no piso da sala; no mais, chão batido. Os móveis eram poucos: mesa de comer ladeada por banco e tamboretes de madeira, várias redes e uma cama de casal.

Como outras propriedades rurais do agreste pernambucano, o pequeno sítio não tinha luz elétrica. O fogão era a lenha, e a água – amarela, escassa, salobra e cheia de sapinhos – vinha de um buraco cavado no chão. Lavar roupa, só no riacho Fundo, distante quase duas horas a pé. Banho, um por semana.

Se o céu ajudava, a batata, a mandioca, o milho, o feijão e as frutas garantiam o sustento da família. Mas, no tempo de seca, quase não havia o que comer. Por sorte, em 1945 não faltou chuva, nem comida na mesa dos Silva. Mas naquele sábado, 27 de outubro, havia uma sombra a mais no rosto de poucos sorrisos de dona Lindu.

O rebento era o sétimo lance da escadinha: José Inácio, o Zé Cuia, tinha nove anos; Jaime, oito; Marinete, sete; Genival, ou Vavá, seis; José – que mais tarde ficaria conhecido como Frei Chico, por causa da falta de cabelo, que parecia a tonsura usada pelos frades –, três; e Maria, dois. Após aquele garoto, ainda nasceria Tiana, batizada como Ruth, em 1950. Mais quatro morreram pouco depois do parto: um entre Marinete e Vavá, outro entre Vavá e Frei Chico e mais tarde um casal de gêmeos.

A tristeza de dona Lindu tinha motivo: um mês antes, seu marido, Aristides Inácio da Silva, partira a pé para Garanhuns, depois de recomendar a família ao irmão e vizinho José. Na porta da casa, despediu-se da penca de crianças. Zé Cuia fixou a cena na memória – o pai de olhos secos, a mãe chorando. Jaime lembra que ele vendera dois cavalos velhos para comprar passagem no pau-de-arara. Vavá carregou por anos a fio o vidro de perfume que o pai lhe deixou, mas não se recorda do sentimento na hora do adeus:

– *A gente era tão pequeno que não tinha nem noção do que estava acontecendo. Não tinha noção do que sentia. A gente só sabia que minha mãe falava que ia ser melhor para nós, porque a gente ia ter dinheiro para comprar as coisas.*

Maria e Frei Chico, novos demais para fixar qualquer detalhe da despedida, ignoravam o destino do pai. Como outros nordestinos que deixavam mulher e filhos em busca de emprego e uma vida melhor, Aristides ia para São Paulo. Mas as crianças não sabiam que, perto dali, ele apanharia a prima de dona Lindu, Valdomira Ferreira de Góis, 16 anos, conhecida como dona Mocinha. Para Eliane Brum, da revista *Época*, muito tempo depois, ela se diria engambelada:

– *Um dia eu voltava da escola e uma mulher me perguntou se eu não queria ir embora com ele. Eu pensei que era para trabalhar, não que era para virar mulher. Ele me pegou de noite e viemos embora. (...) Ele foi preso no Recife e depois no Rio, porque eu era de menor. Falava que eu era irmã, mas o documento não marcava. Depois fomos para São Paulo. Eu já não tinha mais valor no Norte, então fiquei mais ele.*

No dia 27 de outubro, Aristides e a nova mulher ainda estavam no Rio de Janeiro. Ele cortara o calcanhar com um machado acidentalmente e não arranjava emprego. Ignorou o nascimento de seu sétimo filho, naquele sábado em que estava programada uma grande manifestação a favor do presidente Getúlio Vargas.[1]

Como acontece com outros milhões de brasileiros, a árvore genealógica dos Silva, de Caetés, tem poucos ramos: a família Ferreira, a família Inácio e a família Broca, de origem italiana, responsável pelos olhos claros da mãe e pela estatura de alguns ascendentes. O menino ganhou o apelido de Lula, comum no Nordeste, mas só foi registrado como Luiz Inácio da Silva em Vicente de Carvalho, litoral de São Paulo, oito anos mais tarde. No papel, sua data de nascimento ficou sendo 6 de outubro de 1945, por um erro do pai na hora de tirar o documento.

Com a mãe e os dois mais velhos trabalhando na roça, quem cuidou do garoto foi Marinete. Ele tinha três anos quando escapou de boa: encantou-se com um potro recém-nascido, num sítio próximo, mas, ao tentar agradar o bichinho, a égua mordeu-o na barriga e sacudiu-o brutalmente, até o dono dar um golpe de facão no pescoço do animal.

Lula não conheceu o pai de dona Lindu, mas lembra da avó, Otília Ferreira de Melo, uma costureira tão chegada à cachaça, que só não morreu afogada num açude, porque foi salva pelos netos. Do avô paterno, um alagoano alto e enfezado, que eles chamavam de padrinho João Grande, só tem vagas lembranças.

Caetés tem clima ameno e paisagem verde, onde os Silva se divertiam caçando preá, matando rolinha e beija-flor com estilingue, e pegando bigu – carona – de caminhão. Nas festas, os garotos iam a pé até o vilarejo, para escutar Adalberto Damião, o maior tocador de viola das redondezas.

Diversão extra, só na bodega do Tozinho, misto de bar e armazém onde compravam mantimentos e vendiam a mamona que coletavam no mato. Ali seus irmãos mais velhos acompanharam a derrota do Brasil

---

[1] O comício foi proibido pelo chefe de Polícia do Rio, João Alberto. Getúlio reagiu nomeando seu irmão Benjamin para o cargo de chefe de Polícia e acabou derrubado, 48 horas depois.

para o Uruguai, na final da Copa do Mundo de 1950. O próprio Lula tinha apenas cinco anos e não lembra de coisa alguma.

Certa noite, Aristides reapareceu de surpresa, todo elegante, de terno e gravata: ganhara uma bolada no jogo do bicho e gastou o dinheiro para rever a família. Depois de passar três meses no Rio, conseguira finalmente um emprego no porto de Santos, passando a mandar dinheiro para a família – providência que se tornaria vital nos dois anos seguintes, quando a seca devastou a plantação que sustentava dona Lindu e seus filhos.

Mas Aristides veio acompanhado: no sítio do padrinho João Grande, deixou dois garotos que apresentaria à família pouco adiante. Eram os filhos dele com dona Mocinha, que ficara numa espécie de pensão em Garanhuns.

Lula não se recorda da aparição do pai, que só ficou o tempo suficiente para conhecer o caçula e deixar dona Lindu grávida mais uma vez, agora de Tiana. Ao voltar, Aristides levou Jaime, de 13 anos.

Lula, em sua primeira foto, com a irmã Maria.

Quando chegaram a Santos, mandou o filho escrever para casa. Aproveitando a ignorância do pai, analfabeto, Jaime forjou um pedido para que a família fosse encontrá-los.

Existe apenas uma foto de Lula nessa época, reproduzida na página ao lado. Ele e a irmã estão sentados sobre um tamborete coberto de tecido estampado e enfeitado com uma toalha de renda branca num estúdio fotográfico de Garanhuns. Nos pés da dupla, sandálias visivelmente maiores: era a primeira vez que eles usavam algo além de chinelos. Maria encara a lente, ele olha para o canto. Dois anos mais tarde, a família foi para o sul num pau-de-arara. Lula só voltaria a Caetés na campanha presidencial de 1994.

Seu adversário na campanha de 1994 também deixara a cidade natal quando garoto – aos nove anos, trocou o Rio de Janeiro por São Paulo. Mas as duas infâncias não poderiam ter sido mais diferentes. Fernando Henrique Cardoso nasceu no dia 18 de junho de 1931, na casa de sua avó Linda, na rua Dezenove de Fevereiro, 24, em Botafogo, na zona sul do Rio. Seu bisavô, Felicíssimo do Espírito Santo Cardoso, um dos chefes do Partido Conservador em Goiás, elegeu-se várias vezes deputado e senador do Império, exercendo, por 20 dias, a presidência da província.

O primogênito de Felicíssimo, Joaquim Inácio Batista Cardoso, foi seminarista e professor de Filosofia em Goiás, antes de entrar para o Exército. Cursou a Escola Militar do Rio de Janeiro e teve 16 filhos com Leonídia Fernandes, a avó Linda. Transferido para São Paulo, Joaquim Inácio engajou-se na campanha pela abolição, antes de ser mandado para o sul. De volta ao Rio, tornou-se amigo e ajudante-de-ordens do marechal e segundo presidente da República, Floriano Peixoto. Estava entre os oficiais que entregaram a ordem de expulsão a dom Pedro II e, segundo FHC, era tão radical que sugeriu a seus companheiros matarem o imperador.

A política e o Exército balizariam a trajetória de todos os seus filhos. Leônidas, o terceiro, nasceu em Curitiba e, aos 15 anos, alistou-se na

Escola de Guerra de Porto Alegre, onde ficou conhecido como Sapo.[2] A agitação política o fez largar o curso de Medicina, empolgado com a Revolução Russa de 1917. Dois anos mais tarde, promovido a primeiro-tenente, entrou na Faculdade de Direito, mas abandonou os livros novamente para participar do movimento que acabaria conhecido como Tenentismo.

O fracasso dos tenentes fez com que Leônidas fosse transferido para um longínquo posto no rio Amazonas, de onde conseguiu mudar-se para Belém do Pará. Tinha 33 anos quando conheceu Nayde Silva, de 18, descendente de índios e espanhóis e filha de um comerciante alagoano. Sete anos mais tarde, em 1928, os dois casaram-se no Rio de Janeiro.

FHC nasceu quando Leônidas estava finalmente concluindo o curso de Direito. Já com a patente de capitão, continuava morando com os pais e com eles ficaria até o nascimento de Gilda, a segunda filha, em 1932. Só no ano seguinte, a família transferiu-se para uma casa alugada. Dois anos mais tarde, foram para um apartamento em Copacabana.

Nos traços e no temperamento, o garoto puxara a mãe. Nayde era doce, gentil e afável, mas suficientemente rígida para manter a disciplina da casa e ensinar os três filhos – Antônio Geraldo, o caçula, nasceu em 1937 – a ler e escrever nem bem completavam três anos.

Leônidas não obedecia ao estereótipo militar: bom negociador, respirava política, adorava uma discussão, mantinha uma relação afetuosa com as crianças e jamais usava uniforme fora do serviço. Alimentando o sonho de ser escritor, assinava artigos em diversos jornais, mantinha uma biblioteca bem fornida e logo arranjou uma professora particular de francês para o filho mais velho.

Fernando Henrique fez o primário na Escola Paulista, em Copacabana. As aulas de Educação Física eram na praia e os morros, na época

---

[2] Não se sabe ao certo o motivo do apelido, mas supõe-se que era pelo fato de ser curitibano, cidade que teria muitos sapos na época.

FHC com os pais, Nayde e Leônidas Fernandes Cardoso, e os irmãos, Gilda e o caçula Antônio Geraldo. Início dos anos 40.

FHC, à direita, por volta dos 16 anos, em férias na serra com os amigos Célio Benevides e Luis Ventura.

sem favelas, serviam de cenário para as brincadeiras da criançada de classe média. Aos oito anos, com o apelido de Ité, ele passou a acompanhar o movimento das tropas aliadas na Segunda Guerra Mundial num mapa gigante que guardava sob a cama dos pais.

Em 1940, o major Leônidas Cardoso foi transferido para São Paulo. A família mudou para a rua Santa Adelaide, em Perdizes, e FHC foi estudar no colégio Perdizes. A nova cidade, que volta e meia se agitava com ensaios de defesa aérea, também lhe trouxe surpresas:

> – *São Paulo, para mim, foi muito chocante, porque, comparada com o Rio, era muito provinciana. Eu nunca havia visto ruas sem pavimentação e quase todo o Pacaembu era assim. No final da rua Augusta, tinha um areião. E nem a avenida Água Branca, com trilhos do trem no meio, era pavimentada.*

Em 1942, Leônidas voltou ao Rio com a família, encarregado de controlar o envio de suprimentos para o Nordeste. Por algum tempo, os Cardoso viveram numa casa grande na rua General Canabarro, na Tijuca. O fantasma da guerra contaminava até as crianças: FHC se recorda de usar máscaras contra gases nas brincadeiras com garotos do bairro. Em várias manhãs, foi ao cais junto com o pai, acompanhar o vaivém dos aviões Catalina encarregados de vigiar a partida dos navios mercantes, depois de alguns ataques atribuídos a submarinos alemães. Aquele clima influenciou seus planos:

> – *Me lembro uma vez em que uns tanques passaram na rua... Entrei num deles e fiquei muito emocionado. Meus tios e primos eram todos muito militarizados e minha idéia, naquela altura, também era ser um militar.*

No final de 1943, promovido a tenente-coronel, Leônidas voltou para São Paulo e os Cardoso foram morar no segundo andar de um edifício na rua General Olímpio da Silveira, no bairro de Higienópolis. Nessa época, FHC foi matriculado no colégio São Paulo, que ficava próximo. Ao entrar na classe pela primeira vez, surpreendeu os colegas cumprimentando formalmente um a um. Nos pés, usava sapatos bicolores, última moda no Rio. Mas logo sua casa se tornou um ponto de encontro, agrupando amigos que manteria por toda a vida, como o hoje desembargador Célio Benevides de Carvalho, o pintor Luís de Souza Ventura, o historiador Boris Fausto e a crítica de arte Radhá Abramo.

Embora nunca tenha sido um adepto da praia, continuou indo para o Rio nas férias, quando chocava os primos ao envergar paletó, colete e gravata em pleno verão:

– *Eu era bizarro em São Paulo e bizarro no Rio. Sempre tive uma espécie de marginalidade cultural.*

Aos 11 anos, teve um surto de fervor religioso e decidiu fazer a primeira comunhão. Durante várias semanas, distribuiu santinhos pela vizinhança, impôs-se sacrifícios e rezou o terço antes de dormir.

Leitor voraz, avançou sobre a biblioteca do pai, principalmente sobre as obras francesas. Devorou também os americanos – que começavam a entrar na moda – e os brasileiros. Entre eles, Jorge Amado, José Lins do Rego e Graciliano Ramos, a quem creditaria, no futuro, boa parte de suas preocupações sociais.

Como tantos jovens de sua geração, envolveu-se com a política já no tempo do colegial: colaborou com jornais estudantis, foi diretor e depois presidente do centro acadêmico do colégio, e atuou ao lado do pai na campanha "O Petróleo É Nosso", de que seu tio, o general Caetano Horta Barbosa, ex-presidente do Conselho Nacional do Petróleo, seria um expoente.

Na lembrança de Fernando Henrique, a imagem mais forte do ano em que Lula nasceu foi o desfile dos pracinhas a que assistiu emocionado. Nessa época, já participava ativamente do grêmio e colaborava com os jornaizinhos do colégio – *O Guarani* e *A Crônica*. Em janeiro, perto dos 14 anos, acompanhou pelos jornais a repercussão do I Congresso Brasileiro de Escritores, mais um empurrão no rumo da democracia.

Lula, por sua vez, tem poucas recordações de seus primeiros anos de vida em Caetés. Entre as exceções, estão as caminhadas noturnas até a casa dos tios, dona Lindu iluminando a trilha com uma tocha de querosene. Lembra ainda dos irmãos saindo para caçar preá e rolinha, em busca da mistura para o almoço – a dieta da família era tão limitada que as crianças só comiam arroz quando estavam doentes. E também não esqueceria das pequenas represas que os garotos improvisavam em dias de chuva, para recolher a água que a mãe iria usar na cozinha, assim que o barro assentasse.

As recordações da viagem para o sul são mais nítidas. Atendendo ao chamado que supunha ser de Aristides, dona Lindu vendeu o sítio. Segundo Lula, que vê sentido em coincidências, a terra foi negociada por 13 contos – o mesmo número mais tarde adotado pelo Partido dos Trabalhadores. Vavá acha que foi menos, nove contos – dos quais receberam cinco ou seis. Em seguida, dispensaram tudo o que podia render alguns trocados, como o jumento, o relógio e até as imagens de santos que tinham em casa, para pagar o transporte.

A partida não foi uma festa – na hora agá, Vavá escondeu-se no alto do pé de caju. Mas finalmente as sete crianças e a mãe juntaram-se ao tio Dorico, sua mulher e dois filhos na bodega do Tozinho. Enquanto esperavam o pau-de-arara, Lula viu uma bicicleta pela primeira vez e ficou impressionado.

O caminhão atrasou e eles ficaram dois dias ao relento, com medo de perder o transporte. O cão Lobo, xodó de seu Aristides e de Lula, também ficou plantado diante da bodega, mas não partiu com os Silva: entregue aos cuidados de um tio, entristeceu, deixou de comer e morreu dias mais tarde, numa prova de amor que ainda hoje leva Lula às lágrimas, sempre que dela se recorda.

Finalmente, no dia 10 de dezembro de 1952, o caminhão chegou. Uma lona cobria a frente e os lados da carroceria, ocultando dois andares de pranchas de madeira sem encosto, sobre as quais se acomodaram quase 60 pessoas com malas, pacotes e trouxas.

Dona Lindu havia preparado carne-seca e frango com farinha e levava também queijo, bolacha e rapadura. Da Bahia em diante, passaram a comprar banana. Mas a bagagem deles era tão escassa que Lula usou, durante toda a viagem, a única camiseta.

Eurídice Ferreira de Melo, a dona Lindu, mãe de Lula. 1959.

Cada jornada durava pelo menos dez horas. Algumas famílias carregavam panelões e cozinhavam nas paradas mais longas. Todos dormiam embaixo da carroceria ou na beira da estrada. Certa ocasião, por causa de uma dor de barriga, Lula e Frei Chico saltaram mal o caminhão parou. Correram para o mato e, quando perceberam, tinham ficado para trás. Só conseguiram embarcar porque dona Lindu alertou o motorista, aos gritos. Noutra parada, num posto de gasolina, um fazendeiro propôs que Vavá ficasse trabalhando para ele. Dona Lindu não deixou.

Finalmente, 13 dias depois da partida – novamente, a conta é de Lula –, desceram na estação do Brás, em São Paulo. Os três adultos e as sete crianças se espremeram num táxi e seguiram rumo a Santos, espantando-se com os túneis da via Anchieta – nenhum deles havia visto nada parecido até então.

Encontraram Aristides no cais. Surpreso e preocupado, ele acabou se irritando quando soube que dona Lindu deixara Lobo em Caetés. Como vivia maritalmente com dona Mocinha, o pai de Lula alojou a família, provisoriamente, na casa de um compadre em Vicente de Carvalho, um vilarejo precário erguido sobre o lado leste do canal que separa Santos da ilha do Guarujá.

No momento do reencontro entre Lula e o pai, na antevéspera do Natal de 1952, Fernando Henrique Cardoso acabara de se formar em Ciências Sociais. Desde os 15 anos, o seu maior interesse era a literatura. Já publicara alguns poemas na revista *Novíssimos*, junto com os futuros poetas concretistas Haroldo e Augusto de Campos. Com a mesma dupla fez a revista *Humanitas* e participou das reuniões do famoso Clubinho, o Clube dos Artistas e Amigos das Artes de São Paulo. Mas na hora de escolher a profissão, deixou a poesia de lado. Decisivos para esse salto foram os conselhos do professor Fidelino de Figueiredo, que FHC conhecera em Lindóia, durante uma viagem de férias:

– Fui vê-lo e ele me incentivou a que eu entrasse na Faculdade de Filosofia. Mas percebeu logo que eu não era dotado para as letras e, com jeito, me encaminhou à Sociologia.

FHC prestou exame para duas faculdades: Direito e Filosofia. Na primeira, fez as provas junto com seu melhor amigo, Célio Benevides de Carvalho, mas esbarrou no latim. Na segunda, foi aprovado.

Em 1949, aos 18 anos incompletos, matriculou-se no curso de Ciências Sociais da Faculdade de Filosofia, Ciências e Letras da USP. Embora a faculdade já tivesse quatro prédios na rua Maria Antônia, a maior parte das aulas ocorria no edifício do tradicional colégio Caetano de Campos, na praça da República.

Não havia separação entre os departamentos e os alunos estudavam Genética, Matemática e Filosofia. Seus professores eram os primeiros sociólogos brasileiros, ao lado dos franceses Roger Bastide e Paul Hugon, responsável pelas aulas de Economia, que Fernando Henrique tinha dificuldade de digerir, até pelo fato de serem ministradas em francês.

Seu primeiro trabalho acadêmico foi apenas razóavel: uma dissertação sobre o filósofo grego Parmênides que não mereceu mais que cinco. Mas o rapaz magro, moreno e bem falante logo chamou a atenção de um jovem e entusiasmado professor. Aos 29 anos, sempre de óculos e jaleco branco, Florestan Fernandes não tinha apenas a aparência de um cientista, como estava realmente disposto a transformar a Sociologia em ciência.

Entre o segundo e o terceiro ano, em torno de copos de chope, num bar da avenida São João, Florestan reforçou a indicação de Fidelino Figueiredo, recomendando a seu pupilo que se dedicasse à Sociologia. Não foi o único conselho seguido pelo estudante que, alguns colegas garantem, já se tornara o predileto do mestre.[3]

Também foi Florestan quem conseguiu o primeiro emprego de Fernando Henrique, antes mesmo de ele obter o diploma em Ciências Sociais: em agosto de 1952, quando dona Lindu já pensava em trocar Caetés por São Paulo, FHC começou a dar aulas de História Econômica da Europa na Faculdade de Economia da USP, graças a uma licença especial concedida pelo reitor.

O emprego permitiu-lhe marcar o casamento para o início de 1953. A noiva, sua colega de turma, natural de Araraquara, era filha de um contador e de uma professora de Botânica da Faculdade de Farmácia daquela cidade. Ruth Corrêa Leite dominava perfeitamente a Matemática, o calcanhar-de-aquiles da formação de FHC. Nas sessões de estudo, ela acabou superando a implicância com o fato de o colega andar meio malvestido e assim começou o namoro.

[3] Florestan se tornaria um dos fundadores do Partido dos Trabalhadores e eles terminariam em campos opostos na política, mas continuariam se emocionando em todos os reencontros.

3

Parafusos Marte
(1952-1960)

No Natal de 1952, Aristides transferiu Lindu e seus oito filhos para sua casa, concedendo à mulher legítima o *status* de primeira esposa. Mas não largou dona Mocinha e seus cinco filhos, acomodando-os em outro endereço ali mesmo em Vicente de Carvalho. A partir de então, dividiu-se entre as duas famílias: às vezes, visitava a oficial depois do trabalho, mas ia dormir com a outra; noutras ocasiões, chegava à casa da primeira mulher de madrugada e acordava as crianças, aos gritos.

Não demorou muito para dona Lindu ficar grávida novamente. Os gêmeos nasceram em casa, prematuramente, com a ajuda de uma parteira. Pouco depois ela foi internada com uma crise de pressão. Passou 17 dias no hospital, parte deles em coma. Os bebês ficaram em casa e acabaram morrendo. Segundo relato de Maria, Aristides não se mobilizou para resolver a situação dos recém-nascidos.

Não foi a única manifestação de insensibilidade do pai de Lula, que batia nos filhos pelos mais diversos motivos. Marinete apanhou por namorar um vizinho, Jaime foi espancado por derrubar Tiana quando a carregava nos ombros de brincadeira. Mais tarde, quase levou um golpe de foice, por ter ousado acender um cigarro diante do pai. Volta e meia sobrava também para os filhos de dona Mocinha – principalmente para Rubens, que tinha várias marcas de queimadura com ponta de cigarro. Segundo Jaime, a valentia do pai não ia longe:

– Eu me lembro uma vez, na barca de Santos, ele xingou um rapaz. O rapaz enfrentou, ele se apagou na hora. Só era valente para os filhos.

As crianças menores não podiam brincar, nem jogar bola e, nos finais de semana, eram obrigadas a apanhar lenha no mangue. Todo dia, Lula e Frei Chico tinham de alimentar as cabras do pai e buscar água. Para isso, chegavam bem cedo ao poço do Wilson, perto da base aérea, e, depois de esperar horas pela vez – não havia água encanada em Vicente de Carvalho –, faziam duas viagens rolando o barril pelas ruelas do bairro. Na segunda, atendiam à outra família de Aristides. Dona Mocinha costumava lhes oferecer nacos de pão, para irritação de dona Lindu.

Lula tinha entre oito e nove anos quando o pai chegou em casa carregado de picolés. Na hora de distribuir os sorvetes para as crianças, discriminou o garoto com uma frase que ele jamais esqueceria:

– Você não sabe chupar, eu não vou te dar sorvete não...

Numa lata em que ninguém mexia, Aristides guardava o pão doce que comprava só para si, lembra Lula:

– Minha irmã de dois anos podia chorar querendo pão que a minha mãe não pegava aquele pão. E quando ele chegava de noite, ele ficava jogando pedaço de pão para os cachorros e a minha irmã pedindo e ele jogando para os cachorros, sabe? Era assim.

Noutra ocasião, Lula, Vavá e Frei Chico viajavam na chata do pai, carregada de madeira, quando o barco começou a fazer água. Aristides mandou os filhos caírem no rio para aliviar o peso, embora Lula não soubesse nadar:

– Ele me derrubou na água com o remo. Acredita que ele me deu uma remada na cabeça que eu caí na água? E, se não fosse o Frei Chico e o Vavá, eu teria morrido.

Quase todo domingo, Frei Chico e Lula acompanhavam o pai nas caçadas pela mata próxima ao rio Diana, em Piaçaguera. Ficavam cozinhando numa casa abandonada, enquanto Aristides reunia os cachorros e se embrenhava no mato em busca de antas, porcos-do-mato, pacas, jacus.

Embora fosse analfabeto, Aristides comprava não um, mas dois exemplares do jornal *Tribuna de Santos* durante a travessia de barco, entre o cais e Vicente de Carvalho. Dava um ao filho que estivesse com ele e segurava o outro, fingindo ler, ainda que, por vezes, segurasse o jornal de cabeça para baixo.

A ignorância levou-o a proibir as filhas de estudar – achava que mulher não devia escrever, para não mandar carta para o namorado. Vavá só conseguiu completar o primário depois que mudaram para São Paulo, e Frei Chico precisou estudar à noite, para trabalhar de dia. Em toda a família, só Tiana e Lula concluíram o segundo grau.

Um dia, em 1953, Aristides mandou Frei Chico e Lula verem se a chata estava bem atracada. Chovia e a dupla desistiu no caminho, mas quando o pai perguntou se estava tudo certo com o barco, o mais velho respondeu que sim. No dia seguinte, ao saber que a chata fora usada por estranhos, apanhou uma mangueira de borracha e surrou o garoto com tal violência que o fez urinar nas calças. Partiu para cima de Lula, mas foi impedido por Lindu, que acabou levando um golpe de mangueira na cabeça.

Foi o último contato físico entre Aristides e a mulher.

Quando Lindu disse que ia se separar, o marido ficou apavorado. Comprou muitos mantimentos e pediu a intervenção dos irmãos. Lula ouviu o pai se explicando aos tios e dizendo que não queria perder a mulher. Não adiantou: no dia seguinte, ao voltar do trabalho, só Marinete o esperava na porta da casa vazia. Aristides perguntou o que fazia ali e a filha respondeu:

– *Bom, eu só estou aqui para entregar a chave para o senhor, mas eu também estou indo.*

Durante semanas, o pai de Lula ficou rodeando a mulher, tentando convencê-la a reatar, sem sucesso.

Depois da separação, dona Lindu passou a lavar roupa para fora. Os filhos também foram à luta: Zé Cuia empregou-se numa carvoaria; Jaime, num estaleiro; Vavá, num bar; Marinete e Maria viraram domésticas. Frei Chico e Lula passaram a vender laranja, tapioca e amendoim no cais do porto. Tímido e sem jeito para anunciar os produtos, Lula levou muitos safanões do irmão mais velho. Apesar disso, a vida melhorou – nos finais de semana, podiam ir à praia:

– A gente pegava o trenzinho que tinha, na época custava acho que 50 centavos, sei lá o quê. Normalmente a gente não pagava, porque ia correndo de vagão em vagão quando vinha o cobrador, para não pagar. Chegava no Guarujá, tomava banho e voltava. Não tinha casa no Guarujá, não tinha nada, aquilo tudo era mato.

Não era o único divertimento:

– A gente podia ir no cinema! Sabe o que é poder ir no cinema? A gente podia brincar na rua, não tinha mais aquele patrulhamento que tinha com ele, percebe? Foi liberdade, liberdade!

Certo dia, na volta do cinema, Lula deparou-se com uma cena de filme: a mãe sentada numa cadeira, chorando, diante de um punhado de destroços. O barraco em que viviam desabou.

Mudaram de endereço, mas, apesar do empenho dos filhos, dona Lindu vivia atrasando o aluguel. A sorte mudou em 1955, quando Vavá encontrou um pacote embrulhado em jornal no chão do mercado onde trabalhava. Dentro, havia 5.855 cruzeiros – mais de 34 salários mínimos da época.

Aconselhado por um amigo, Vavá guardou o pacote durante uma semana. Como ninguém reclamou, deu 500 cruzeiros ao conselheiro e levou o resto para a mãe, que pagou todas as dívidas e ainda comprou roupa para todo mundo.

O achado animou dona Lindu a mudar para São Paulo. Zé Cuia, Vavá, Jaime e Tiana foram com ela. Maria e Marinete ficaram em Santos, trabalhando como domésticas. Temporariamente, Frei Chico e

Lula passaram a viver com dona Mocinha e Aristides, que continuava bebendo muito: chegou a ser esfaqueado durante uma briga num bar e perdeu um rim. Em 1956, os dois foram para São Paulo; no ano seguinte, foi a vez das irmãs.

O novo endereço ficava na Vila Carioca, bairro operário na divisa de São Paulo com São Caetano do Sul, onde já viviam alguns parentes. A rua, que hoje se chama Albino de Moraes, não tinha água encanada, esgoto ou calçamento, e a família ocupava um quarto e cozinha nos fundos do bar de um tio, compartilhando o banheiro com toda a freguesia.

Lula e seu companheiro inseparável, o irmão conhecido como Frei Chico.

Frei Chico e Lula, inseparáveis, pés encardidos pela areia preta dos terrenos baldios, jogavam futebol, bolinha de gude, pião, soltavam pipas e disputavam guerras de mamona – sem falar nos mergulhos no Buraco da Onça, uma lagoa perigosa perto da via Anchieta, e nas Três Torres, próximo à Vemag.

Com a camisa número oito do Náutico Futebol Clube, criado pelos garotos do bairro, Lula era meia-direita em partidas que quase sempre acabavam com pedra voando para todo lado.

Os banhos de bacia eram esporádicos e o mobiliário da família tão escasso que, quando um médico foi consultar uma das crianças, não havia cadeira para ele sentar. Quatro primos moravam com eles e nos finais de semana ainda apareciam outros parentes, e até 15 pessoas ajeitavam-se em camas de lona desmontáveis. Ficaram assim por um ano e meio, até mudarem para uma casa com dois quartos, um passo importante para a família de Lula:

– *Me lembro que quando a gente mudou a primeira vez que minha mãe se separou do meu pai, ela levou uma tina, uma faca e uma lata. Dessa vez, a gente pegou um caminhão. Sabe o que a gente tinha? Um fogão de duas bocas. Quando compramos, já era chiquérrimo. Já estou falando de 1957. Eu lembro até hoje o endereço dessa casa: rua Auriverde, 1.156, na frente dos armazéns do IBC.*

No fundo do terreno, viviam dois tios e outra família. Ao todo, 29 pessoas compartilhando o único banheiro. Lula só tinha uma calça, com um suspensório de cada cor. Antes da primeira comunhão, quando a mãe lhe arranjou um paletó surrado, pedia emprestado o de um amigo para poder entrar no cinema do bairro. Para garantir uns trocados, começou a trabalhar como engraxate:

– *Eu adorava engraxar, porque aí eu ia no bar, comprava meia bengala de pão, mandava encher de mortadela, comprava uma Tubaína, puta merda, fantástico! Eu me deliciava.*

Pouco depois, aos 12 anos, Lula passou a trabalhar na tinturaria vizinha, de um casal de japoneses. O tintureiro quis lhe ensinar sua língua, mas ele achou complicado demais. O garoto era encarregado de escrever o nome dos clientes nos bolsos, colocar a roupa na máquina e fazer as entregas. Num dia de chuva, cruzou a sarjeta carregando um terno de linho azul. Apesar do braço erguido, a ponta da roupa mergulhou na água barrenta e a dona da casa mandou de volta para a tinturaria. Anos mais tarde, o dono do terno, já funcionário da Ford, relembraria o episódio para o novo líder dos metalúrgicos, em tom de gozação:

– E então, vai ou não vai mandar lavar o meu terno?

Quando deixou a tinturaria, Lula passou a trabalhar para o doutor Raul Absanra, em cuja casa Tiana era babá. Sua função era ajudar a descarregar o caminhão com que o médico vendia tacos de madeira. Ao concluir o primário, foi contratado como *office boy* pelos Armazéns Gerais Colúmbia. Ficou seis meses no escritório, mas não se deu bem – atender ao telefone o deixava nervoso e ele errava ao anotar os recados.

Até então, seu sonho era dirigir caminhão, de preferência os caminhões-tanque amarelos da Shell. Como muitas crianças, Lula pensou também em ser bombeiro, mas, de tanto ver os operários pelo bairro, decidiu ser metalúrgico. Se possível, empregado numa multinacional como a Mercedes Benz ou a Vemag, que ficavam perto de sua casa – empresas que pagavam melhor que as outras e tinham até décimo terceiro salário.

Para realizar a ambição do caçula, dona Lindu levou-o à unidade do Senai – Serviço Nacional de Aprendizagem Industrial –, no bairro do Ipiranga. Só havia vaga de fundidor e Lula não quis. Mais tarde, ela ficou sabendo que precisavam de um aprendiz na fábrica de Parafusos Marte. Lula fez o teste e foi aprovado.

No primeiro dia, usando um macacão de seu irmão Jaime, ele confundiu prensa com torno e foi incumbido de catar pedaços de ferro no chão até a hora do almoço:

– E eu estava limpo, eu não tinha me sujado, ah!, eu passei perto de um latão de óleo que utilizavam para temperar peça, aquele óleo preto. Eu falei: "Não é possível, eu vou chegar em casa sem minha mãe ver minhas mãos sujas, aqui, de mecânico, pô?!" Aí, enfiei as duas mãos dentro para chegar em casa todo melecado de óleo e falar: "Está aqui o teu mecânico!"

Todo orgulhoso, entregou o primeiro salário – equivalente a meio mínimo da época – para dona Lindu:

– Era como se eu fosse o dono da cocada preta. Eu me sentia o dono do mundo!

Um torneiro mecânico negro chamado Barbosa funcionou como seu preceptor. Durante dois anos, Lula estudou no Senai do Ipiranga, depois foi para a unidade do Brás, formando-se em 1963. Eram cinco meses de aula, um de férias e seis na fábrica. Ele só guarda boas lembranças desse período, que define como a melhor coisa que aconteceu em sua vida:

– Porque aí eu fui o primeiro filho da minha mãe a ter uma profissão, eu fui o primeiro filho da minha mãe a ganhar mais que o salário mínimo, eu fui o primeiro filho da minha mãe a ter uma casa, eu fui o primeiro a ter um carro, eu fui o primeiro a ter uma televisão, eu fui o primeiro a ter uma geladeira. Tudo por conta dessa profissão, de torneiro mecânico, por causa do Senai.

Lula só não tinha namorada:

– Eu namorei muito pouco. Eu só fiquei esperto para namorar depois que eu fiquei viúvo. Antes eu não era namorador, eu tinha vergonha de falar com as mulheres.

De olho numa menina que trabalhava numa quitanda, apostou suas fichas no macacão:

– Eu tinha um baita de um orgulho, aquilo para mim era como se fosse, sabe, o menino que se forma e usa a primeira roupa de médico, ou sei lá.

Lula, o segundo à esquerda, aluno de tornearia mecânica da escola do Senai Oscar Rodrigues Alves. Início dos anos 60.

A grande diversão eram os passeios pelo bairro vizinho do Sacomã:

– *A gente comprava um ou dois litros de batida, vinham 12, 13, 15, 20 moleques, a gente ia bebendo no gargalo, dava a volta no Sacomã, voltava para casa e estava feito o passeio...*

Nessa época, ele viveu também sua primeira greve. Na porta da fábrica, o chefe disse que era melhor ninguém entrar, por causa dos piquetes. Num caminhão da empresa, temporariamente "expropriado", os operários foram ver o movimento nas empresas do bairro e acabaram apedrejando os vidros de algumas fábricas, onde havia gente trabalhando.

Em 1962, com 17 anos, Lula presenciou o desfecho violento de outra paralisação numa pequena tecelagem perto de sua rua. Os trabalhadores invadiram o sobrado onde funcionava a empresa e foram recebidos pelo dono a bala. Um operário foi ferido. Os operários atacaram o proprietário, jogando-o pela janela. O patrão morreu no hospital.

Lula continuava ignorando as assembléias que Frei Chico já freqüentava. Não tinha raiva dos patrões, embora achasse que podiam pagar melhor. No início da década de 1960, só queria mesmo jogar futebol. Tanto que aderiu à marmita, para trocar o almoço em casa por uma pelada diante da fábrica.

Passou três anos e meio na Parafusos Marte. Saiu em 1964, quando não quiseram equiparar seu salário ao dos mais velhos, que faziam o mesmo serviço. Depois de um tempo desempregado, foi fabricar botões e puxadores de porta para cofres na Metalúrgica Independência. Nessa época, mudaram para a Vila São José, também conhecida como Ponte Preta, na divisa entre São Paulo e São Caetano.

Com o novo emprego, em que ficou 11 meses, comprou uma bicicleta de segunda mão:

– A desgraçada saía a corrente toda hora. Então, toda hora eu tinha que parar para arrumar a maldita corrente. Eu já não agüentava mais.

Ao receber afinal o sonhado décimo terceiro salário, tomou o primeiro porre. Na padaria, a turma liquidou o garrafão de vinho oferecido pela fábrica e arrematou com várias cervejas. Por sorte, estava bem perto de casa.

Embora não ligasse para política, Lula esteve num dos dois grandes comícios que encerraram a campanha presidencial daquele ano, na sexta-feira, 30 de setembro de 1960. Tomou um bonde até o Sacomã e dali foi até a praça João Mendes ouvir o governador Adhemar de Barros, um dos candidatos a presidente. Colocou um broche na lapela e, na volta, cruzou com um grupo empunhando as vassouras, símbolo da campanha de Jânio Quadros, adversário de Adhemar. Acabou posto para fora do bonde.

Aos 29 anos, o professor Fernando Henrique Cardoso não estava nem com Jânio, nem com Adhemar. Como tantos outros intelectuais de esquerda, apoiava o marechal Teixeira Lott, candidato da coalização PSD-PTB.[1]

FHC havia galgado rapidamente os primeiros degraus da carreira acadêmica, graças a um misto de competência e sorte. Até junho de 1953, conciliava as aulas na Faculdade de Economia com um curso de especialização em Sociologia. Quando Roger Bastide voltou para a França, em dezembro de 1954, Florestan Fernandes assumiu a cátedra interinamente. Fernando Henrique, então com 24 anos, foi nomeado seu primeiro-assistente.

Foi Florestan quem inspirou o primeiro trabalho acadêmico de FHC – um projeto de pesquisa sobre relações raciais em Florianópolis, desenvolvido junto com Octávio Ianni e mais tarde transformado no livro *Cor e Mobilidade Social em Florianópolis: Aspectos das Relações entre Negros e Brancos numa Comunidade do Brasil Meridional.*[2]

A capital de Santa Catarina foi escolhida pela dupla porque ali a escravidão jamais teve justificativa econômica, já que o clima temperado impossibilitava o cultivo de produtos tropicais. Com um pequeno financiamento da Unesco, os dois passaram 15 dias na ilha, em julho de 1957. FHC escreveu as primeiras 150 páginas, relatando a trajetória socioeconômica do estado. Ianni redigiu as 80 restantes, analisando as atitudes raciais dominantes.

---

[1] Jânio acabou eleito com 5,6 milhões de votos. Lott teve 3,8 milhões, e Adhemar, 2,1 milhões.

[2] Quarenta anos depois, o governador de Santa Catarina, Esperidião Amin, mandou reeditar o trabalho em Florianópolis. Octávio Ianni não queria ter seu nome associado ao ex-colega, agora desafeto político, e a obra saiu apenas com os apontamentos de Fernando Henrique, sob o título de *Negros em Desterro* – nome original de Florianópolis.

FHC como professor, no começo da carreira acadêmica.

As relações raciais voltariam a ser abordadas por Fernando Henrique, em *Capitalismo e Escravidão no Brasil Meridional,* sua tese de doutorado – defendida diante de platéia numerosa e favorável –, a partir de um estudo sobre a situação do negro no Rio Grande do Sul, outro estado onde a escravidão tivera pouco significado econômico. Ele acreditava que o sistema incluía um potencial de mudança, mesmo conceito que aplicaria mais tarde ao regime autoritário, na década de 1970.

Ao contrário de vários amigos que enveredaram pela política estudantil, FHC preferiu atuar dentro da estrutura universitária. Como representante dos ex-alunos, assumiu uma vaga no Conselho Universitário em 1954 e ali ficou – mais tarde representando os professores – até ser posto para fora com o golpe de 1964. Habilidoso, aproximou-se do reitor e conseguiu aprovar algumas mudanças no ultraconservador comando da Universidade de São Paulo.

Em 1960, participou das articulações em torno da candidatura do médico Antônio Barros de Ulhôa Cintra a reitor. Como representante dos professores-assistentes no Conselho Universitário, Fernando Henrique apoiou a movimentação idealizada pelo Partido Comunista Brasileiro e Ulhôa Cintra conquistou o primeiro lugar na lista tríplice encaminhada ao governador.[3]

Mas FHC não ficou circunscrito à universidade: em janeiro de 1952, seu nome apareceu pela primeira vez no expediente da revista *Fundamentos*, criada por Caio Prado Júnior e Monteiro Lobato. Ele e o jornalista Fernando Pedreira costumavam freqüentar a redação da revista, que ficava perto da faculdade. Fernando Henrique colaborou também com *Anhembi*, editada por Paulo Duarte, na qual publicou os primeiros resultados de sua pesquisa sobre relações raciais.

Em 1954, seu pai candidatou-se à Câmara Federal pela legenda do Partido Trabalhista Brasileiro, com o apoio dos comunistas, e Fernando Henrique entrou firme na campanha. No dia 3 de outubro, Leônidas elegeu-se com 28 mil votos. Mudou-se para o Rio, a fim de exercer seu único mandato – desistiria da reeleição em 1959 –, e Fernando Henrique transferiu-se para a casa dele, na rua Nebraska, no bairro do Brooklin, tornando-se assim vizinho de Florestan Fernandes.

Em fevereiro de 1956, a imprensa ocidental informou que o secretário-geral do Partido Comunista Soviético, Nikita Kruschev, denunciara formalmente os crimes de Stalin, num informe secreto durante o XX Congresso do Partido Comunista Soviético. A notícia abalou as relações

---

[3] A candidatura de Ulhôa Cintra era uma reação aos chamados "feudais" que controlavam a USP e tinha a participação do chefe de gabinete do governador Carvalho Pinto, Plínio de Arruda Sampaio. O reitor realizou uma renovação, cercando-se de professores jovens e dinâmicos.

de centenas de intelectuais com o Partidão. Fernando Henrique e Pedreira estavam entre eles. A pá de cal viria em outubro, com a invasão da Hungria por tropas soviéticas. FHC foi um dos muitos signatários de um abaixo-assinado dos intelectuais e artistas brasileiros contrários à agressão.

Em 1958, ao voltar da França, o filósofo José Arthur Gianotti convidou um grupo de amigos para discutir uma obra muito falada e pouco conhecida: O *Capital*, de Karl Marx.

O grupo, eclético, incluía Ruth Cardoso, Octávio Ianni, Francisco Weffort, Juarez Brandão Lopes, Gabriel Bolaffi, Roberto Schwarz e Paul Singer, e reunia-se sábado sim, sábado não, passando a tarde em longas discussões que culminavam com agradáveis jantares. Eles discutiram ainda outro conhecido livro de Marx, O *Dezoito Brumário de Luiz Bonaparte*, e alguns trabalhos do economista inglês John Maynard Keynes, autor de *Teoria Geral do Emprego, do Juro e do Dinheiro*.

Gianotti lia o texto em francês, Singer, nascido na Áustria, conferia com o original em alemão e depois todos buscavam interpretar os complexos raciocínios do filósofo, que incluía frases como esta:

– *O aumento da produtividade do trabalho vivo se reduz, ao passo que a de trabalho morto aumenta, mas de tal modo que a quantidade total de trabalho incorporado numa unidade de mercadoria declina, de tal modo, portanto, que a redução do trabalho vivo é maior do que o aumento do trabalho morto.*

O trabalho sistemático durou três anos e ajudou a disseminar o marxismo como método de interpretação científica na universidade.

Na política interna da USP, Fernando Henrique alinhava-se com professores da Medicina e da Economia, na disputa de espaço diante de corporações mais tradicionais, como Direito e Engenharia. Assim, acabou representando os professores-assistentes no Conselho Universitário, tendo Antônio Delfim Netto,[4] da Faculdade de Economia, como seu primeiro vice.

---

[4] Três anos mais velho que FHC, Delfim formara-se em Economia em 1952, obtendo o título de doutor em 1958, com uma tese sobre o café. Tornou-se professor da USP em 1962 e ajudou a estruturar o curso de Economia. Em 1966, indicado por Roberto Campos, passaria a ser secretário da Fazenda do Estado de São Paulo. Deixou o cargo em 1967, para assumir o Ministério da Fazenda, no qual permaneceu até a posse de Geisel. Voltou a comandar a economia brasileira entre 1979 e 1985.

Quando seu amigo Fernando Gasparian resolveu ser deputado e comprou o jornal *Jundiaiense*, FHC e Fernando Pedreira tornaram-se sócios da publicação. O jornal durou até 1962, mas a participação de FHC resumiu-se a alguns artigos sobre Sociologia.

A chamada crise da legalidade[5] revelaria outro personagem relevante para a nossa história. Filho de uma professora e de um funcionário público, Pedro Sampaio Malan nasceu e passou os primeiros anos em Petrópolis, no estado do Rio, num ambiente marcado pela formação militar dos tios e do avô.

Seu interesse pela política surgiu aos sete, oito anos, nas conversas com outro tio, o desembargador João Sampaio, um militante do Partido Comunista que chegou a ser candidato ao governo do Rio Grande do Sul. Depois de cursar o científico no tradicional colégio Santo Inácio, no Rio, Malan entrou para a Escola Politécnica da PUC e passou a conviver mais intensamente com dois primos que já atuavam na Juventude Universitária Católica.

A renúncia de Jânio dividiu o *campus* em dois grupos antagônicos – os que apoiavam a posse de Jango e os contrários a ela, partidários do governador da Guanabara, Carlos Lacerda, que se tornara o arauto civil dos golpistas militares. Malan defendeu a solução constitucional em seu primeiro discurso, durante uma assembléia em que a chamada legalidade ganhou a parada.

Daí em diante, mergulhou na política estudantil. Participou de várias iniciativas da União Metropolitana dos Estudantes e de projetos do Centro Popular de Cultura, e elegeu-se secretário do diretório acadêmico da Faculdade de Engenharia. Embora tivesse amigos em várias organizações de esquerda, nunca se vinculou a um grupo – o pessoal da Ação

---

[5] Deflagrada com a renúncia de Jânio Quadros, quando os ministros da Guerra, da Marinha e da Aeronáutica não aceitaram a posse do vice-presidente João Goulart, herdeiro político de Getúlio Vargas e acusado de ligações com os comunistas, colocando o país em risco de uma guerra civil.

Popular[6] o incluía entre os próximos ao PC, ao passo que os comunistas achavam que ele era ligado à AP.

Jânio havia convidado Fernando Henrique para integrar o Conselho Nacional de Economia. FHC recusou: estava interessado apenas na carreira acadêmica. Logo depois da posse de Jango, FHC e Ruth foram para Paris: deixaram as crianças com os avós em Araraquara e moraram por sete meses na Maison Internacionale, período em que ele assistiu a cursos de Raymond Aron e Alain Touraine e conheceu muitos museus, junto com os casais Gianotti e Prado Júnior.

No ano seguinte, o filósofo francês Jean-Paul Sartre e sua companheira, Simone de Beauvoir, visitaram o Brasil a convite de Jorge Amado. Em São Paulo, houve um debate público no Teatro de Cultura Artística, com transmissão ao vivo pela TV Excelsior. No momento em que o programa começou, o professor de Filosofia Rui Coelho, escalado como tradutor, não conseguiu relatar perguntas e respostas na velocidade necessária. Quem assumiu a tarefa foi Fernando Henrique:

– *A partir daí, traduzi na hora, mal e porcamente, algumas das entrevistas da Símone – do Sartre eu não me lembro...*

Casados há sete anos, FHC e Ruth tinham três filhos – Paulo Henrique, que nasceu em 1954, Luciana, em 1958, e Beatriz, nascida em 1960. O casal era amigo de Luís Meyer, diretor cultural do grêmio da Escola Paulista de Medicina, que havia trazido a dupla para a cidade e acabou ciceroneando Sartre e sua mulher.

O pai do existencialismo esteve inclusive na cidade natal de Ruth, onde respondeu com uma conferência inédita à carta que recebera do professor Fausto Castilho, da Faculdade de Filosofia, Ciências e Letras de Araraquara, formado na Sorbonne, apontando algumas contradições em

---

[6] A Ação Popular surgiria em 1962, da fusão entre a Juventude Universitária Católica e a Juventude Estudantil Católica, criadas em 1950, por influência da Ação Católica Brasileira. O objetivo da AP era formar quadros capazes de "participar de uma transformação radical da estrutura brasileira em sua passagem do capitalismo para o socialismo".

sua obra. A conferência, parcialmente traduzida por Fernando Henrique, resultaria, 26 anos depois, no único trecho da obra de Sartre publicado originalmente em outra língua que não o francês.[7]

Segundo Bento Prado Júnior, sempre presente nos encontros, Sartre ficou fascinado pelo discurso e pela personalidade do jovem professor Cardoso. Tanto que chegou a entregar a FHC as anotações de uma das conferências, feitas no verso de um telegrama da Western, bem como uma carta que o autorizava a publicar todas as suas obras em português – e que jamais seria utilizada.

[7] A data da conferência, 4 de setembro de 1962, ficaria inscrita na história de Araraquara, mas por outro motivo: naquele dia, o time local, o Ferroviária, derrotou o Santos de Pelé por inacreditáveis 4 x 0.

4

A Prensa (*1964*)

A iniciativa era do governo, mas parecia coisa da oposição. Diante da estação da Central do Brasil, no centro do Rio, mais de 100 mil manifestantes gritavam pelas reformas de base, sob faixas que diziam "Salve o Glorioso CGT", "Reconhecimento da China Popular", "PCB – Teus Direitos São Sagrados", "Abaixo com as Companhias Estrangeiras", "Jango em 65 – Presidente da República", "Trabalhadores Querem Armas para Defender o Seu Governo", "Brizola 65 – Solução do Povo" e "Jango – Defenderemos as Reformas a Bala". Uma outra buscava esconjurar o mau agouro da data, constatando o óbvio: "Sexta-feira, 13, mas não é de agosto."[1] Estava errada: 13 de março de 1964 entraria para a história política brasileira como um dia aziago, justamente por causa do comício da Central.

FHC fora ao Rio visitar o pai. Ao ir tomar o trem de volta para São Paulo, passou pela manifestação. Pouco antes, ao anoitecer, olhou pela janela do apartamento de Leônidas[2] e notou muitas velas acesas nos apartamentos próximos. Era uma reação em cadeia da classe média contra a radicalização estimulada pelo governo.

No vagão-restaurante, junto com Plínio de Arruda Sampaio, Marco Antonio Mastrobuonno e José Gregori, FHC concluiu que, se houvesse

---

[1] Era uma referência a agosto de 1954, quando Getúlio se suicidara.

[2] Leônidas vivia na rua Conselheiro Lafayette, em Copacabana, no mesmo prédio em que morava o poeta Carlos Drummond de Andrade.

um golpe pela esquerda, como imaginavam, acabariam no exílio. Acertou o desfecho, mas errou o rumo.[3]

No palanque, os 13 oradores pareciam realmente dispostos a tudo. Leonel Brizola, o governador do Rio Grande do Sul, defendeu a substituição do Congresso por uma Constituinte repleta de trabalhadores, camponeses, sargentos e oficiais nacionalistas. Miguel Arraes, governador de Pernambuco, pregou a reforma agrária. Doutel de Andrade, líder do PTB na Câmara dos Deputados, criticou duramente o capitalismo. Escoltado por sua bela mulher, Maria Teresa, num vestido azul-piscina, o presidente João Goulart foi o último a falar.

Jango discursou por mais de uma hora. Começou lendo, mas abandonou o texto quando o professor Darcy Ribeiro, chefe da Casa Civil, sussurrou-lhe algo no ouvido. Pouco antes, Goulart assinara um decreto desapropriando todas as terras num raio de dez quilômetros dos eixos das rodovias e ferrovias federais, bem como as beneficiadas ou recuperadas por investimentos exclusivos da União em obras de irrigação, drenagem e açudagem para fins da reforma agrária. Com outro decreto, encampara as refinarias de petróleo privadas, como Capuava, Manguinhos e Matarazzo. Embora não fosse um grande orador, Jango entusiasmou-se com a receptividade da multidão e reafirmou sua disposição de fazer as reformas. Em seguida, anunciou o tabelamento dos aluguéis e explicou que a simples desapropriação de terras era insuficiente:

– *Reforma agrária com pagamento prévio do latifúndio improdutivo, à vista e em dinheiro, não é reforma agrária, é negócio agrário, que interessa apenas ao latifundiário.*

Antes que as tais reformas passassem da retórica à realidade, a situação saiu de controle e FHC percebeu de onde viria a paulada. Perto do

---

[3] Depois do golpe de direita, FHC e Plínio foram para o Chile. Mastrobuonno perdeu o cargo de professor da Politécnica. Gregori ficou no Brasil, presidiu a Comissão Justiça e Paz da Cúria Metropolitana. Em 1983, elegeu-se deputado estadual pelo PMDB. Depois, fundou o PSDB com FHC e foi secretário nacional de Direitos Humanos e ministro da Justiça.

fim de março, durante uma dramática reunião na Faculdade de Filosofia, ele e o sanitarista Luiz Hildebrando Pereira da Silva[4] agiram como bombeiros para evitar que os mais agitados – incluindo Roberto Schwarz, Lourdes Sola e Francisco Weffort – divulgassem um manifesto contra Jango e seus generais. A dupla argumentava que, se houvesse golpe, seria contra o presidente e não a favor dele. Dito e feito.

No dia 1º de abril, com tropas nas ruas de todo o país, Fernando Henrique recebeu um telefonema de Darcy Ribeiro. O chefe da Casa Civil de Jango ameaçava ir a São Paulo, organizar a resistência ao golpe. FHC reagiu com ironia:

– *Darcy, você está louco. Mas se você vier, venha com o Grupo dos Onze, a turma do Brizola, porque vão te matar aqui...*

Ele suspeita que o telefonema tenha sido grampeado. Pouco depois, ficou sabendo que a polícia estava à sua procura e não foi à faculdade. Os militares chegaram a deter Bento Prado Júnior, por engano. FHC atribui o interesse dos militares ao fato de ele ser de esquerda, não às suas antigas ligações com o Partido Comunista:

– *Fui perseguido porque tinha influência intelectual e por estar ligado ao seminário de Marx. A posição do nosso grupo era claramente esquerdista, mas nessa altura, eu não tinha a mais remota ligação com o PC. Essa ligação terminou nos anos 50.*

FHC passou a primeira noite na casa de um aluno e as seguintes na casa de amigos. Depois, junto com Leôncio Martins Rodrigues, foi para uma casa de praia no Guarujá, onde eles liam os jornais e tentavam matar o tempo. Em São Paulo, Ruth, mesmo vigiada por policiais, buscava um contato com o reitor da USP, na tentativa de formalizar uma licença para o marido. Finalmente, entregou o pedido de licença do cargo, assinado por Fernando Henrique, que evitaria caracterizar o abandono de emprego, primeiro passo para a demissão. Luiz Antonio da Gama e Silva, naquele momento acumulando a direção da USP

4 Professor da Faculdade de Medicina e militante do PCB.

com as funções de ministro da Justiça e também da Educação e Cultura, pareceu constrangido, mas não encaminhou o pedido que poderia manter o emprego de FHC.

Ruth foi ao Guarujá com as crianças e, ao voltar, reencontrou os mesmos policiais vigiando seus movimentos. No dia 17 de abril, Fernando Henrique partiu de Viracopos para a Argentina sem ser incomodado pela polícia.

Em Buenos Aires, acertou sua contratação pela Comissão Econômica para a América Latina.[5] Weffort já trabalhava nela e recebeu-o no aeroporto de Santiago do Chile no dia 1º de maio de 1964.

FHC levava um tema para pesquisar na Cepal: o empresariado brasileiro. Em 1953, fizera alguns estudos sobre o processo de industrialização, submetendo um questionário a 288 empresários de São Paulo, Rio, Salvador, Recife e Belo Horizonte. Em 1962, quando Florestan Fernandes e Alain Touraine fundaram o Centro de Sociologia Industrial e do Trabalho, FHC foi nomeado seu diretor, graças à indicação de Fernando Gasparian, que Jango nomeara interventor na Confederação Nacional da Indústria – CNI.

Na França, em 1961, Fernando Henrique começara a redigir a tese de livre-docência sobre o papel dos empresários no desenvolvimento nacional, que defenderia no ano seguinte e seria publicada como livro logo após o golpe. Entre seus entrevistados, apenas dois diziam-se interessados em criar mercado interno, promover a reforma agrária e utilizar o Estado para criar condições para o desenvolvimento. Eram José Ermínio de Morais e Fernando Gasparian. Diz FHC:

– *Os outros estavam todos radicalizando, achando que o comunismo se aproximava, que a reforma agrária equivalia ao fim do mundo, que não havia contradição entre o desenvolvimento da agricultura e o desenvolvimento industrial.*

---

[5] Uma das cinco comissões regionais das Nações Unidas, a Cepal firmara-se como uma escola de pensamento especializada na análise das tendências econômicas e sociais, tendo como meta as reformas que deveriam desobstruir o caminho para a industrialização do continente.

A constatação o fez imaginar o país diante de uma alternativa radical – o subcapitalismo ou o socialismo.

Depois do golpe de 1964, a direção da PUC promoveu uma investigação particular sobre a agitação estudantil e suspendeu vários alunos. Malan foi um deles. Entre julho e agosto de 1963, ele havia feito cursos em Harvard e na Universidade de Colúmbia, como um dos membros do programa de verão patrocinado pela Associação Americana Universitária, de que também participaram Cristovam Buarque e Everardo Maciel.[6] Durante a viagem, Malan resolveu fazer doutorado no exterior.

Na sexta-feira, 13 de março de 1964, Lula não passava de um anônimo migrante nordestino vivendo na periferia de São Paulo e trabalhando como torneiro mecânico no turno da noite da Metalúrgica Independência. Se ouviu falar do comício da Central, prestou pouca atenção. Deu pouca importância também à notícia de que os militares tinham feito uma revolução:

– *Frei Chico já era politizado, já era militante do Sindicato de São Paulo, já falava de golpe militar. E a gente não, na fábrica, a gente ouvia o pessoal falar bem do Exército. Mas nesse tempo eu não queria saber de política. Meu negócio era ler o* Diário da Noite *porque tinha a coluna que falava de fute-*

---

[6] Buarque nasceu em 1943. Engenheiro mecânico e doutor em Economia pela Universidade de Paris, trabalhou em Washington para o Inter-American Development Bank (IADB). Professor-titular e reitor da Universidade de Brasília entre 1985 e 1989, elegeu-se governador do Distrito Federal em 1995 pelo PT. Perdeu a reeleição, mas em 2002 tornou-se senador. Foi ministro da Educação do Governo Lula. Everardo Maciel nasceu em 1947. Formou-se em Geologia e especializou-se em Geofísica e Economia, foi secretário estadual da Fazenda, da Educação e do Planejamento em Pernambuco e secretário-geral dos Ministérios da Educação, do Interior e do Gabinete Civil da Presidência da República, antes de assumir a secretaria da Receita Federal no Governo FHC.

bol e eu queria ler tudo que falava do Corinthians, era isso. Não tinha cabeça para outra coisa.

Desde 1961 na Vila Carioca, Frei Chico tinha contato com o pessoal do PCB. Quando sua empresa mudou o sistema de turnos, obrigando os operários a alternar o horário de trabalho, ele foi reclamar no Sindicato dos Metalúrgicos de São Paulo. A partir de então, passou a freqüentar as assembléias e a interessar-se pela luta sindical. No entanto, o irmão de Lula só se filiaria ao Partidão em 1971.

Lula e mais quatro companheiros varavam a madrugada na fábrica – e se divertiam:

> *Nós trabalhávamos em cinco à noite. E aí, como eu adorava! A gente comprava* bacon *e a gente fritava* bacon *e colocava com o ovo no meio do pão. E depois, como só éramos em cinco à noite, o chefe era nosso amigo, a gente ia dormir. A gente acordava lá pelas três horas da manhã para esquentar as máquinas.*

Mas 1964 o marcaria definitivamente: ele segurava um parafuso de estampo em plena madrugada, quando seu companheiro, provavelmente sonado, largou o braço da prensa e esmagou seu dedo mindinho. Lula teve de esperar o dono da fábrica chegar, para levá-lo ao hospital. E o plantonista não teve dúvidas: cortou fora o resto do dedo que, imaginaria mais tarde, poderia ter sido preservado com um atendimento mais cuidadoso.[7]

A indenização – 250 mil cruzeiros – rendeu um terreno e móveis para dona Lindu. Em tom de brincadeira e sem qualquer constrangimento, Lula explicaria mais tarde que precisou reaprender a lavar o rosto depois do acidente:

> – *Na hora de apanhar a água com as mãos juntas, escorria pelo buraco do mindinho. Demorei a acostumar.*

---

[7] Lula não foi o único da família a sofrer um acidente de trabalho: Zé Cuia amassou os dedos numa máquina quando era mecânico de caminhão e Jaime se acidentou numa serraria.

Em 1965, o chefe lhe negou um aumento de salário e Lula pediu demissão. Ficou oito meses desempregado, numa situação muito ruim:

– Eu saía da Vila São José, vinha até a Volkswagen a pé. Fábrica e fábrica, fábrica e fábrica, ninguém pegava nada, ninguém. Eu fumava e não tinha dinheiro para comprar cigarro.

Finalmente, foi contratado pela Fris-Moldu-Car, onde ficou 11 meses, até ser demitido depois de faltar num sábado. Motivo da ausência: um piquenique com os irmãos em Santos.

5

Abaixo a Ditadura!
(1964-1968)

Quarta-feira, 1º de maio de 1968. Nas ruas de Paris, milhares de jovens de classe média, de braços dados com operários, erguem seus punhos e cantam a Internacional, dando ao professor Fernando Henrique Cardoso uma aula prática de Sociologia. Na praça da Sé, em São Paulo, centenas de jovens de classe média destroem a pedradas o palanque e ferem o governador Roberto de Abreu Sodré, dando ao metalúrgico Frei Chico, aprendiz de dirigente sindical, uma aula prática de radicalismo. E num campo de várzea, na divisa entre São Paulo e o ABC, Lula, 22 anos, não teve aula nenhuma – simplesmente aproveitou o feriado, jogando futebol.

O 1º de maio na praça da Sé era obra dos sindicatos controlados pelo PCB – entre eles, o dos metalúrgicos de São Paulo, no qual Frei Chico atuava. Para os comunistas, a presença do governador no palanque dos trabalhadores daria respaldo ao movimento contra o arrocho salarial. Como em outras ocasiões, o raciocínio político do pessoal do Partidão era diametralmente oposto ao de outros grupos de esquerda, explicaria José Dirceu de Oliveira e Silva, na época presidente da proscrita União Estadual de Estudantes:

– Nós tínhamos muita clareza da situação: a ditadura brasileira havia montado aquela comemoração do 1º de maio com uma facção do movimento sindical e nós não podíamos aceitar aquilo. Primeiro, porque não havia nada para comemorar. Depois, porque dessa maneira eles pretendiam desmobilizar os trabalhadores e, ao mesmo tempo, se beneficiar politicamente. Era atrevimento demais. A maior ditadura, a maior repressão, muita gente já sendo tor-

turada e eles querendo fazer uma festa no 1º de maio, Dia do Trabalhador. Era óbvio que aquilo era um acinte, uma farsa. Discutimos a questão e não tivemos dúvida. Fomos para a praça dispostos a denunciar aquela palhaçada e dissolver o ato público.

Também conhecida como Agrupamento Revolucionário de São Paulo, a Dissidência Comunista nascera sob a inspiração de Carlos Marighela, o *Meneses*, um baiano de 67 anos, que havia abandonado o Partidão, levando muitos militantes com ele – na maioria estudantes – e redigira o *Manual do Guerrilheiro Urbano*. Os dissidentes já haviam realizado algumas ações armadas e em breve integrariam a Ação Libertadora Nacional.

Quando a Dissidência chegou à praça da Sé, a manifestação já havia começado, lembra Dirceu:

– *Avançamos, destruímos e queimamos o palanque, e depois saímos em passeata pela cidade. A polícia ainda tentou reprimir, mas se não tivessem se escondido na igreja nós teríamos ido atrás deles. Na verdade, queríamos dar um susto naquela turma para ela aprender a nunca mais fazer uma coisa parecida: não podíamos aceitar passivamente que aqueles agentes da ditadura viessem posar de políticos ligados às causas populares.*

Aos 22 anos, o líder dos estudantes paulistas era mineiro, mas nem um pouco discreto. Do teto de um ônibus ou da marquise de um edifício, era ele quem insuflava a multidão com gritos e gestos largos durante as passeatas. No dia seguinte, sua figura esguia e cabeluda ilustrava a primeira página de todos os jornais.

Antes de Dirceu nascer, no dia 16 de março de 1946, sua família, de ferroviários, tinha se mudado de Cruzeiro, um entroncamento importante, para Passa Quatro, uma pequena estação no fim da linha, ambas em Minas Gerais. O garoto aprendeu a ler nas revistas *Lar Católico* e *Ave Maria*, jogou futebol de salão e basquete, nadou em rio e soltou pipas, até tornar-se o chefe de uma pequena gangue juvenil da cidade. Por isso, nos anos 60, toda nova versão infantil do capeta que incomodava a cidade levava as mães a sentenciarem:

– *Esse aí parece o Zé Dirceu.*

Durante o ginasial, no colégio São Miguel, teve aulas com padres vindos da Austrália, Espanha, França, Argentina e Irlanda. Aos 15 anos, foi para São Paulo. Com mais sete rapazes, viveu oito meses numa quitinete de um prédio de fama duvidosa, no centro da cidade, antes de ir para uma pensão. Trabalhava de dia como *office boy*, estudava à noite e lia os clássicos publicados mensalmente pelo Clube do Livro, além de todos os jornais e revistas que lhe caíam nas mãos. Ao perder o emprego, passou a freqüentar bares e cabarés da Boca do Luxo. Em 1965, começou a cursar Direito na PUC, mas não gostou do que encontrou:

– *Não se podia fazer nenhum tipo de atividade, o ambiente era muito atrasado e autoritário. Chegava a dar medo. Para se ter uma idéia, os rapazes e as meninas tinham que se sentar separados na sala de aula, não podiam ficar juntos. Além do mais, eram obrigados a se levantar quando os professores entravam em sala, parecia um colégio de padre. E nem pensar em dirigir-se com alguma liberdade a um deles. Quando entrei lá pela primeira vez, pensei: "Mas isso aqui é um horror!"*

Arranjou a primeira confusão ao recusar-se a preencher o campo reservado para a religião do aluno, no formulário de matrícula:

– *De jeito nenhum. Não declaro, isso não é assunto de vocês. Por que vou declarar minha religião?*

O funcionário explicou que era obrigatório, mas Dirceu bateu o pé e ameaçou ir à Justiça. Conseguiu finalmente matricular-se sem declarar sua fé – ou a ausência dela. Suas primeiras atitudes contestavam o formalismo da instituição, não o regime político do país. Com um grupo de colegas, criou uma contrafação de esquerda para a *Turma da Canalha*, tradição entre os direitistas da PUC. A primeira briga, vitoriosa, foi para juntar rapazes e moças dentro de classe. Na segunda, conseguiu acabar com a exigência de todos se levantarem à entrada do professor.

Normalmente, usava camiseta de malha de gola careca, sapatos sem meias e um *jeans* que nunca via água e sabão. Mas eventualmente aparecia de paletó e gravata, só para contrariar. Cabelo grande e pinta de galã, costumava sentar sobre a mesa do professor nas reuniões com os estudantes e, durante as aulas, provocava os mestres, colocando os pés sobre a carteira.

Começou a discutir política no escurinho do cinema – ou logo depois dele, nas reuniões do cineclube que fundou junto com José Wilson Sabag. Mas a iniciativa foi contestada por um grupo de direita e

Dirceu entrou para o Partido Comunista, passando a conviver com a turma da Faculdade de Filosofia e da Faculdade de Arquitetura:

– Daí em diante, todo mundo pensava que eu era estudante da USP, porque minha vida cultural, social, meus amigos, minhas namoradas, todos passaram a ser do pessoal de lá.

Foi quando se tornou presença constante na rua Maria Antônia, onde funcionava a Faculdade de Filosofia da USP, a meia quadra da Faculdade de Arquitetura da USP e da Faculdade Mackenzie. Em 1968, aquele foi o centro da agitação estudantil, muito embora o Conjunto Residencial da USP, na Cidade Universitária, ainda não totalmente ocupado, já rivalizasse em termos de pólo aglutinador dos estudantes.

José Dirceu no momento em que era preso pelo Dops, em São Paulo.

Nessa época, Dirceu mudou-se para um apartamento na alameda Barros e começou a namorar Iara Iavelberg.[1] O romance com a bela estudante de Psicologia não o impedia de se encontrar regularmente com Ivone, uma espanhola que trabalhava como bailarina em boates.

Seus vizinhos, que vira e mexe estavam no apartamento dele, eram dois italianos que diziam ser operários. Um dia, Dirceu foi levado para o Dops,[2] onde lhe perguntaram muito sobre o movimento estudantil. Ele estranhou, pois não tinha cargo algum em qualquer organização estudantil. Finalmente, descobriu que os tais italianos eram vinculados à ALN e que a polícia imaginava que haveria alguma ligação política entre eles. Acabou libertado, depois da interferência de Franco Montoro, então professor da PUC.

O presidente do Centro Acadêmico, Luiz Travassos, convidou-o a participar da mobilização para um plebiscito sobre o Decreto-lei Suplicy de Lacerda, que, entre outras coisas, proibia qualquer tipo de organização estudantil. A iniciativa foi um sucesso e, em 1966, Dirceu sucedeu Travassos na presidência da entidade.

A essa altura, ele já circulava na chamada Dissidência Comunista, uma entre tantas correntes em que se dividia o movimento universitário. Todas digladiando-se em torno de uma questão teórica: o papel que os

---

[1] Iara tinha 24 anos quando namorou Dirceu. Formou-se em Psicologia e entrou para o MR-8, tornando-se companheira de Carlos Lamarca. Há duas versões sobre sua morte, no dia 20 de agosto de 1971. A oficial diz que ela se matou com um tiro na cabeça, depois de um rápido tiroteio com policiais do Doi-Codi do Rio, que tinham ido a Salvador para prendê-la. Outra versão, apoiada nos depoimentos de presos e de populares, afirma que ela foi presa e levada para a sede do Dops baiano, onde teriam sido ouvidos seus gritos.

[2] O Departamento Estadual de Ordem Política e Social (Deops) foi criado pela Lei nº 2.034, de 30 de dezembro de 1924. Estava vinculado ao Gabinete Geral de Investigações e encarregado de cuidar da segurança do Estado. No Estado Novo, passou a cuidar da repressão política, com várias denominações, inclusive a de delegacia, que gerou a sigla Dops.

estudantes deveriam desempenhar na luta contra a ditadura e na implantação do socialismo. As respostas, verdadeiras teses cheias de jargão marxista, delineavam duas claques – a turma do Travassos e a turma do Dirceu. Ou, mais especificamente, os simpatizantes da Ação Popular Marxista-leninista, conhecida simplesmente como AP, e o pessoal da Dissidência Comunista. Travassos e a AP acusavam Dirceu e a Dissidência de reformismo, pecado capital entre aqueles que se apresentavam como o farol da iminente revolução socialista. Dirceu sempre rejeitou o carimbo, alegando que as lutas específicas eram o caminho para conscientizar a massa:

– Ao questionarmos as anuidades, por exemplo, surgiam os debates sobre ensino público e privado, a estrutura produtiva e o desemprego. Questionando o currículo, discutíamos a concepção que se tem da universidade e da sociedade. Dizíamos que a luta reivindicatória não era atrasada em si mesma, a menos que fosse encaminhada com o objetivo exclusivo de negociar com o governo. Sempre fomos a favor de negociar para avançar. Ao mesmo tempo, ocupávamos as faculdades e defendíamos a luta armada: dizer que nós éramos da direita reformista não colava.

O grupo de Travassos considerava o ME – era assim, como sigla, que o movimento estudantil aparecia em documentos e discursos – a vanguarda da sociedade para derrubar a ditadura. Para Dirceu e seu pessoal, a função do ME deveria ser mais modesta – apoiar a luta, que seria conduzida, de acordo com os preceitos marxistas-leninistas, pela única classe capaz de assumir tal vanguarda: os operários. Mas quanto ao projeto político, as duas organizações assemelhavam-se: ambas buscavam identificar os quadros mais promissores do movimento estudantil e com eles montar uma força armada capaz de enfrentar e derrotar a ditadura. No caso da futura ALN, para atuar na guerrilha urbana. Já a APML, imaginava que a guerra se daria no campo.

A acirrada disputa pelo poder nas entidades, alimentada por tais divergências teóricas, acabou por transformar Dirceu em liderança – e mudou até seu estilo de vida. Embora tenha festejado sua eleição para presidente do Centro Acadêmico na boate mais badalada da época, o Beco, ele largou a boemia. Como sofria de asma, bebia pouco, não fumava e nem tomava café – só leite e chá. Maconha, garante que não usava – a droga ainda circulava pouco no movimento estudantil paulista.

Em sua gestão, Dirceu organizou outras festas, reativou a Atlética e montou vários cursos extracurriculares. Aliado aos arqui-rivais do Centro Acadêmico XI de Agosto, da Faculdade de Direito da USP, criou o Conselho dos Centros Acadêmicos. Finalmente, derrotou o grupo político de Travassos, elegendo-se presidente da União Estadual de Estudantes.

O líder da AP não aceitou o resultado da eleição e manteve no cargo sua companheira de organização, Catarina Melloni, criando um duplo comando que duraria até agosto, quando cinco mil estudantes e representantes de 90% dos centros acadêmicos, reunidos no Conjunto Residencial da USP, confirmaram o poder de José Dirceu sobre a UEE. Um mês depois, a chamada Setembrada, um movimento quase espontâneo dos estudantes que resultou na invasão do *campus*, tornou-o conhecido nacionalmente.

Processado por organizar a UEE, considerada ilegal pelo governo, Dirceu dormia cada noite num endereço, andava armado e acompanhado por seguranças. Ainda assim, recusava-se a assumir definitivamente a condição de clandestino, embora houvesse uma ordem de prisão contra ele: era figurinha fácil, entrevistado diariamente pela imprensa, que não sofria qualquer censura e cobria livremente o vaivém dos estudantes. Alguns jornais, como a *Última Hora* e a *Folha da Tarde*, davam amplo espaço para os estudantes, suas ações e divergências e não escondiam certa simpatia pelo ME.

No Congresso da UNE em 1967, a AP venceu a disputa eleitoral, mas Dirceu consolidou sua liderança. Depois do Congresso, ele ficou algum tempo sem voltar à PUC, com medo de ser preso, em função das entrevistas publicadas durante o encontro. Ao regressar, descobriu-se um líder:

– *Numa das vezes em que retornei à faculdade, depois de muito tempo sem aparecer lá por causa da perseguição policial, a escola inteira parou para me ver, conversar comigo, me tocar. Foi emocionante. No instante em que cheguei, todos os estudantes que estavam na frente do prédio fizeram silêncio e se voltaram para mim. Fiquei um pouco encabulado. Não entendia direito o que estava acontecendo, mas confesso que foi uma sensação agradável.*

Poucos dias antes daquele Congresso, Dirceu e Vladimir Palmeira, que exercia liderança equivalente no Rio e era ligado à versão carioca da Dissidência, foram jantar na casa do jornalista Cláudio Abramo, diretor de redação do jornal O *Estado de S. Paulo* e casado com Radhá Abramo, amiga de infância de FHC. Os líderes estudantis comeram e beberam muito bem e discutiram a Tropicália, movimento artístico deflagrado por Caetano Veloso e Gilberto Gil. Palmeira era a favor, Dirceu, contra. O mote da polêmica era a música "Proibido proibir", defendida por Caetano Veloso na eliminatória de um festival e que acabou interrompida pelas vaias dos estudantes, levando o cantor a reclamar:

– *Nós tivemos coragem de entrar em todas as estruturas e sair de todas. E vocês? Se vocês em política forem como são em estética, estamos feitos. E, quanto ao júri, é muito simpático, mas é incompetente.*

Dirceu jura que nada teve a ver com a vaia, espontânea, mas admitiria 30 anos depois:

– *Mas quem estava certo era o tropicalismo, não éramos nós.*

O ano de 1968 começou agitado em São Paulo, por causa dos chamados excedentes: uma legião de estudantes extremamente irritados e sem ter o que fazer. Naquela época, o exame não selecionava apenas os primeiros colocados, na exata proporção das vagas existentes, como acontece hoje. Quem tirasse nota acima do mínimo no vestibular ganhava esse carimbo incômodo e potencialmente explosivo – tornava-se um excedente. Apoiados pela UEE, os excedentes começaram a realizar manifestações de protesto. A palavra de ordem dizia tudo:

– *Fomos aprovados, queremos estudar!*

Surgiram acampamentos nas ruas e nas faculdades e o governo prometeu ir em busca de mais vagas. Na Faculdade de Filosofia, Octávio Ianni propôs uma reforma para atender à demanda, mas quando a congregação foi debater o projeto, os estudantes invadiram a sala, instalaram barracas e sacos de dormir por todo lado. A crise foi tamanha que Florestan Fernandes renunciou ao cargo.

Em março, a morte do secundarista Edson Luiz, no restaurante universitário Calabouço, no Rio, jogou gasolina na fogueira estudantil carioca, alimentando os protestos que "comemoraram" o golpe.

Em São Paulo, os estudantes concentraram-se diante da livraria Francesa, em frente ao jornal *O Estado de S. Paulo*, na rua Major Quedinho, e na entrada da biblioteca Mário de Andrade, organizados em grupos de seis. Em sacolas de papel pardo, levavam vidrinhos com uma solução de água e amoníaco, para melhor resistir ao gás lacrimogêneo lançado pelos policiais.

Só os líderes sabiam o trajeto da manifestação, mas, horas antes, dezenas de grupinhos, identificáveis pela roupa e pelo comportamento, circulavam pelas ruas do centro, reunindo-se lentamente diante do prédio do jornal, ou uma quadra além, como se nada estivesse acontecendo. Visto com os olhos de hoje, esse "esquema de segurança", resultado de intermináveis discussões, era simplesmente patético. Mas a polícia não interveio e o protesto reuniu, sem incidentes, dezenas de milhares de estudantes, que fizeram ecoar um estribilho insólito pelas ruas do centro:

– *Repressão disfarçada é a arma de Sodré.*

No dia seguinte, o governador Sodré ainda elogiaria publicamente o caráter pacífico da manifestação. Mudou de atitude depois do 1º de maio, quando Dirceu e sua turma dissolveram a pedradas o comício na praça da Sé. A partir de então, a polícia passou a baixar o cassetete na estudantada, que trocou a palavra de ordem:

– *Abaixo a repressão, mais pão, menos canhão...*

Entre assembléias e passeatas, discutia-se também a reforma da universidade. Na USP, comissões paritárias de estudantes e professores debatiam e aprovavam mudanças na estrutura das faculdades. A fórmula repetiu-se na PUC, e muitas modificações chegaram a ser incorporadas aos estatutos das duas universidades, até dezembro de 1968, quando o

AI-5 sufocou o movimento estudantil e várias outras formas de protesto e ação política.

O bom salário da Cepal permitiu a Fernando Henrique instalar-se com a família no bairro de Vitacura, em Santiago do Chile, onde viviam os funcionários das organizações internacionais. Ele e Ruth freqüentavam a comunidade de exilados que vicejava no país governado pelo democrata-cristão Eduardo Frei. Compareciam às conversas políticas, muitas vezes organizadas em torno de feijoadas, e eram solidários com os recém-chegados, colaborando com a caixinha que os auxiliava até se instalarem e conseguirem emprego. Mas não se engajaram em nenhuma das organizações de esquerda que buscavam se reagrupar no exílio.

Fernando Henrique, sentado, e Ruth à direita, de cabelos compridos, num restaurante em Santiago do Chile.

Além de trabalhar com o espanhol José Medina Echeverria, FHC mantinha vínculos com o campo acadêmico, lecionando (sem remuneração) Sociologia do Desenvolvimento no Instituto Latino-americano de Planejamento Econômico e Social. Pouco depois, tornou-se diretor-adjunto da Divisão Social do Instituto e professor de Sociologia do Desenvolvimento da Flacso – Faculdade Latino-americana de Ciências Sociais. Ruth também conseguiu trabalho numa universidade local, dando um curso sobre Lévi-Strauss.

A temporada chilena acabaria por inscrever o nome de Fernando Henrique Cardoso no primeiro time da Sociologia latino-americana, graças ao livro *Dependência e Desenvolvimento na América Latina.* Escrito em parceira com o chileno Enzo Faletto, o texto contrariava o senso comum sociológico:

– *Nos anos 60, muitos pensavam, de maneira bastante simplista, que a única alternativa para os países latino-americanos era o socialismo, que a revolução era iminente e que não havia possibilidades de desenvolvimento capitalista para os países de Terceiro Mundo. Eu, ao contrário, pensava que havia outras alternativas possíveis. Comecei um dia a discutir sobre isso com Enzo Faletto, um sociólogo chileno fora de série, leitor de Weber, e que tinha grande conhecimento da América Latina. Depois, conversamos mais seriamente, e foi assim que nasceu o livro sobre a teoria da dependência.*

O trabalho recebeu vários palpites de Medina Echeverria, e o criador da Cepal, Raul Prebisch, mesmo discordando de algumas idéias, autorizou sua publicação como livro em 1967. FHC e Faletto estudaram o processo de industrialização nos principais países do continente e, contrariando as posições da esquerda mais ortodoxa, para quem tudo era culpa do regime, concluíram que o destino da região poderia ser modificado, dentro das regras do capitalismo.

A dupla afirmava que o subdesenvolvimento e as crises econômicas registradas na América Latina não eram conseqüência automática da exploração capitalista, mas resultado de opções erradas de seus governantes. Para eles, a soberania política era mais do que mera aparência ou estrutura formal, e a estagnação econômica não era um indício da agonia do capitalismo. A crise do continente, diziam, tinha uma dimensão política, mais que econômica:

— *O curso da história depende em grande parte da ousadia daqueles que se propõem a atuar em termos de metas historicamente viáveis.*

Para ficar na frase-título, achavam possível desenvolvimento com dependência. Num cenário marcado pelo sucesso da Revolução Cubana, a teoria da dependência questionava o modelo castrista como o único caminho para a revolução latino-americana. O sucesso foi imediato: a obra saiu em espanhol em 1969, em português no ano seguinte e foi ainda traduzida para o alemão, o francês e o inglês. Com isso, Fernando Henrique acabou sendo promovido a diretor-adjunto da Cepal e seu nome passou a ser apontado como provável sucessor do próprio Prebisch.

Mas em 1967, FHC trocou Santiago por Paris. Instalou a família no célebre Boulevard Haussmann, superou a dificuldade de lecionar em francês e logo tornou-se popular entre os estudantes do *campus* de Nanterre, da Universidade de Paris, onde lecionava Sociologia Teórica, um dos cursos que Alain Touraine o convidara a dar — o outro era sobre a teoria da dependência para a turma do doutorado.

Em suas aulas, tentava transmitir um pouco das teorias de Marx, Weber e Marcuse, embora os alunos estivessem mais interessados em contestar o convencionalismo da sociedade francesa e a carcomida estrutura universitária. Para se ter uma idéia do formalismo a que eram submetidos os estudantes, eles só podiam falar com os professores ao final das aulas e depois de marcarem uma entrevista, e a entrada dos mestres em sala era precedida de um funcionário, apropriadamente denominado de *appariteur*, que anunciava:

— *Monsieur le professeur!*

Fernando Henrique pouco ligava para tais formalidades e atendeu prontamente ao jovem gorducho de olhos verdes, sardento e ruivo. O que estranhou foi a pergunta:

— *Professor, o senhor faz poesia?*

Pelo menos foi isso que FHC conseguiu entender do macarrônico francês do estudante alemão. Daniel Cohn-Bendit, conhecido como Dani Le Rouge, queria saber se FHC fazia política e não esperou a resposta para exibir a intimação que recebera do governo francês, primeiro passo para sua expulsão do país.

Durante a inauguração de uma piscina, Cohn-Bendit resolvera provocar o ministro da Juventude e dos Esportes, dizendo, em alto e bom som, que os nazistas é que faziam esportes para evitar fazer amor e política. O resultado fora o processo de expulsão do país.

FHC classificou a medida de absurda e aconselhou-o a procurar Touraine, que era amigo do ministro da Educação. A iniciativa não deu em nada e, por essa e outras, no dia 22 de março, os estudantes tomaram Nanterre. O diretor da faculdade mandou desocupar o *campus* e a crise degringolou numa rebelião que sacudiria meio planeta.

Na crescente comunidade de exilados brasileiros em Paris, ninguém imaginou que aquele maio seria inesquecível. Embora não fosse propriamente um exilado, FHC freqüentava o grupo e participava das discussões sobre política, mas sua militância restringia-se ao campo intelectual, ministrando conferências contra o foquismo,[3] a teoria da moda.

Ainda em 1967, o Superior Tribunal Militar, comandado pelo juiz Pery Bevilacqua, concedeu um *habeas corpus* cancelando o processo legal aberto contra Fernando Henrique. A decisão transformava a ordem de prisão contra ele em letra morta e lhe permitia regressar ao Brasil. Paulo Henrique, com 14 anos, Luciana, com 12, e Beatriz, de oito anos, estavam desaprendendo o português e os Cardoso resolveram que estava na hora de voltar.

O próprio FHC tinha estado no país em agosto de 1965, depois de receber um telegrama que parecia escrito em código:

---

[3] Em suas várias versões, o foquismo pressupunha que a criação de focos de luta armada no campo ou na cidade seria uma espécie de via rápida rumo ao socialismo, se aplicada nos países periféricos, como os da América Latina. O pai do foquismo é o francês Regis Debray, que estava preso, depois de ter lutado ao lado de Che Guevara na Bolívia. Seu *Revolução na Revolução* era o *best-seller* da esquerda na época.

— *O Sapo morreu.*

Ele entendeu a mensagem e foi ao funeral de seu pai:

— *Os militares me autorizaram a vir ao Brasil porque eu tinha esse passaporte da ONU. Eles me concederam o tempo exato de assistir ao enterro, mas eu não poderia ficar nem mais um dia, senão seria preso.*

A decisão do STM animou-o a disputar a cátedra de política da Faculdade de Filosofia, vaga desde a morte de Lourival Gomes Machado. Até aquele momento, as cátedras universitárias eram vitalícias — uma instituição entre as tantas que os estudantes queriam reformar na universidade brasileira. Sua decisão criou celeuma entre os exilados brasileiros, já que Paula Beiguelman, colega de Florestan Fernandes, era candidata à vaga há mais tempo e havia uma espécie de acordo tácito na universidade que praticamente eliminava a concorrência.

Para concorrer à vaga, Fernando Henrique escreveu uma tese, mais tarde publicada como livro sob o título *Política e Desenvolvimento em Sociedades Dependentes: Ideologias do Empresariado Industrial Argentino e Brasileiro.* Durante sua defesa, um grupo de estudantes pertencentes ao Movimento Universitário Crítico invadiu o anfiteatro da Faculdade de História para protestar contra a instituição da cátedra vitalícia e pedir a FHC que desistisse do concurso que convalidava a instituição.

Fernando Henrique argumentou que sua desistência só faria com que alguém menos progressista assumisse o cargo e, finalmente, os estudantes se retiraram. Aprovado por unanimidade, voltou a lecionar na Maria Antônia. Mas continuou apartado do debate político que mobilizava os estudantes brasileiros:

— *Era como se eu estivesse chegando da Lua. Eu era um dinossauro.*

Em junho de 1968, enquanto Fernando Henrique arrumava as malas na França, os estudantes ocuparam a Faculdade de Filosofia na rua Maria Antônia e a Faculdade de Direito, no largo São Francisco, lembra Dirceu:

— *As escolas tinham virado repúblicas livres, onde se faziam política, arte, cultura — e até se estudava. Lá comíamos e bebíamos, fazíamos reuniões, eventos, conferências; lá dormíamos e namorávamos. Milhares de estudantes circulavam pelos pátios e corredores, era uma verdadeira feira, uma ebulição permanente. Festivais, aulas paralelas, seminários, exposições, música, cineclube... Imagine o que era uma universidade ocupada em 68. Parecia que estávamos diante do embrião de uma sociedade diferente, inaugurando novas formas de relacionamento e de cooperação entre as pessoas. Aquilo era uma festa.*

Festa em que Dirceu reinava, absoluto. Não apenas como liderança inconteste, mas como o galã que arrasava corações e colecionava conquistas. Além de seu apartamento, muitas vezes evitado por questões de segurança, Dirceu usava uma sala de aula de Grego, que acabaria conhecida como "o antro do Dirceu". Ele próprio classifica essas histórias de "lenda", atribuindo-as ao estilo e ao fato de andar escondido e armado:

— Eu sabia disso, e de fato não posso me queixar de não ter aproveitado a vida. Mas se tivesse tempo para sair com todas as companheiras ou namoradas que me atribuem, não teria feito outra coisa. A verdade é que eu morava sozinho num apartamento, não estava casado, é natural que saísse e namorasse bastante, mas não era bem assim.

Na quarta-feira, 19 de junho, os estudantes cariocas tentaram invadir o Ministério da Educação e Cultura e travaram uma batalha campal com a polícia que só terminou às dez da noite, quando os soldados ocuparam o centro do Rio. Na manhã seguinte, os alunos invadiram a reitoria, acabaram com uma reunião do Conselho Universitário e obrigaram os professores a descer dois andares do prédio da Faculdade de Economia em meio a uma espécie de corredor polonês. Ninguém foi agredido, mas até as idas ao banheiro eram vigiadas.

Quando a polícia cercou o prédio, os estudantes montaram uma operação de despiste para garantir a fuga de suas lideranças, entre elas Vladimir Palmeira. Mais de 400 alunos acabaram sendo levados ao campo do Botafogo, onde foram humilhados e agredidos. Os policiais militares urinaram sobre os corpos deitados no chão e passearam seus cassetetes pelo vão das pernas das moças.

O resultado foi mais um dia de cão — a chamada *Sexta-feira Sangrenta.* Um confronto ininterrupto que resultaria em centenas de feridos,

23 pessoas baleadas e quatro mortos – entre eles um soldado da PM atingido por um tijolo. Na segunda-feira, em São Paulo, os estudantes quebraram a porta e várias janelas da Secretaria da Educação e da Academia Paulista de Letras. Na esquina das avenidas São João e Ipiranga, tentaram arrombar as portas da agência do Citibank, símbolo do "imperialismo ianque", usando um poste como aríete. Depois, jogaram vários coquetéis molotov e apedrejaram a sede do jornal O *Estado de S. Paulo*. E, perto da igreja da Consolação, atacaram um caminhão de Pepsi-Cola, aplacando a sede com refrigerantes quentes.

Quando soube que o governo obtivera uma liminar de reintegração de posse do prédio da Faculdade de Direito do largo São Francisco, Dirceu comandou a malsucedida tentativa de resistência, que acabou na madrugada de 19 de julho, quando a invasão foi comandada pelo próprio secretário da Segurança, Hely Lopes Meirelles.

No ápice do terremoto estudantil, Malan era mais um entre tantos intelectuais e artistas que marchavam ao lado dos estudantes na chamada Passeata dos Cem Mil. Ele cumprira o período de suspensão imposto pela PUC, retomando os estudos. No início de 1965, prestou vestibular para Economia na Universidade do Estado da Guanabara, conciliando o último ano de Engenharia com o primeiro de Economia, à noite.

Depois de participar de um curso intensivo ministrado pela Comissão Econômica para a América Latina, a Cepal, em Vitória, no Espírito Santo, Malan abandonou o curso de Economia, mas resolveu continuar na área: em setembro de 1966, aos 23 anos, foi contratado pelo recém-criado Escritório de Pesquisa Econômica Aplicada.[4] Achou o ambiente estimulante:

– Em primeiro lugar, porque havia uma tentativa de refletir sobre a situação da economia brasileira – não era uma instituição acadêmica, era uma

---

[4] Que se transformaria depois no Ipea, a mesma instituição em que ele se aposentaria, 36 anos mais tarde, em novembro de 2002.

tentativa de avançar mais, no sentido do quantitativo, de profundidade, e qualitativo, em relação às experiências que haviam marcado a década de 1950, como a criação do BNDES e de algumas grandes empresas públicas, que funcionavam como mecanismos de planejamento do setor, os grupos executivos da segunda metade da década.

O governo procurava se manter informado sobre a movimentação estudantil, infiltrando agentes nas assembléias e reuniões. As lideranças oscilavam entre a paranóia dos que enxergavam um agente secreto em cada canto e a irresponsabilidade de quem se imaginava imune a qualquer ameaça.

O próprio Dirceu manteve um caso com uma moça que trabalhava para a polícia. Ela o conhecera numa entrevista coletiva das lideranças. Na sala de imprensa improvisada na Faculdade de Filosofia, alguém deixou inscrita no quadro-negro uma frase que demonstrava como o movimento estudantil encarava a mídia:

– *Imprensa burguesa: fique sentadinha nas cadeiras, sem tirá-las do lugar!*

Sentadinha na última fila, Dirceu notou uma beldade. Olhou interessado, foi correspondido e, pouco adiante, passou a sair com Heloísa. Uma noite, tendo levado a moça ao chamado *antro do Dirceu*, ao tirar a roupa, ele colocou sua arma numa espécie de quadro-negro. A moça pegou a pistola e a destravou com um gesto experiente, sem nenhum problema, levando-o a concluir que ela não era apenas uma estudante.

O pessoal da segurança foi ao apartamento dela e lá encontrou um organograma e vários relatórios com os nomes e endereços dos principais dirigentes. Apelidada de Maçã Dourada, Heloísa foi interrogada durante vários dias e forneceu uma lista de informantes policiais – havia agentes infiltrados inclusive na segurança de Dirceu.

Os estudantes convocaram o pai e a mãe de Heloísa, que moravam no interior, e a devolveram diante de toda a imprensa, acusando o Dops de transformar garotas inocentes em espiãs infiltradas no movimento estudantil.

Os movimentos de Dirceu acabariam por encher 37 fichas nos arquivos do Dops, cobrindo o período de 1966 até 1982. Classificado de terrorista a serviço do comunismo internacional, de elo entre padres, estudantes e operários, era acusado de usar jovens como massa de manobra. As fichas mesclam informações objetivas, acusações genéricas e detalhes prosaicos, como o supermercado onde fazia compras ou a barraca onde comia cachorro-quente.

No início de setembro, diante de um plenário vazio, o deputado federal Márcio Moreira Alves, do MDB, fez um discurso inconseqüente, propondo que as moças não dançassem com os cadetes nos festejos da Independência. O gesto foi transformado em pretexto pelos militares mais duros para que se abrisse um processo contra Moreira Alves e acabaria resultando na edição do AI-5, em dezembro de 1968.

Na quarta-feira, 2 de outubro de 1968, os secundaristas ergueram uma barricada na rua Maria Antônia e passaram a cobrar pedágio para financiar o congresso da proscrita União Nacional dos Estudantes. A menos de 200 metros, um grupo de alunos do Mackenzie começou a provocá-los.

Dirceu determinou que a barricada fosse retirada, porque naquele começo de manhã não havia quase ninguém na faculdade e ele achava que a coisa "não estava cheirando bem". Disse isso e foi embora. Às dez e meia, a turma do Mackenzie trocou os insultos por ovos, iniciando uma batalha campal que seria interrompida com a chegada da tropa de choque, convocada pelo reitor, para ser retomada no dia seguinte, quando alguns mackenzistas arrancaram uma faixa do prédio da Filosofia. A briga começou com pedras e seguiu com rojões, coquetéis molotov e tiros. Para Dirceu, o inimigo tinha maior poder de fogo:

– Quando a turma do Mackenzie começou a usar armas, meses antes, eu autorizei pela primeira vez a entrada na faculdade de um grupo tático armado das organizações de esquerda. Essa segurança ficava na parte de cima, controlando o ambiente; quando o CCC atirava de carabina, eles respondiam de metralhadora. Nesse dia, infelizmente, não estavam, mas tinham deixado algumas armas com o nosso pessoal. É claro que foram usadas para a defesa do prédio.

Ele estava discursando quando soube que o secundarista José Guimarães fora gravemente ferido perto da Maria Antônia. Levado para a Santa Casa, a poucas quadras, o rapaz não resistiu. Minutos depois, na sacada de uma casa na rua Doutor Vilanova, o presidente da UEE responsabilizou a ditadura pela morte do companheiro.

A batalha terminou com o que Dirceu classificaria de "recuo tático, destinado a não cair no jogo da reação". Os estudantes trocaram a Maria Antônia pelo Conjunto Residencial da USP. A polícia invadiu as duas faculdades e prendeu dezenas de estudantes na Filosofia. Horas mais tarde, o prédio estava em chamas.

Fernando Henrique fora eleito diretor do Departamento de Sociologia e também estava envolvido nas discussões sobre a reforma da universidade. Durante a batalha da Maria Antônia, FHC chegou a ir até a Secretaria da Segurança Pública, para pedir que a polícia controlasse o ataque dos mackenzistas. Não conseguiu nada e, ao retornar, encontrou seus arquivos destruídos. Na seqüência, o governo fechou o prédio da Filosofia e transferiu o curso definitivamente para o *campus* da USP.

Dez dias após a batalha da Maria Antônia, mais de mil estudantes estavam precariamente alojados num sítio perto de Ibiúna, a 80 quilômetros de São Paulo. Eram delegados vindos do país inteiro para o clandestino congresso da UNE, que naquele dia 12 de outubro deveria eleger o novo presidente da entidade. Tudo indicava que o escolhido seria Dirceu. A localização do congresso era um segredo de polichinelo, agravado pelas espantosas encomendas feitas no comércio local.

Na noite anterior, ansioso, ele dormiu mal. Pela manhã, os líderes receberam a informação de que a polícia estava a caminho. Chovia muito, a única estrada tornara-se intransitável e eles vislumbravam naquela informação mais uma manobra política da turma do Travassos, que aguardava a chegada de alguns delegados capazes de reverter a votação, até então desfavorável a seu grupo. Por isso, mantiveram a reunião programada para as nove da manhã.

Cinco delegados do Dops, inclusive Romeu Tuma,[5] haviam mapeado o sítio detalhadamente. Às oito da manhã, Palmeira e Dirceu ouviram tiros. Saíram correndo sem direção e acabaram presos, como a esmagadora maioria dos delegados.

Estudantes presos em Ibiúna chegam a São Paulo, 1968.

[5] Paulistano nascido em 1931, ingressou na carreira policial com 20 anos. Foi investigador e delegado por concurso e formou-se em Direito. Durante a ditadura, atuou no Dops. Passou pela Superintendência da Polícia Federal e elegeu-se senador em 1995, sendo reeleito em 2002 pelo PFL.

Em silêncio e em fila indiana, todos caminharam quase oito quilômetros pela estradinha intransitável, até encontrarem os ônibus convocados pela polícia para levá-los a São Paulo. Palmeira, incógnito, entrou num ônibus com o resto dos presos e conseguiu escapulir na porta do presídio Tiradentes. Andou alguns metros sem ser importunado, escondeu-se num estacionamento, mas acabou denunciado por um vigia e foi novamente detido. Reconhecidos imediatamente, Dirceu e Travassos foram transportados numa Rural Willys. Um fotógrafo registrou o sorriso desafiador do quase presidente da UNE.

As grandes empresas costumam barrar a contratação de parentes, mas, no início daquele tumultuado 1968, Lula e Frei Chico trabalhavam na Villares, em São Bernardo, porque o departamento pessoal não percebeu que José Ferreira da Silva e Luiz Inácio da Silva eram irmãos.

Frei Chico se casara e trocara de emprego, de cidade e de sindicato. A partir dos anos 50, São Bernardo havia se tornado um importante pólo industrial, com a implantação da indústria automobilística, e desenvolvera uma tradição de luta operária.

Para Lula, depois de meses sem trabalho, o emprego fora um alívio. Mas o primeiro dia não foi fácil:

– A Villares naquele tempo não tinha restaurante. Eu só tinha a moedinha da volta para casa e, na hora do almoço, tinha um bar lá perto da Villares e eu fui no bar. E todo mundo falava: "Me dá dois mistos-quentes, me dá um peito de frango, me dá um churrasco, me dá uma coca, cerveja, duas cachaças..." E eu lá em pé, olhando os caras comerem aquilo com água na boca, enchia d'água vendo os caras comerem. Eu não tinha dinheiro para comprar, aí um cara falou: "Você começou a trabalhar hoje? Você não quer comer nada, não?" "Ah, estou sem fome."

Os colegas apelidaram-no de Taturana,[6] por andar com os olhos injetados. Em 1968, atendendo a mais um convite de Frei Chico, ele participou,

---

[6] Lula tinha uma conjuntivite crônica, que até hoje o acompanha e que se agrava com o cansaço. Muito embora ele jamais tenha sido usuário, o apelido era uma referência a um tipo de maconha.

pela primeira vez, de uma reunião no sindicato dos metalúrgicos de São Bernardo. Os trabalhadores discutiam a comissão que iria representá-los num congresso sobre Previdência Social. Lula achou o irmão ativista demais, mas interessou-se pela polêmica e, na volta para casa, rendeu-se, afinal:

– Olha, arruma uma proposta aí que eu vou ficar sócio do sindicato.

No segundo semestre, a eleição sindical entrou em pauta. Frei Chico já trabalhava em outra empresa, onde um operário mais velho tinha a preferência para integrar a chapa da situação. Cedeu a vaga, mas ganhou o direito de indicar outro nome. Escolheu um sujeito de sua total confiança, respeitado entre os colegas, fanático por futebol e sem qualquer participação sindical: Lula.

A primeira reação do indicado foi desfavorável, mas a trinca que comandava os metalúrgicos de São Bernardo viu algum potencial nele e insistiu. O pernambucano Afonso Monteiro da Cruz, funcionário da Scania, era ligado ao movimento cristão da Frente Nacional do Trabalho e estava na presidência do Sindicato dos Metalúrgicos de São Bernardo desde o final da intervenção, em agosto de 1964. Ele havia participado ativamente do movimento antiarrocho que ocorrera entre 1967 e 1968. Seu candidato à sucessão era Paulo Vidal, um mandrilador da Mollins, até então segundo-secretário do sindicato. O terceiro homem forte dos metalúrgicos era o secretário-geral, Mário Ladeira. Foram os três que conseguiram convencer Lula a integrar a chapa, num cargo secundário, de suplente da diretoria.

Havia outro obstáculo: a namorada. Não era a primeira conquista daquele metalúrgico tímido:

– Minha primeira namorada era uma japonesinha, chamava-se Mitiko. Ela era bonitinha, mas sabe o que acontece? Eu, entre a bola e a namorada, ia jogar bola. Era fanático por futebol.

Com a tecelã Maria de Lourdes Ribeiro, o caso era mais sério. Eles se conheciam desde 1964, quando Lula foi morar ao lado da casa onde viviam ela e três irmãos – Jacinto, Toninho e Zezinho. Juntos, passaram a dançar ao som de Ray Coniff e Roberto Carlos nos bailinhos de final de semana. Quando não tinha programa, ficavam na casa de dona Ermínia e seu João, os pais de Lourdes. Um dia, Lula percebeu que estava gostando da moça e aconselhou-se com seu melhor amigo – o irmão dela:

— "Ô Jacinto, eu estou gostando da Lourdes, mas não sei como é que eu faço." "Ah, fala com ela, pô." "Ah, mas eu tenho vergonha, e teu pai e tua mãe?" "Que nada, fala com ela." Um dia, nós fomos para um baile e eu falei: "Vou falar." Toca a primeira seleção, tirei ela para dançar, não tive coragem. Toca a segunda seleção, tiro a segunda vez, e não tenho coragem. Cada vez que eu não tinha coragem, parava a seleção, eu ia no bar e tomava um conhaque. Naquele tempo não era nem Dreher, era conhaque Palhinha, conhaque de alcatrão São João da Barra. Eu acho que na quarta seleção, já no quarto conhaque, eu tive coragem de falar. Aí falei, namorei, casei.

Entre o namoro e o casamento, Lula recebeu o convite para ser candidato a diretor de base do sindicato. Influenciada pelos donos da tecelagem onde trabalhava, Lourdes deu o contra – achava que aquilo era coisa de comunista, como lhe diziam seus patrões. E chegou a colocar em jogo o casamento:

— Ou eu ou o sindicato!

Em setembro de 1968, Lula assinou a ficha de inscrição número 25.968 no Sindicato dos Metalúrgicos de São Bernardo. No dia 24 de abril de 1969, tomou posse como suplente e, no dia 25 de maio, casou-se com Lourdes.

6

A Febre do Lucro
(1969-1975)

Vinte e cinco de maio de 1969: cercados por parentes e crianças, na casa de dona Lindu, Lula e Lourdes cortam o bolo do casamento. Pouco depois, na hora de partir para a lua-de-mel, o filho chorava de um lado e a mãe de outro. Como quaisquer recém-casados, além das atividades usuais nessas ocasiões, andaram de charrete por Poços de Caldas e conheceram a cascata Véu da Noiva. Mas a primeira viagem de lazer de ambos acabou encurtada por causa da saudade do noivo.

Casamento de Lula e Maria de Lourdes, 1969.

Na volta, foram para uma casa alugada no bairro do Moinho Velho, onde o único luxo era a penteadeira cheia de perfumes e cremes no quarto do casal.

Lula acostumou-se mais depressa à rotina conjugal do que à vida sindical. A Chapa Verde recebeu 75% dos votos e esmagou a oposição de esquerda, mas sua posse como um dos 14 suplentes não rendeu nem ao menos uma foto, quanto mais qualquer privilégio na Villares. Na verdade, se lhe perguntavam algo que não sabia, anotava o problema e o nome do interessado e consultava o advogado do sindicato:

— Era tão inibido que, quando citavam meu nome numa assembléia, eu já ficava vermelho. Eu jamais me imaginei sendo presidente de sindicato.

O empenho inicial durou pouco: logo adiante, desanimado com as brigas internas, distanciou-se da entidade:

— O peão se ferrando dentro da fábrica, o cara passando necessidade, trabalhando em condições as piores possíveis, e a diretoria discutindo quem tinha ido embora com o carro de noite, quem foi não era pra ir, por que o outro usava cabelo comprido... Sabe? Com tudo isso, eu parei.

No início de 1969, os sindicalistas tinham apenas dois argumentos para conquistar novos associados: a colônia de férias e a assistência médica. E o primeiro movimento organizado por Lula pretendia acabar com o desconto de 2% do salário para a Sociedade Beneficente da Villares, que assegurava auxílio-doença e assistência médica independente da Previdência Social. Ele achava que, se já pagavam o INPS, melhor seria reclamar um atendimento melhor. Para reforçar seu ponto de vista, idealizou um abaixo-assinado diferente:

— Fiz um círculo pra ninguém saber quem assinou em primeiro lugar. O medo era saber quem tinha encabeçado aquele abaixo-assinado porque podia ser mandado embora.

Em 1971, com um empréstimo do serviço social da fábrica, deu entrada numa casinha velha, com dois quartos, sala e cozinha, na Vila das Mercês. No novo endereço, perto da mãe, Lourdes mantinha tudo tão arrumado que as visitas precisavam tirar os sapatos na porta. Nos fundos, num quarto e cozinha, alojaram a irmã Maria e o marido, que estava sem trabalho e sem dinheiro.

Foi lá que Lourdes engravidou. No começo, ia tudo bem, mas no sétimo mês ela passou a vomitar. Os médicos explicaram que era normal e a mandaram caminhar e comer gelatina. Na quinta-feira, 3 de junho de 1971, depois de nova visita ao posto de saúde, Lourdes foi internada no Hospital Modelo, em São Paulo.

Diagnosticada a hepatite, levaram-na para o isolamento, onde Lula a encontrou:

– *Eu fui no hospital e vi. Ela gritava, ela gritava, ela gritava. Não tinha um médico para atender, não tinha ninguém. (...) Eu lembro que eu fui visitar ela num domingo. Ela estava numa situação deplorável, com um monte de gente no quarto. Ela gritava, eu fui chamar a enfermeira, a enfermeira não queria atender. Depois, acabou o tempo de visita e eu fui embora.*

Na segunda-feira, ele recebeu um pedido para levar roupa para a mulher e o bebê, pois a cesariana estava marcada. Ao chegar ao hospital, informaram que a mulher e a criança tinham morrido. O atestado de óbito indicava que Maria de Lourdes da Silva morrera "de coma hepático, provavelmente hepatite". Lula não permitiu a necropsia:

– *Ninguém vai retalhar a minha mulher!*

O serviço social da fábrica providenciou a remoção dos corpos e o velório foi na casa em reforma para abrigar o bebê. Seu Aristides veio de Santos, mas dona Lindu não quis nem vê-lo.

No primeiro momento, Lula ficou tão deprimido que nem saía de casa – e, mesmo passados mais de 30 anos da tragédia, ele continuaria indo às lágrimas toda vez que falava no assunto. Todos os domingos, ia ao cemitério colocar flores no túmulo da mulher.

Embora preferisse morar sozinho, montar uma quitinete, ter suas coisas, sem que ninguém mexesse, a mãe não deixou. Lula vendeu a casa e passou três anos com a mãe e Tiana num quarto-e-sala alugado no parque Bristol. Durante seis meses, manteve total distância das mulheres. Depois, radicalizou e saía cada vez com uma moça diferente:

– *Meu Deus do céu, antes de encontrar a Marisa foram três anos de loucura. Eu queria sair com mulher de segunda a domingo.*

Lula havia sindicalizado 300 operários da Villares, mas não estava interessado em continuar na diretoria. Foi Paulo Vidal quem o convenceu a figurar como primeiro-secretário na chapa da situação.

Quando a campanha começou, Lula empenhou-se: fez reuniões até de madrugada. Percorria os pontos de maior afluxo na porta das empresas, munido de um cabo de vassoura com um espeto na ponta, fisgando os boletins distribuídos pelos adversários, para evitar que a mensagem da oposição alcançasse o eleitorado. A situação foi reeleita em abril de 1972, com 14.279 votos, 70% do total.

Aos 25 anos, Lula abandonava a fábrica para tornar-se sindicalista em tempo integral. No comando de uma diretoria recém-criada, encarregada da Previdência Social, foi se conscientizando: fez cursos de Previdência, Sindicalismo e Fundo de Garantia. Seu jornal predileto, no entanto, continuava a ser a *Gazeta Esportiva*.

Falar em público ainda era um desafio, mesmo depois de ter passado por um curso no Centro de Oratória Ruy Barbosa, ligado à Faculdade de Direito do largo São Francisco, em São Paulo, por sugestão de Frei Chico. Em 1973, quando o sindicato inaugurou sua escola, gastou uma semana colocando as idéias no papel e ensaiando em voz alta. Na hora agá, em vez de ler simplesmente a ata e a ordem do dia, Paulo Vidal engatou um discurso bem armado, com todos os argumentos que Lula preparara. Ao receber finalmente a palavra, Lula acabou desistindo:

– *Olha, gente, depois do discurso do Paulo está inaugurada a escola do sindicato...*

No final daquele ano, numa manhã de sábado, dez trabalhadores da ferramentaria da Ford procuraram o sindicato, querendo entrar em greve. Lula chamou Vidal para participar da conversa. O presidente dos metalúrgicos aplicou um banho de água fria nos esquentados operários. Explicou que poderiam ser enquadrados na Lei de Segurança Nacional e descreveu até as torturas a que seriam submetidos. No final, os trabalhadores recuaram. Mas, apesar desse tipo de atitude, Vidal foi o responsável por vários avanços, como o Primeiro Congresso dos Metalúrgicos, um esforço inédito de organização pela base concretizado em 1974.

Como responsável pela Previdência Social, Lula atendia a aposentados, doentes e viúvas, e estabeleceu uma regra não escrita para seus auxiliares: chamarem por ele, caso surgisse uma viúva ajeitada.

Foi assim que atendeu à loura bonitona, em busca de um atestado de invalidez para o irmão com problemas mentais. Alta, cabelos louros, olhos claros, Marisa Letícia Casa chamava atenção. Penúltima de 12 filhos dos sitiantes Antonio João Casa e Regina Rocco, descendentes de imigrantes italianos, ela trabalhava desde os nove anos, primeiro como babá, depois como embaladora de bombons na fábrica de chocolates Dulcora e, naquele momento, como inspetora numa escola pública municipal de São Bernardo.

Lula logo percebeu que deveria ser a nora de seu Cândido, um taxista que ele utilizava eventualmente e de quem ouvira, várias vezes, a história do filho. Também chofer de praça, ele morrera num assalto, deixando uma bela viúva com um filho pequeno. Segundo Lula, nessas corridas, ele chegou a pensar que encontraria a tal moça que o velho taxista pintava como uma deusa. E ao confirmar que o sogro dela era mesmo seu Cândido, concluiu para si mesmo:

– *Caiu na rede a nora do velho!*

Para encompridar a conversa, disse que, como a lei tinha mudado, precisava estudar o caso, e pediu o telefone dela. Marisa deu:

– *Caí que nem uma bobinha. Trabalhava na secretaria de uma escola na época. Desse dia em diante, o telefone não parou mais de tocar.*

Quando ela retornou para assinar a papelada, Lula deu um jeito de expor seu estado civil, mostrando a carteira de identidade. Embora ela não tenha se entusiasmado com o fato de ele também ser viúvo, acabaram dividindo um frango com polenta – até hoje um dos pratos prediletos do casal – num dos mais tradicionais restaurantes da região, o São Judas Tadeu, no bairro Demarchi.

Pouco tempo depois, num sábado à tarde, dirigindo um Volkswagen TL azul-claro, novinho, Lula foi à casa onde ela vivia com a mãe. Marisa ainda tentou dispensá-lo, explicando que o namorado estava para chegar, mas ele cortou logo:

– *Olha, não tem essa de "meu namorado vai vir". Ele vai vir e você vai ter que dispensar ele, porque eu vou ficar aqui. Eu vim aqui para a gente começar a namorar...*

Marisa quis argumentar:

— *Mas eu não posso, eu estou namorando ele...*

E Lula:

— *Eu vou ficar aqui.*

Deu certo. O rapaz chegou e foi dispensado sem aviso prévio.

No momento em que conheceu Marisa, outra mulher estava grávida de Lula. Era a enfermeira Miriam Cordeiro, que ele conhecera ao levar as filhas de uma contraparente na clínica Modelo.

Lula e Miriam começaram a sair, ela engravidou e os dois já falavam em morar juntos, quando apareceu Marisa. Mais tarde, ele apontaria essa circunstância como a razão de seus futuros problemas:

— *Eu até compreendo o ódio que a Miriam Cordeiro tem de mim, porque ela estava grávida de seis meses. A gente estava até procurando casa. Mas quando eu conheci a Marisa, eu me apaixonei e falei: "Bom, eu vou largar tudo o que eu tenho." Aí, eu larguei da Miriam Cordeiro e, com seis meses, eu casei com a Marisa.*

A filha de Lula nasceu às sete da manhã do dia 8 de março de 1974. Junto com sua irmã Maria, ele foi ao hospital, pagou as despesas do parto e depois registrou a criança com o nome escolhido pela mãe — Lurian, mescla de Lula e Miriam. Segundo Maria, o irmão quis pagar inclusive pensão para Miriam, que não aceitou e acabou impedindo o contato de Lula com Lurian, assim que a criança completou seis meses.

Depois de sete meses de namoro, Lula e Marisa casaram-se no civil, num dia de semana. Um almoço para dona Lindu e os padrinhos foi a discreta comemoração. Na foto, o sorriso dele é do tamanho do bigode largo, maior até que o sorriso de Marisa, em seu conjuntinho lilás. Lula assumiu Marcos, o enteado de três anos, como se fosse seu filho legítimo. Marisa continuou trabalhando na secretaria da escola e, nove meses após a cerimônia, nasceu Fábio Luiz, o primeiro filho do casal.

Perto do fim do mandato sindical, a fábrica em que Paulo Vidal trabalhava mudou para Mauá. Legalmente, ele não poderia nem continuar filiado a um sindicato de outro município, e assim anunciou que não disputaria novamente a presidência.

Duvidando que a decisão fosse para valer, a oposição de esquerda continuou a discutir em segredo a formação de outra chapa. Lula reu-

Lula e Marisa se casam numa discreta cerimônia no civil, em 1974.

Lula e Marisa, em viagem de lua-de-mel.

niu-se com esse pessoal várias vezes, de modo quase clandestino. Num dos encontros, o medo era tamanho que, quando um carro parou diante do portão, os mais afobados concluíram que era a polícia e deitaram no chão. Um dos presentes chegou a sacar um revólver, antes de ficar claro que se tratava de um táxi desembarcando um passageiro.

Na mesma época, Lula conversou com Emílio Maria de Bonfante, ex-comandante da Marinha Mercante e dirigente do clandestino Partido Comunista Brasileiro, no qual atendia pelo codinome de Ivo. Num banco de praça, diante da Igreja Matriz de São Bernardo, os dois fingiram que liam jornal, enquanto comentavam a situação do sindicato e do país. Lula detestou a experiência e desabafou depois com o irmão:

– *Frei Chico, eu não tenho a minha mãe na zona, porra! Nem meu pai é corno!... Eu vou ficar fazendo reunião assim? Não tem essa não, Frei Chico, de agora em diante, quem quiser fazer reunião comigo é pública e não tem segredo.*

Pouco antes das eleições, ele constatou o quanto, nos momentos críticos, a atitude do presidente podia ser decisiva. Para garantir uma presença maciça dos metalúrgicos numa assembléia, o sindicato ameaçou cortar a assistência médica de quem não comparecesse. Com isso, 11 mil metalúrgicos foram ao sindicato, em clima de guerra. Mas quando todos esperavam que Vidal conclamasse os trabalhadores a entrarem em greve, ele fez um discurso "vaselina", na definição de Lula, empurrando o comando da reunião para o advogado do sindicato, Almir Pazzianoto,[1] que devolveu como num sem-pulo:

– *Olha, não é o advogado quem tem que resolver, quem tem que resolver são vocês. A diretoria do sindicato tem que tomar uma posição!*

Resultado: adeus greve.

---

[1] Paulista de Capivari, Pazzianoto tinha 38 anos. Formado em Direito pela PUC de Campinas, tinha trabalhado para a Federação dos Metalúrgicos e dos Químicos. Em 1974, elegeu-se deputado estadual pelo MDB. Conseguiu novo mandato em 1978 e em 1980 ficou no PMDB, ao contrário de Lula e dos sindicalistas. Reeleito em 1982, foi nomeado secretário das Relações do Trabalho pelo governador Montoro em 1983. Tancredo o escolheu para ministro do Trabalho e seu nome foi mantido por Sarney. Deixou o ministério em 1988, para assumir uma vaga de ministro do Tribunal Superior do Trabalho.

As conversas com a oposição não evitaram a disputa, mas a chapa da situação, tendo Lula como candidato a presidente e Vidal como secretário, recebeu 92% dos votos. No intervalo entre a eleição e a posse, o Dieese – Departamento Intersindical de Estatísticas e Estudos Socioeconômicos[2] – realizou vários seminários para reformular os métodos de trabalho do sindicato. O projeto incluía reuniões pilotadas pela educadora e pedagoga Lourdes Maria Coelho Barelli, conhecida como Lurdinha, esposa do diretor técnico da instituição, Walter Barelli.

Para melhorar o relacionamento entre os diretores e construir a confiança do grupo, Lurdinha usou a técnica do psicodrama pedagógico. Numa das sessões, pediu a Paulo Vidal que representasse, sem palavras, seu papel no sindicato, usando todo o grupo para construir uma espécie de estátua. Segundo Lurdinha, na representação, o presidente em fim de mandato assumiu a atitude de um super-homem. Minutos depois, Vidal transpirava abundantemente. Já Lula guarda outra lembrança daquela simulação:

– *(...) ele mandou toda a diretoria ficar com a mão no joelho, todo mundo ficou meio de quatro e ele subiu em cima e ficou com as mãos abertas assim, como se tivesse acima de todo mundo. E logo em seguida fui eu. E aí a pergunta é a seguinte: "O que você acha, qual é o papel do presidente do Sindicato, como é que você se vê? Como é que você vê o presidente do Sindicato?" E aí, eu talvez até porque não soubesse outra coisa, peguei todo mundo que estava lá, todo mundo deu a mão, ficamos todos de mãos dadas, abraçados. Para mim, o sindicato significava aquilo. Significava a união dos trabalhadores e o papel do presidente era ser um a mais.*

Para Lula, o exercício elucidou ainda qual deveria ser o verdadeiro papel de um dirigente sindical: em vez de ir às repartições, cuidar da burocracia, deveria percorrer as portas de fábrica, mantendo contato com os operários. Para a burocracia, bastava contratar um funcionário.

– *Essa foi uma descoberta, eu diria, fantástica, foi como descobrir a roda, ou seja, nós descobrimos que estávamos errando.*

[2] Criado em 1955 e mantido pelos sindicatos, o Dieese teve um papel importante na reconstrução do sindicalismo depois do golpe militar.

No dia 19 de abril de 1975, um sábado, diante do governador Paulo Egydio Martins, de Marisa, grávida de Fábio, de dona Lindu e de dez mil pessoas, Lula tomou posse como presidente do Sindicato dos Metalúrgicos de São Bernardo. Ao fazer seu pronunciamento, tremia tanto, que Marcelo Gatto, presidente dos metalúrgicos de Santos e seu vizinho na mesa oficial, precisou segurar as folhas do discurso. Redigido pelo advogado do sindicato, Maurício Soares de Almeida, o texto estava repleto de termos que Lula jamais usaria, como "jungidos" e "comezinhos". No campo das idéias, dava uma no cravo, outra na ferradura, como era praxe naquele momento em que a abertura política ainda era uma promessa do general Ernesto Geisel.[3] A certa altura, afirmava:

– *O momento da história que estamos vivendo apresenta-se, apesar dos desmentidos em contrário, como um dos mais negros para os destinos individuais e coletivos do ser humano. De um lado, vemos o homem esmagado pelo Estado, escravizado pela ideologia marxista, tolhido nos seus mais comezinhos ideais de liberdade, limitado em sua capacidade de pensar e se manifestar. E no reverso da situação, encontramos um homem escravizado pelo poder econômico, explorado por outros homens, privado da dignidade que o trabalho proporciona, tangido pela febre do lucro, jungido ao ritmo louco da produção, condicionado por leis bonitas mas inaplicáveis, equiparado às máquinas e ferramentas.*

O clima da posse – e do momento em que Lula chegou ao poder – ficou registrado na edição de junho da *Tribuna Metalúrgica*, na qual seu nome já aparece como diretor. Ao pé da primeira página, apenas duas

[3] Ernesto Geisel nasceu em Bento Gonçalves, Rio Grande do Sul, no dia 3 de agosto de 1908. Como seus dois irmãos, cursou o Colégio Militar de Porto Alegre e a Escola Militar do Rio de Janeiro. Participou da Revolução de 30, combateu os constitucionalistas paulistas em 1932 e foi um dos conspiradores em 1964, sendo nomeado chefe do gabinete militar de Castello Branco. Perdeu poder no Governo de Costa e Silva. Medici o indicou para a presidência da Petrobras e o escolheu como seu sucessor. Em seu governo (1974-1979), comandou um processo de abertura política lenta e gradual, em grande parte concebido pelo chefe da Casa Civil, general Golbery do Couto e Silva. Geisel morreu em 12 de setembro de 1996.

chamadas – para um artigo sobre a CPI das Multinacionais e para o pedido de convenção coletiva. O restante era ocupado por uma foto da platéia lotada, com a seguinte manchete:

– *Posse reúne a família metalúrgica. Prestigiada pelo governador, a festa da posse da diretoria foi uma demonstração da nossa liderança.*

Em 1973, Fernando Henrique Cardoso conheceu Lula, que acompanhava Paulo Vidal numa visita ao Cebrap. FHC não se recorda nem mesmo do que foi discutido naquele primeiro encontro e o bigodudo diretor de Previdência Social dos metalúrgicos de São Bernardo não despertou sua atenção.

Quatro anos antes, FHC fora aposentado compulsoriamente, junto com outros 218 pesquisadores e professores da USP, todos atingidos pelo AI-5.[4] Fernando Henrique dirigia um Volkswagen azul rumo ao *campus* da USP para ver o novo endereço da Faculdade de Filosofia, quando soube pelo rádio do carro que fora aposentado com base no AI-5, em abril de 1969.

Na entrada do *campus*, foi parado pela polícia. Estava sem documentos, mas o policial liberou-o depois de examinar seu talão de cheques.

Apesar dos convites para lecionar em Nanterre e em Yale, FHC resolveu ficar no Brasil e retomar um antigo projeto. Já em 1966, no Chile, ele, Carlos Estevam Martins e Vilmar Faria imaginavam criar um centro de pesquisas na USP ou fora dela. Em 1968, chegaram inclusive a realizar reuniões para discutir o assunto no Brasil.

A aposentadoria compulsória de vários deles acelerou o processo e, no dia 3 de maio de 1969, 27 intelectuais criaram o Centro Brasileiro de Análise e Planejamento, Cebrap. A presidência foi entregue a Cândido Procópio Ferreira Camargo, especialista em religião, educação e movi-

---

[4] O Ato Institucional foi publicado no dia 13 de dezembro de 1968, um dia depois de a Câmara dos Deputados ter rejeitado por 216 votos a 141 – com 12 abstenções – o pedido de autorização para processar o deputado Márcio Moreira Alves. O Congresso foi fechado. Centenas de pessoas foram presas.

mentos sociais, e a sede, estabelecida num casarão na rua Bahia, no bairro de Higienópolis.

A partir de uma indicação do professor Bolivar Lamounier, que também fora aposentado, mas não figurava entre os fundadores do Cebrap, o grupo procurou a Fundação Ford, em busca de recursos. A alternativa gerou polêmica entre os pesquisadores, divididos entre os que não queriam aceitar dinheiro de uma fundação norte-americana – entre eles Octávio Ianni e Florestan Fernandes – e os que perguntavam se havia outra alternativa.

Os pragmáticos ganharam a parada quando a Fundação ofereceu 145 mil dólares ao Centro, sem estabelecer qualquer exigência quanto ao tipo de pesquisa que deveriam desenvolver. Mas a embaixada norte-americana não gostou da idéia e o diretor da Usaid, William Ellis, deu um recado claro a Peter Bell, representante da Fundação no Brasil:

– *Se você sabe o que é bom para a sua carreira, aconselho-o a ficar fora disso.*

Como a ameaça velada não deu resultado, Bell foi procurado por um agente da CIA, que lhe apresentou um maço de recortes. O dossiê demonstraria as atividades subversivas de Fernando Henrique Cardoso, na tentativa de impedir o financiamento. Apesar disso, a ajuda foi mantida. O Cebrap também conseguiu apoio entre empresários como José Mindlin e Celso Lafer e políticos como Paulo Egydio Martins e Severo Gomes.

O primeiro escalão do Centro era composto por sete renomados cientistas sociais ligados à USP, cinco deles oriundos do famoso seminário sobre Marx.[5] Com uma produção de qualidade, o Cebrap tornou-se um caldeirão de idéias e seus membros mantiveram-se como referências

[5] Eram FHC, Cândido Procópio, Juarez Brandão Lopes, Paul Singer, Elza Berquó e Octávio Ianni. Weffort e o historiador Boris Fausto circulavam regularmente pelo Cebrap, embora não estivessem na equipe permanente. Em 1970, entraram Chico de Oliveira e Bolivar Lamounier. No ano seguinte, Vilmar Faria e Carlos Estevam Martins. Vinícius Caldeira Brandt, o penúltimo presidente da UNE, incorporou-se em 1974, ao sair da prisão, e José Serra em 1976, ao voltar do exílio.

no campo acadêmico e entre os jornalistas. Uma das atividades regulares eram os chamados *mesões* – as reuniões em que se debatiam temas específicos, como a situação da economia.

Malan tornou-se um assíduo freqüentador dos mesões do Cebrap. Ele continuava trabalhando no Ipea, onde esboçou um solitário e limitado protesto diante do AI-5: encerrou sua colaboração no desenvolvimento do Programa de Desenvolvimento Econômico e Social, por achar que não teria sentido submeter um trabalho sério a um Congresso que acabara de ser manietado pelo governo.

O protesto não impediu nem retardou a conclusão do programa, mas reforçou o projeto de Malan de sair do país. Em meados de 1969, atendendo a um convite do economista Albert Fislow, ele foi para a Universidade de Berkeley. Voltou ao Brasil três anos depois, reassumiu o cargo no Ipea, passou a freqüentar as reuniões do Cebrap e engalfinhou-se publicamente com um dos mais próximos colaboradores do ministro Delfim Netto, o professor Carlos Geraldo Langoni.

Numa série de artigos, réplicas e tréplicas, Malan procurou provar que a distribuição de renda não era uma decorrência automática do crescimento econômico capitalista, como pretendia seu adversário:

– Um sistema capitalista não tem qualquer tendência para – automaticamente – redistribuir renda de forma não regressiva. Que isto se tenha dado em vários países avançados é um fato, porém em grande parte associado à organização sindical, à institucionalização do conflito político e às influências pluralistas sobre o aparato do Estado.

Fernando Henrique conciliava o trabalho no Cebrap com uma crescente atuação política. Fazia palestras e conferências pelo país afora e escrevia ensaios e artigos, mais tarde compilados em várias obras. Entre 1969 e 1970, deu aulas no México e na Suíça e, em 1972, lecionou por um mês no Instituto de Ciências Políticas da Universidade de Stanford, nos Estados Unidos.

Em 1972, Fernando Gasparian voltou ao Brasil depois de passar alguns anos em Oxford, com uma idéia na cabeça: lançar um semanário de política, economia e cultura.

No dia 23 de outubro de 1972, saiu a primeira edição de *Opinião*. Antes mesmo dos 25 mil exemplares chegarem às bancas, Gasparian foi chamado à Polícia Federal e recebeu uma relação com dez proibições básicas. O major Braga, que mostrou o documento, não permitiu nem mesmo que o editor levasse uma cópia, alegando que era secreta. A lista incluía veto a críticas ao regime, ao sistema habitacional e à Bolsa de Valores. Proibia ainda propaganda do homossexualismo e do amor livre e menção a questões raciais ou a divergências entre a Igreja e o governo. O jornal chegou a 40 mil exemplares, metade da tiragem da revista *Veja* na época, mas, depois de publicar uma caricatura de Delfim Netto, então ministro do Planejamento, passou a ser censurado. Como integrante do conselho editorial do jornal, Fernando Henrique escrevia artigos regularmente e participava das reuniões de pauta semanais, muitas realizadas no próprio Cebrap.

O Serviço Nacional de Informações classificava o centro como "uma nova frente de propaganda adversa, com implicações na área estudantil", como registraria Elio Gaspari na sua obra definitiva sobre a ditadura brasileira. Entre o final de setembro e o início de outubro de 1974, todos os integrantes do Cebrap foram parar no Doi-Codi.[6]

Os problemas da turma começaram quando um dos pesquisadores, Regis Stephan de Castro Andrade, que estava indo estudar na Escócia, mandou um *office boy* despachar um pacote para o exterior. Eram publicações clandestinas das organizações de esquerda, tema de sua pesquisa. O material estava mal embrulhado, foi aberto nos Correios e o *boy* foi detido. Como disse que trabalhava no Cebrap, o Doi-Codi resolveu investigar. Depois das primeiras prisões, o ministro Severo

[6] A sigla, temida pela esquerda, designava o Destacamento de Operações Internas – Comando Operacional de Informações.

Gomes foi acionado, procurou o presidente Geisel e conseguiu um acordo – todos prestariam depoimento, sob a condição de não serem maltratados. Na entrada, FHC e Chico de Oliveira receberam o capuz que era colocado nos presos submetidos a tortura e Fernando Henrique pensou:

– *Que idiota que eu sou. Devia ter ficado no exterior. Lá sou amigo do rei...*

Durante horas, os policiais lhe perguntaram sobre um tal de Mândel. A muito custo ele se deu conta de que se tratava de Ernest Mandel (pronuncia-se Mandél), um renomado intelectual belga ligado ao movimento trotskista internacional que ele encontrara durante uma viagem ao México. Um especialista em trotskismo foi chamado e a situação acabou esclarecida. Quando pediu para ir ao banheiro, levaram-no até uma cela onde estava um preso que acabara de ser torturado. FHC ficou chocado com a cena:

– *Eu sabia da tortura, claro, quem não sabia? Mas ver é outra coisa. Não esqueci nem do capuz, nem de que vi um homem torturado, nem de que me perguntaram muita besteira.*

A passagem pelo Doi-Codi não o impediu de reconhecer publicamente que o regime militar modernizara a economia, criando uma classe média consistente e aumentando a classe operária, como registrou em *Autoritarismo e Democratização*, compilação de artigos e trabalhos publicada naquele mesmo ano.

Mas o reconhecimento dos acertos do regime e o projeto de distensão do presidente Ernesto Geisel não impediram que o Centro de Informações da Aeronáutica pedisse ao Ministério da Justiça a abertura de um processo para suspender seus direitos políticos. A papelada, que tramitou em segredo e só foi revelada em 1998, classificava FHC de "fiel súdito de Moscou e Cuba". A origem do processo era uma análise de seu livro feita na Secretaria da Segurança Pública de São Paulo e encaminhada à Aeronáutica e à Polícia Federal. Fernando Henrique era acusado de defender "expressamente e sub-repticiamente" a violência. O tiro podia ser letal, mas o pretexto não se sustentava. Uma funcionária da Polícia Federal, Josélia de Oliveira Gouvea, reconhecia:

– *Em que pesem as críticas (contundentes, muitas das vezes) endereçadas à cúpula governamental e ao sistema pós-64, a abordagem é feita linearmen-*

te, muito técnica, sem características dogmáticas. Não contém apelos ou incitamentos alarmantes. É um livro de difícil consumo pela grande massa.

Fernando Henrique iria se aproximar da grande massa, mas por outro caminho, que não o dos livros. Em 1974, Pedro Simon, na época deputado estadual do MDB gaúcho, convidou ele e Gianotti para darem uma série de conferências no Rio Grande do Sul. As palestras dos professores do Cebrap fizeram grande sucesso, atraindo mais de dois mil espectadores. Pouco depois, Gasparian levou o secretário-geral do partido, Ulysses Guimarães, ao casarão da rua Bahia, e o Centro acabou assessorando o partido na Comissão Parlamentar de Inquérito das Multinacionais e atualizando seu programa, nele incluindo a redistribuição de renda e a convocação de uma Assembléia Nacional Constituinte.[7]

Creditar o desempenho do MDB nas urnas à mudança do programa seria um exagero, mas naquele ano, o partido de oposição obteve 72,75% dos votos. Ampliou a bancada de 87 para 160 deputados e elegeu 16 dos 21 senadores, entre eles Orestes Quércia, ex-prefeito de Campinas, cujo programa também recebeu palpites de Fernando Henrique.

O resultado da eleição aguçou o confronto dentro do *Opinião*. O editor Raimundo Pereira e outros jornalistas ligados à APML e ao PC do B não deram força para a campanha do MDB – o PC do B continuava pregando o voto nulo. Gasparian, que tinha vários amigos entre os chamados moderados do MDB, não conseguia fazer valer suas teses na publicação. A gota d'água da crise foi um perfil descrevendo o deputado mineiro Marcos Tito, do MDB, como adesista.

Raimundo e sua equipe deixaram o jornal e, em abril de 1975, depois de arrecadarem 100 mil dólares – o próprio Gasparian comprou duas cotas –, fundaram o jornal *Movimento*. O conselho editorial era integrado, entre outros, por Chico Buarque, Hermilo Borba Filho e Fernando Henrique Cardoso – que continuou colaborando com o *Opinião*.

---

[7] A Constituinte já fora mencionada como projeto do MDB num seminário do partido, em 1971.

O primeiro número do novo jornal vendeu 21 mil exemplares, mas na oitava edição as vendas já estavam em 8,5 mil jornais. A partir de dezembro de 1975, a censura passou a ser feita em Brasília e, até junho de 1978, mais de três mil artigos foram vetados. *Movimento* vendia quatro mil exemplares por semana quando acabou, no final de 1981.

O administrador do jornal era Sérgio Motta, mais conhecido como Serjão. Engenheiro formado pela Faculdade de Engenharia Industrial da PUC, em São Bernardo do Campo, e ex-integrante da Ação Popular, ele era dono da Hidrobrasileira, uma próspera empresa de planejamento que comprara em estado pré-falimentar e onde empregava diversos perseguidos políticos.

Entre 1975 e 1976, FHC passou seis meses trabalhando no Institute of Advanced Studies, de Princeton, nos Estados Unidos, a convite do economista Albert Hirschman, que conhecera em Nova York e reencontrara no Chile.

Surfando na onda de descompressão política do governo Geisel, que praticamente eliminara a censura aos grandes jornais, um trabalho do Cebrap conquistou, finalmente, grande repercussão. Publicado como livro em junho de 1976, *São Paulo, Crescimento e Pobreza* vendeu muito. O estudo, encomendado pelo cardeal dom Paulo Evaristo Arns, demonstrava que o crescimento econômico brasileiro resultava na piora indiscutível das condições de vida na periferia da maior cidade brasileira. Para resolver essa equação perversa, seria preciso ampliar a participação democrática da população na administração urbana. Incorporada ao discurso da oposição, a tese conquistou espaço na imprensa.

O Cebrap voltou às manchetes quando uma bomba atingiu sua biblioteca. Praticado por um grupo autodenominado Aliança Brasileira Anticomunista, o atentado, que parece ter sido uma reação ao livro, jamais foi esclarecido pela polícia. O secretário de Segurança Pública, coronel Erasmo Dias,[8] chegou a acusar o Cebrap de ter armado uma manobra

[8] Nascido em 1924, Antônio Erasmo Dias era coronel do Exército. Foi secretário de Segurança Pública nos governos de Laudo Natel e Paulo Egydio Martins. Elegeu-se deputado estadual e depois vereador.

publicitária. Quase apoplético, Erasmo costumava sacudir o livro acerca de São Paulo, dizendo que era sua bíblia e que o lia todos os dias "para ficar com raiva".

Naquele sábado, 12 de outubro de 1968, seu Castorino e dona Olga reuniram toda a família em casa para conhecer o aparelho de TV tirado num consórcio. Feliz da vida, dona Olga assou pães de queijo e um bolo para festejar as maravilhas da eletrônica moderna. Todos diante do aparelho, seu Castorino girou o botão.

A primeira imagem que surgiu foi a do grande arrastão que havia acabado com o Congresso da UNE. Em seguida, a câmera mostrou o filho deles, algemado, dando adeus para a câmera, antes de entrar num carro da polícia. Desesperada, dona Olga sentiu-se mal e foi se deitar; em poucos minutos, a casa ficou lotada de pessoas em busca de novidades ou dispostas a prestar algum tipo de solidariedade aos pais de José Dirceu.

A maior parte dos quase mil estudantes presos em Ibiúna foi fichada e solta, respondendo a inquérito em liberdade. Várias lideranças logo conseguiram *habeas corpus* e foram libertadas. Mas Dirceu, Palmeira, Travassos e Franklin Martins[9] continuaram detidos.

Certa madrugada, os quatro foram transferidos, sem explicação alguma. Durante o trajeto, olhando pelas frestas do camburão, Palmeira percebeu

---

[9] Nascido em Vitória, Espírito Santo, em 1948, Franklin Martins se criara no Rio de Janeiro. Seu pai, o jornalista Mário Martins, era senador pelo MDB – seria cassado com o AI-5 – e fora um dos fundadores da UDN, tendo renunciado ao mandato em 1961, por discordar do partido. Cursava a Faculdade de Ciências Econômicas da UFRJ, em 1967, quando se ligou à Dissidência Comunista, tornando-se secretário-geral do Diretório Acadêmico e, logo depois, vice-presidente da União Metropolitana dos Estudantes. Eleito presidente do Diretório Central dos Estudantes da UFRJ, Martins estivera na maioria das passeatas e integrou a comissão que foi conversar com o presidente Costa e Silva em Brasília. Libertado dois dias antes do AI-5, graças a uma decisão do Supremo Tribunal Federal, passou à clandestinidade, integrando o grupo que seqüestrou o embaixador norte-americano.

que estavam seguindo para o litoral e começou a imaginar que seriam mortos, e seus corpos, jogados num lugar deserto. No momento em que o carro parou numa estrada de areia, ele fez um pequeno discurso, emocionado:

– Nós chegamos até aqui, agora vamos morrer como revolucionários. A luta é isso mesmo, valeu. Quando eles abrirem a porta, vamos sair brigando, já que vão mesmo matar a gente. Se alguém escapar, conte ao mundo que morremos com dignidade!

Na estradinha deserta, os estudantes presos ouviram os policiais descendo do carro, um barulho de armas e chaves. Lutador de judô e grandalhão, Franklin Martins foi escalado para descer na frente e começar a briga. Finalmente, os quatro perceberam que os guardas tinham simplesmente errado o caminho. O comandante do forte de Itaipu, coronel Erasmo Dias – o mesmo que se tornaria secretário de Segurança –, recebeu-os com um discurso agressivo, repleto de palavrões, e cortou o cabelo de todos.

Como Franklin Martins, Dirceu e Palmeira também conseguiram um *habeas corpus*, mas, como o documento foi assinado justamente no dia 13 de dezembro de 1968, o AI-5 transformou-o em letra morta e eles continuaram presos.

Depois de alguns meses no forte de Itaipu, os dois líderes estudantis foram transferidos para um quartel em São Vicente, onde Dirceu passou a receber visitas. Já estava resignado a amargar uma longa pena, quando, no dia 4 de setembro de 1969, um grupo integrado, entre outros, por Franklin Martins, Fernando Gabeira e Paulo de Tarso Venceslau[10] seqüestrou o embaixador norte-americano Charles Burke Elbrick.

O nome de Dirceu era o último na eclética relação de presos políticos cuja libertação foi exigida como moeda de troca pela vida do embai-

---

[10] Paulo de Tarso fora um dos encarregados da infra-estrutura do Congresso da UNE em Ibiúna. Ao ser preso, tinha o telefone do convento dos dominicanos. Foi torturado e passou cinco anos e meio na cadeia. Ao sair, Sérgio Motta o contratou como estagiário na Hidrobrasileira.

xador. Palmeira e Travassos, que também estavam incluídos na lista, não queriam deixar a cadeia – consideravam o seqüestro um erro político, imaginavam que ficariam pelos menos dez anos fora do Brasil e apostavam que, se continuassem no país, a pressão da sociedade acabaria por revogar suas prisões. Pragmático, Dirceu ainda tentou argumentar:

– Travassos, não faz isso, não diz que você não quer sair. Eles vão te moer a pau. Se os caras decidiram que vão nos trocar é porque foram forçados; na certa, prefeririam não aceitar a negociação e nos matar ou pegar o embaixador e matar o pessoal...

Não adiantou: Travassos disse que não iria e levou coronhadas e chutes que atingiram Dirceu por tabela.

No dia 6 de setembro de 1969, o grupo – que o governo havia banido – posou para uma foto histórica no aeroporto militar do Galeão, diante do avião Hércules que os levaria ao México. Na hora, um policial disse "Riam, seus filhos-da-puta", e todos fecharam o rosto.

Presos políticos trocados pelo embaixador dos Estados Unidos em foto histórica no Galeão, 1969.

Dirceu ergueu os punhos, para mostrar as algemas. Acabara de bater boca com o policial do Dops, baixinho e meio careca, que o escoltava na hora de entrar no avião:

– *Vou voltar, hein!*

– *Vocês estão indo embora, conseguiram escapar.*

– *Mas vamos voltar, eu não estou indo embora, não estou escapando de nada. Pode tomar nota que eu vou voltar.*

Ao ser libertado, seu irmão Abel entregara-se à polícia,[11] admitindo ter pichado nos muros de Passa Quatro uma frase provocativa:

– *Militar não presta!*

Dirceu ficou um mês no México, mas foi para Cuba com outros 12 exilados. No aeroporto de Havana, foram recebidos pelo próprio Fidel e por Alfredo Guevara (nenhum parentesco com o Che), diretor do Icaic – Instituto Cubano de Arte e Indústria Cinematográfica. Guevara fora preso durante uma visita ao Brasil e Dirceu comandara a mobilização a favor da libertação do cubano, que tinha passaporte da Unesco.

Em Havana, morou por algum tempo sozinho, até ser admitido num grupo de treinamento em dezembro de 1970. Seu novo endereço, que acabou conhecido como a Casa dos 28, era uma velha e carcomida mansão toda de mármore num bairro outrora elegante. Ali, preparava-se o Terceiro Exército da Organização – apelido da Ação Libertadora Nacional, criada por Marighella.

Dirceu ficou três meses na casa, onde viviam seis mulheres e 22 homens que receberam cantil, fuzil, mochila, rede para dormir, prato de comida, talheres de plástico, botas, faca, redes contra mosquito. Tinham aulas teóricas e práticas com instrutores cubanos – história das guerras, tática militar, teoria de armamento e tiro, montagem e desmontagem de armas, manuseio de explosivos, operação de rádio. Muitas vezes, no meio da noite, soava um alarme e a turma toda tinha de se apresentar em poucos segundos, pronta para entrar em ação. Nesse meio tempo, durante

---

[11] Três meses depois, quando Abel foi solto, seu irmão mais famoso buscava cumprir a promessa feita ao policial que o escoltara.

José Dirceu, à direita, dirigindo-se a companheiros durante treinamento em Cuba no período de 1970-1971.

um curso de guerrilha rural, em Pinar del Rio, Dirceu reencontrou Franklin Martins, já filiado ao MR-8.

Embora tenha participado dos treinamentos, Dirceu não integraria a ALN. Seu grupo, oriundo do movimento estudantil paulista, tinha várias divergências que os levaram a criar o Molipo – Movimento de Libertação Popular.

Em março de 1971, José Dirceu voltou clandestinamente ao Brasil. Num hospital de Havana, colocou uma prótese no nariz, alterando também o formato dos olhos e das bochechas. Com óculos, bigode e documentos falsos, fez várias escalas – Moscou, Praga, Roma e Lisboa – antes de desembarcar no Recife, de onde tomou um ônibus para São Paulo.

Ficou no Brasil até junho, a maior parte do tempo em São Paulo, mas com idas a Santos e ao Nordeste. Nesse período, o Molipo realizou algumas ações políticas e militares e tentou instalar uma coluna guerrilheira na Bahia e depois em Goiás. Dirceu garante que teve pouca participação nessas ações:

– Eu fazia levantamento para expropriação de banco, levantamento para expropriação de cofres com jóias e dólares, levantamento para fazer propaganda em porta de fábrica, levantamento para fazer propaganda em faculdades, pichar muros, em locais para comprar armas, transporte, expropriação de carro. Em ação mesmo só participei de fuga, de ter que mudar de um lugar rápido porque a polícia estava vindo, mas nunca participei de uma ação militar.

A repressão foi muito mais eficiente que o Molipo. Nilmário Miranda e Carlos Tibúrcio, autores do livro *Dos Filhos deste Solo*, encontraram nos arquivos do Dops paulista documentos que apontam um informante infiltrado na organização, cujo trabalho fez as prisões se multiplicarem. De volta a Cuba, Dirceu ficou responsável pelos contatos com a organização no Brasil e pela denúncia das mortes de militantes. Trabalhou no Icaic, enquanto construía mentalmente uma história para apresentar quando voltasse:

– Passei um ano construindo o meu personagem, estudando a cidade em que teria nascido no Brasil, estudando a família, a profissão. Eu passei um ano fazendo treinamento para viver clandestino no Brasil, porque isso tem que ser uma coisa profissional, se você quer sobreviver, entendeu? E eu escolhi um nome com as características e apoiado em uma história de alguém que já tinha vivido numa cidade no interior do estado de São Paulo, em Guaratinguetá, com as características que eu tinha também, com a família de Minas Gerais, com a minha idade; você não pode inventar um personagem totalmente desligado da sua história.

Em abril de 1975, quando Lula assumiu a presidência do Sindicato dos Metalúrgicos de São Bernardo do Campo, Dirceu desembarcou em Manaus, usando um passaporte falso fornecido pela esquerda argentina, com o nome de Hoffmann. Tempos depois, no interior do Paraná, a caminho de Rondônia, soube que vários contatos de seu grupo haviam sido presos. Resolveu parar onde estava – uma pequena cidadezinha fundada em 1954, a 150 quilômetros de Maringá. Ali explicou que tinha brigado com a família, que lhe garantia o sustento. Com cinco mil dólares, José Dirceu começou uma nova vida em Cruzeiro do Oeste.

Lula no comitê de campanha de FHC, candidato ao Senado, 1978.

7

Corrente pra Frente
(1975-1978)

Em outubro de 1975, Lula foi participar de um Congresso Mundial da Toyota, no Japão, como presidente dos metalúrgicos de São Bernardo. E não gostou de sua primeira experiência internacional:

– *Tava numa merda danada. Sem dinheiro, sem conhecer coisa nenhuma, sem comer aquela comida nojenta do cacete que japonês come.*

Era esse seu estado de espírito quando recebeu um telefonema do advogado da Federação dos Metalúrgicos, Sebastião de Paula Coelho, informando que Frei Chico havia sido preso no dia 4 de outubro.

Naquele sábado, o irmão de Lula, que era vice-presidente dos metalúrgicos de Santo André, almoçara com o ex-presidente do sindicato de São Bernardo, Afonso Monteiro da Cruz, num bar próximo à sua casa. Os dois conversaram sobre a prisão de oficiais da Polícia Militar ligados ao Partido Comunista e que só fora noticiada naquele dia, embora tivesse ocorrido em julho.[1] Ao chegar em casa, soube que os ocupantes de uma perua Veraneio – o carro mais usado pelo pessoal do Doi-Codi – tinham perguntado à mulher dele sobre um ex-líder metalúrgico, dirigente do PCB.

---

[1] O inquérito acusava 76 pessoas de envolvimento com o PCB – e 63 eram oficiais da PM. De passagem, o promotor relatava a morte de dois policiais militares – um deles, José Ferreira de Almeida, o Piracaia, teria se suicidado na prisão, amarrando o cinto à grade da cela e dobrando as pernas, como ocorreria com Vladimir Herzog mais adiante.

Frei Chico mandou a mulher para a casa da sogra, escondeu alguns papéis debaixo do tanque e saiu com o mais comprometedor de todos – um histórico sobre o movimento operário na Europa, assinado pelo Partido Comunista Italiano –, com a intenção de picar o texto e jogar os pedaços no terreno baldio mais próximo.

Pouco adiante, foi parado pelos homens da Veraneio. Estava de calça, camiseta, chinelo, sem nenhum documento – e ainda com as folhas na mão. Uma hora mais tarde, a Veraneio parou diante do número 1.030, na rua Tomás Carvalhal, no bairro do Paraíso, em São Paulo. Com um capuz preto, cheirando a medo, enfiado em sua cabeça, ele não podia ver coisa alguma. Mesmo que enxergasse, pouco adiantaria: embora o endereço fosse famoso entre o pessoal de esquerda, o portão de ferro, no meio de um muro alto, pintado de cinza-escuro, não tinha qualquer identificação,

Chico e seus companheiros tinham se transformado em bucha de canhão no confronto surdo entre os organismos de repressão e o projeto de distensão do presidente Geisel.

Mais de uma centena de militantes do clandestino Partido Comunista Brasileiro haviam sido presos pelo Doi-Codi. Nacionalmente, a operação tinha o nome de Radar[2] e se iniciara em janeiro, com o desmantelamento da gráfica em que o PCB imprimia o jornal *Voz Operária*, num subúrbio do Rio. O primeiro trunfo foi a prisão do ex-deputado Marco Antonio Tavares Coelho, responsável pelos setores de finanças e agitação e propaganda do partido.

Coelho foi barbaramente torturado, a ponto de emagrecer 25 quilos em um mês. Os torturadores queriam encontrar conexões entre o PCB e parlamentares do MDB – havia diversas. A mulher dele conseguiu visitá-lo e denunciou o estado em que o encontrara ao jornalista Ruy Mesquita, diretor do *Jornal da Tarde*, que ligou para o ministro da Justiça, Armando Falcão. O caso chegou a Geisel, que explodiu:

[2] Em São Paulo, a operação que prendeu Frei Chico foi apelidada de Jacarta, numa referência sinistra à capital da Indonésia, onde, em setembro de 1965, milhares de pessoas, acusadas de pertencerem ao Partido Comunista, haviam sido mortas.

– E eu sou obrigado a acobertar o cretino que fez isso! Sadismo! E nós na banana. (...) Que coisa! Como está esse Exército! Nossas providências são inócuas. Fico falando isso e não adianta! Qualquer dia eu largo isto e vou embora! Entrego a esse coronel de São Paulo.

Geisel não largou nada, antes acobertou o cretino que fizera aquilo. Acobertaria mais, até um limite.

Diante das prisões em massa, o advogado da Federação dos Metalúrgicos sugeriu que Lula continuasse no Japão. Só que, ao contrário do irmão, Lula não tinha ligação alguma com o Partidão: depois da conversa na praça com Emílio Bonfante, em 1974 – único contato formal com dirigentes do PC –, ele recusara diversos convites para participar de reuniões, muitas em aparelhos.[3] O argumento era um só:

– Frei Chico, eu vou fazer reunião em apartamento escondido? Para ser preso sem saber por quê? Não, Frei Chico! Se seu amigo quer conversar comigo, manda ele vir no sindicato. Eu sou o presidente do sindicato e eu atendo quem quiser falar comigo, não tem nenhum segredo.

Lula chegou a São Paulo num domingo. Na manhã seguinte, junto com Rubens Teodoro de Arruda, o Rubão, vice-presidente do sindicato, estava na sala do delegado José Campanella, do Deops, em busca de informações sobre Frei Chico e Osvaldo Rodrigues Cavignato, o Osvaldinho, assessor econômico do Sindicato de São Bernardo e militante do PCB. A conversa foi mais ou menos assim:

– Doutor, eu sou irmão do José Ferreira da Silva, vim saber se ele está preso, e o que está acontecendo com ele.

O delegado não lhe deu resposta. Apanhou o telefone e fingiu falar com alguém:

– O quê! Esse filho-da-puta é comunista? Esse filho-da-puta queria fazer revolução?

Depois de alguma encenação, colocou o fone no gancho e irônico, dirigiu-se aos sindicalistas:

---

[3] Casas, sítios ou apartamentos adquiridos ou alugados pelas organizações de esquerda e que funcionavam como moradia e local de reuniões clandestinas.

– O senhor vê, Sr. Luiz Inácio, como esse país é democrático! Seu irmão está preso porque é comunista e o senhor está em liberdade, procurando informações sobre ele.

Quando Lula perguntou sobre Osvaldinho, o delegado subiu de tom:

– O quê! Esse filho-da-puta desse comunista passou dois anos fazendo curso na União Soviética e não mataram ele ainda?!

Frei Chico fora torturado para admitir que, durante a viagem ao Japão, Lula teria levado uma carta para Luís Carlos Prestes, líder máximo do Partido Comunista. Ainda que a hipótese fosse totalmente absurda, refutar a acusação custou-lhe algum sofrimento:

– O Prestes ou estava exilado em Moscou ou estava na França. Como é que o Lula ia levar uma carta para ele? Achavam que eu estava vinculado ao Lula, que o Lula estava vinculado ao Partidão. Isso durou vários dias. Tentaram fazer uma amarração. Não conseguiram merda nenhuma.

No dia 25 de outubro, o jornalista Vladimir Herzog, diretor de jornalismo da TV Cultura, morreu no Doi-Codi. Nascido na Iugoslávia, de pais judeus, Vlado, como era conhecido, passou a infância na Itália de Mussolini, sob nome falso, antes de tornar-se jornalista em São Paulo. No início de setembro de 1975, ele assumira a direção de jornalismo da TV Cultura. No dia seguinte, um jornal publicou a primeira denúncia de "infiltração comunista" na emissora, mantida pela Fundação Padre Anchieta, com recursos do governo paulista.

Procurado na TV por agentes do Doi-Codi, na sexta à noite, Vlado apresentou-se para depor na manhã de sábado, 25 de outubro de 1975. No mesmo dia, o comando do 2º Exército anunciou que ele se suicidara, divulgando fotos do corpo pendurado pelo cinto do macacão na grade da sala onde estava, as pernas dobradas para o lado, posição absolutamente improvável para um suicídio por enforcamento. Segundo cálculos do jornalista Elio Gaspari, era o 38º suicida entre presos pela ditadura, o 18º a se enforcar, o nono na improvável posição, ainda mais absurda já que havia uma cadeira ao seu alcance, como provam as fotos tiradas pelo pessoal do Doi.

O Sindicato dos Jornalistas protestou e houve um grande ato ecumênico na igreja da praça da Sé, em São Paulo. A imprensa escrita cobriu amplamente a morte de Vlado, colocando em dúvida a versão oficial de suicídio. O caso despertou parte da classe média para a tortura de presos políticos e as arbitrariedades do regime militar. Dentro do governo, o assassinato acendeu uma luz amarela para o general Ednardo D'Avila Mello. O comandante do 2º Exército comprometeu-se com o presidente Geisel[4] de que não haveria outro "suicídio" do gênero nos porões da repressão. A morte de Vlado amenizou o tratamento dado aos presos dentro do Doi-Codi, mas Frei Chico não se beneficiou, pois já havia sido transferido para o Deops.

Lula só pôde visitar o irmão quando ele foi para o presídio.[5] O encontro com seu maior parceiro, naquelas circunstâncias, representou um salto em termos de consciência política e, ao mesmo tempo, afastou-o ainda mais de qualquer ligação orgânica com a esquerda. Para Frei Chico, Lula explicou por que queria distância daquela turma:

> – *Eu tenho medo de não suportar uma tortura, então, quanto menos eu souber, melhor. (...) Se tem segredo, não me conte. Porque se é segredo é para não contar, porra. Se você conta é porque você está querendo que passe para frente esse segredo, então, não me conte.*

No comando do sindicato, Lula começou a imprimir um novo estilo de trabalho: tornou mais freqüentes as visitas a portas de fábrica, passou a compartilhar as decisões com toda a diretoria, reduziu o espaço

---

4 Como previa sua agenda, Geisel veio a São Paulo no dia em que ocorreu o ato ecumênico e só foi embora quando ele terminou.

5 Frei Chico acabou absolvido, junto com outros 64 acusados, depois de passar 78 dias na prisão. O processo todo resultou em apenas nove condenações, pois quase todas as confissões haviam sido obtidas sob tortura.

ocupado pela figura do presidente no jornal interno e limitou a reeleição a dois mandatos.

Registre-se que nem só entre os metalúrgicos de São Bernardo havia sinais de mudança. Outras categorias haviam renovado suas entidades e, embora as reuniões intersindicais continuassem proibidas, os novos dirigentes começavam a trocar figurinhas regularmente. Walter Barelli, do Dieese, aproximou-o de outros dois dirigentes sindicais igualmente empenhados em ampliar o espaço de atuação de suas entidades: Olívio Dutra, dos bancários de Porto Alegre, e Jacó Bittar, dos petroleiros de Campinas. Naquele mesmo ano, Lula e Bittar apoiaram a chapa de oposição para o Dieese, enquanto Dutra votava com a situação, que ganhou a disputa. Dois anos mais tarde, o trio se uniria em torno de Hugo Perez, dos eletricitários, garantindo sua vitória.

Na campanha salarial de 1976, São Bernardo começou a buscar seu próprio caminho e recorreu ao Tribunal Superior do Trabalho para impedir que o acordo firmado pela Federação dos Metalúrgicos de São Paulo fosse automaticamente estendido a toda a categoria. Para irritação de Ari Campista, presidente da Federação, a Justiça do Trabalho não apenas limitou os efeitos do acordo aos trabalhadores desorganizados, como alguns pontos reclamados pelos metalúrgicos de São Bernardo – entre eles a garantia do emprego aos jovens que fizeram alistamento militar, maior estabilidade para as gestantes, o cômputo das horas extras habituais no décimo terceiro salário, férias e descanso semanal remunerado – tornaram-se conquistas automaticamente estendidas a outras categorias.

Lula não lutava só pelo salário dos outros: ao saber que seus colegas na Villares estavam ganhando o dobro do que ele recebia, entrou com um pedido de equiparação salarial, atendido pela empresa.

Era cada vez mais comum encontrar os sindicalistas nas portas das fábricas do ABC, e o 1º de maio de 1976 chegou a ter um tímido ato de protesto. A agitação era comandada por militantes de grupos de esquerda, muitos deles estudantes, que se empregavam nas fábricas da região, sonhando conscientizar os trabalhadores. A Liga Operária, um grupo de esquerda criado no Chile e atraído para o trotskismo por influência do intelectual Mário Pedrosa, era uma das organizações mais ativas. Depois do golpe de Pinochet, seus integrantes voltaram para o Brasil. Concluíram que havia condições de organizar um partido operário no Brasil, e resolveram atuar junto ao movimento sindical do ABC, adotando o nome de Convergência Socialista.[6]

Além de infiltrar militantes nas fábricas e organizar protestos, a Convergência apoiaria candidatos operários ao Legislativo. Lula foi convidado, mas não aceitou, ao contrário do presidente do Sindicato de Santo André, Benedito Marcílio,[7] que se elegeu deputado federal pelo MDB, em novembro de 1978. Ao negociar os termos de seu programa com o pessoal da Convergência, Marcílio sugeriu o nome de Partido dos Trabalhadores para a organização que queriam fundar.

Na preparação do 1º de maio, a polícia prendeu cinco integrantes da Convergência Socialista. Procurado pelos militantes, Lula redigiu uma nota de protesto contra as prisões, ressaltando o fato de um deles, metalúrgico,[8] não estar cumprindo qualquer atividade sindical ao ser detido. Era um bom exemplo de sua linha de ação: boas relações com vários grupos de esquerda, mas distância de todos eles.

Lula não tinha base teórica nem experiência anterior, mas no dia-a-dia do sindicato revelava talento incomum para o jogo político. Aprendia com aqueles que o cercavam, como o médico da entidade, Antonio

---

[6] O encontro que fundou a Convergência Socialista aconteceu em agosto de 1978. Vários participantes, como José Maria de Almeida, que mais tarde disputaria a Presidência da República contra Lula, pelo PSTU, foram presos logo depois.

[7] Mais tarde, presidente da Associação dos Trabalhadores Aposentados e Pensionistas do Grande ABC.

[8] Operário da Caterpillar, Brambilla entrara para o curso de engenharia na Faculdade Federal de São Carlos em 1974 e, no ano seguinte, fora eleito presidente do Diretório Central dos Estudantes da escola. Demitido em 1976, trancou matrícula e começou a trabalhar na Mercedes-Benz como fresador. Torturado, teve um tímpano rompido no Doi-Codi. Sua prisão preventiva foi revogada no dia 6 de julho, durante seu interrogatório na 3ª Auditoria Militar de São Paulo, por sugestão do próprio promotor, numa atitude inusitada para os padrões da época.

Possidônio Sampaio, especializado em doenças profissionais e acidentes de trabalho, a quem costumava consultar sempre que queria saber mais sobre algum assunto.

No final de 1976, a Ford resolveu cobrar a assistência médica dos seus funcionários. Lula deu uma entrevista e anunciou que não se fariam assembléias dentro da fábrica, para evitar que a direção da empresa influenciasse os trabalhadores, pressionando-os a aceitar a medida. No mesmo momento, o secretário do sindicato, Paulo Vidal, declarou exatamente o oposto para outro jornalista. Quando a divergência se tornou pública, Lula fez aprovar uma nova regra na diretoria: só ele falaria em nome dos metalúrgicos. Caso estivesse fora, o porta-voz seria o vice-presidente e assim por diante. Com isso, cortou as asas de Vidal, que começou a sair de cena.

Desde seu primeiro mandato, Lula percebeu a importância da comunicação: na porta das fábricas, constatou que os operários apanhavam os panfletos do sindicato, mas os jogavam fora logo adiante. Quem lhe deu a solução para esse problema foi o jornalista Antonio Carlos Félix Nunes.

Ex-militante do PCB – desligou-se em 1960 –, Nunes redigia uma coluna sindical no jornal *Notícias Populares* e editava vários jornais sindicais, entre eles a *Tribuna Metalúrgica*. Foi Nunes quem inventou o personagem João Ferrador, um operário consciente e mal-humorado que o cartunista Otávio materializou como vinheta de uma coluna do jornal. Na gestão de Lula, o cartunista Laerte passou a ilustrar os jornais feitos por Nunes e transformou Ferrador e seu bordão – "Hoje não tô bom" – num sucesso instantâneo, a partir do qual os quadrinhos passaram a ocupar um espaço cada vez maior na *Tribuna Metalúrgica*.

Mais tarde, o sindicato lançou o *Boletim Diário*, uma coletânea das notícias mais relevantes da grande imprensa, já livre da censura, que os trabalhadores consumiam avidamente. Muitas empresas proibiam a entrada dos boletins, mas a turma furava o bloqueio, prendendo os folhetos nas meias ou na cintura.

Em 1977, o economista Eduardo Matarazzo Suplicy, professor da Fundação Getúlio Vargas, publicou na editoria de economia da *Folha de S. Paulo*, onde já colaborava regularmente, uma análise do relatório do Banco Mundial sobre o Brasil, enviado para a redação pelo correspondente do jornal em Nova York, Paulo Francis. Uma nota de rodapé chamara a atenção de Suplicy: sem qualquer adjetivo ou consideração, o Banco informava que, em 1973, a Fundação Getúlio Vargas havia apurado 22,5% de inflação, mas o governo divulgara o valor como sendo de 12,6%.

Suplicy alertou Francis e ambos publicaram artigos que apontavam a manipulação dos índices pelo governo, que havia escamoteado uma fatia considerável da inflação daquele ano. O caso era grave, já que, por lei, o poder de compra dos salários era restabelecido uma vez por ano, justamente com base no índice da FGV. E, com as greves proibidas, as sentenças da Justiça do Trabalho não faziam mais do que repassar esse índice oficial de inflação a todos os trabalhadores.

Segundo o governo, a política salarial determinada pelas decisões da Justiça tinha dois objetivos: impedir que reajustes "desordenados" aumentassem o custo de vida e evitar privilégios para os sindicatos "mais poderosos", concedendo o mesmo percentual a todos os empregados com dissídio na mesma data. Se os índices oficiais não eram corretos, alguém estava sendo prejudicado. E não eram nem o governo, nem os empresários.

O ex-ministro Delfim Netto, que havia trocado o Planalto pela embaixada brasileira em Paris, replicou, mas a *Folha* voltou à carga, publicando a íntegra do relatório com uma introdução assinada por Francis. Pouco tempo depois, ao conhecer Lula pessoalmente, Suplicy lhe explicou detalhadamente o caso. O presidente dos metalúrgicos de São Bernardo assumiu imediatamente a luta pela reposição do percentual escamoteado.

Paulo Vidal e Benedito Marcílio achavam aquilo tudo uma maluquice – queriam saber primeiro se a lei permitia tal iniciativa. Lula encomendou um estudo ao Dieese, que calculou a tunga em 34,1%, e bateu o pé:

> *– Se eu for fazer apenas o que diz a lei, não vou fazer nada, vou ficar amordaçado. Então, prefiro não conhecer e fazer. A hora que der um bode (a gente) contrata um advogado para resolver.*

A briga esquentou e os metalúrgicos coletaram mais de 40 mil nomes num abaixo-assinado. Numa das muitas assembléias para discutir o assunto, o plenário lotado acabou expulsando da sala três diretores que se manifestaram contra o movimento, depois de aprovar a proposta apresentada por uma nova estrela do sindicalismo do ABC: Enílson Simões de Moura, o Alemão.[9]

A campanha pela reposição foi engrossada por mais 13 sindicatos – entre eles o de Benedito Marcílio e o dos metalúrgicos de São Paulo. Depois de tentarem, sem sucesso, uma audiência com o presidente Geisel, os sindicalistas foram recebidos por quatro ministros: Mario Henrique Simonsen, da Fazenda; João Paulo dos Reis Velloso, do Planejamento; Ângelo Calmon de Sá, da Indústria e Comércio; e Jorge Furtado, ministro interino do Trabalho.

A conversa durou três horas e meia e não deu em nada, mas levou a polêmica para o noticiário, assegurando inclusive a capa da edição de 14 de setembro de 1977 da revista *Veja*, onde o desenho de três trabalhadores parecia encarar o leitor sob a pergunta *Redemocratização – E os operários?*

Segundo a revista, os metalúrgicos estavam mais interessados em mudar a política salarial e ampliar seu espaço de atuação do que em reaver os 34,1%. Numa frase, a matéria informava que os metalúrgicos de São Bernardo podiam até entrar em greve pela reposição.

A mídia descobrira Lula.

Havia muita movimentação também entre os intelectuais. E o apogeu eram as reuniões da SBPC, a Sociedade Brasileira para o Progresso

---

[9] Mineiro de Belo Horizonte, 27 anos, Alemão fora ligado à ORM-Polop, Organização Revolucionária Marxista-Política Operária. Em 1973, veio para São Paulo, como militante clandestino. Transferiu-se para o ABC, passou a trabalhar na Villares, onde participou da greve de 1978. Nunca teve cargo na diretoria do sindicato. Ao sair do ABC, já estava no PCB. Arrumou trabalho de carregador no Ceagesp, entreposto de hortifrutigranjeiros, graças a FHC. Atuou na Força Sindical e na CGT, antes de criar outra central, a Social-Democracia Sindical, que contabiliza 1.100 entidades filiadas.

da Ciência, que desde 1948 congregava cientistas, professores, estudantes e profissionais liberais.

No Recife, em 1974, a grande atração fora o ex-ministro do Planejamento do Governo Jango, Celso Furtado, um dos primeiros a serem cassados, logo após o golpe, que acabara de voltar do exílio. No ano seguinte, o destaque foram as críticas ao acordo nuclear Brasil-Alemanha e uma moção a favor da anistia. E em 1976, em Brasília, muitos políticos do MDB participaram do encontro em que foram aprovadas várias moções, inclusive uma pedindo a reintegração dos professores afastados com base no AI-5, como Florestan, Gianotti e FHC.

Em 1977, os estudantes pretendiam recriar a UNE durante a reunião da SBPC. Sabendo disso, o governo tentou convencer a direção da entidade a adiar o encontro. Depois, simplesmente cortou a verba destinada à sua realização. Mas não adiantou: a SBPC manteve a data e transferiu o encontro de Fortaleza para São Paulo, onde era mais fácil conseguir apoio para os participantes vindos de todo o país. A USP negou o *campus* para o evento, mas dom Paulo acolheu a reunião na PUC. Nas ruas, redações, galerias, cinemas e livrarias, um cartaz baseado na célebre frase de Galileu, *Eppur se muove!* ("No entanto, se move!"), passou a ser vendido para arrecadar fundos.

Claro que nem tudo foi festa: instituições como a Embrapa e o Instituto Tecnológico da Aeronáutica vetaram a participação de seus integrantes no encontro. A Universidade Federal de Santa Catarina impediu a ida de 11 inscritos, enquanto o reitor da Unesp enviava um telegrama para as suas 21 faculdades comunicando aos professores que "é permitido, mas não é autorizado ir ao congresso". No fim das contas, houve uma redução de 30% no volume de trabalhos apresentados.

Recém-chegado de Cambridge, Fernando Henrique foi a estrela da reunião. Dizendo-se mais interessado na correlação de forças da sociedade do que em professar sua fé no socialismo, ele defendeu o que chamava de *realismo utópico* e admitiu:

– *Tenhamos a coragem de reconhecer; se houvesse tropas na porta, ninguém estaria aqui.*

A divergência entre os estudantes e a direção da entidade marcou o encontro: a instituição queria manter os debates no âmbito da ciência, enquanto os universitários só queriam saber de política. Na tentativa de esfriar os ânimos, a diretoria transferiu a assembléia geral do auditório do Tuca, com dois mil lugares, para o Tuquinha, onde só cabiam 200 pessoas. A diminuição do tamanho da platéia não foi suficiente e a sessão acabou antes da hora, depois da aprovação de 16 moções, incluindo um *Memorial dos Cientistas Brasileiros à Nação*.

O Cebrap e outras instituições divulgaram um documento que criticava tanto os estudantes – "por seu erro tático" – como a diretoria da SBPC – "por manipulação de moções e incompetência" –, mas definia a reunião como "uma vitória democrática dos cientistas brasileiros que, em condições extremamente adversas, (...) souberam superar os obstáculos que se interpõem ao progresso da ciência no Brasil".

O SNI registrou: "O clima de euforia observado leva a concluir que as esquerdas se sentem fortalecidas com a realização do conclave, pelo excepcional apoio recebido, particularmente da imprensa."

Na semana seguinte, Fernando Henrique deu uma longa entrevista à revista *IstoÉ*, na qual condenou a atitude provinciana dos cientistas brasileiros diante do calor da reunião e definiu a tentativa do governo de vetar o encontro como "caipirismo" e "desastre". Para ele, a sociedade estava mudando:

– *Boa parte da sociedade perdeu o medo. Não simplesmente porque se tornou corajosa, mas porque as razões para ter medo diminuíram. É um dado da situação.*

Para ele, o escarcéu em torno de uma mera reunião de cientistas refletia a debilidade do sistema político brasileiro, marcado por fofocas e picuinhas:

– *O que acontece na vida política brasileira acompanhada através dos jornais? É estarrecedor. É a repetição de duas ou três pequenas intrigas elevadas à categoria de problemas políticos. Na vida política brasileira se está custan-*

do muito a articular temas. Não há opinião pública que se possa formar assim.

Embora defendesse o fortalecimento do MDB como forma de fortalecer a democracia, FHC dizia não estar disposto a se filiar a um partido "que não tem idéias muito claras sobre assuntos que eu acho importantes". Do governo, também queria distância:

– Alguns intelectuais vivem pensando em coisas para soprar no ouvido do Príncipe. Alguma coisa que "ele vai implementar por mim". Isso, a meu ver, é uma total incompreensão do papel do intelectual, se ele é democrata. E incompreensão do que é a política em geral. A forma mais segura e mais bem paga de pensar isso é a tecnocracia.

Fernando Henrique admitia, inclusive, falar diante da Escola Superior de Guerra – o que era uma espécie de anátema para quem se dizia de esquerda –, desde que pudesse repetir o que andava dizendo na SBPC ou nas entrevistas, ampliando o debate público sobre a redemocratização:

– Essa é a idéia. Não para falar aos ouvidos do Príncipe. Aí não. Seja qual for o Príncipe. Porque eu não acho que seja papel do intelectual ficar cochichando ao ouvido do Príncipe.

Ele via um grande defeito no projeto de distensão do general Geisel: o de tentar transpor um raciocínio tecnocrático para o campo da política, em que os movimentos não têm limites rígidos, pré-programados, e o consenso é sempre temporário, momentâneo e resultado dos conflitos. Para ele, o país não precisava de modelos:

– O que nós precisamos é de gente capaz de aglutinar outros grupos sociais e caminhar numa dada direção.

Os estudantes estavam caminhando e se aglutinando. Em 1976, tinham realizado dois encontros nacionais, elegido a diretoria do DCE-livre e ocupado o restaurante do Crusp. Em 1977, aulas e passeatas começaram praticamente no mesmo dia. O maior confronto ocorreu na Universidade de Brasília.

Em abril, depois de tentar cooptar o MDB para aprovar um pacote de reformas que empurraria para as calendas a eleição direta dos governadores, marcada para 1978, Geisel fechou o Congresso e baixou um pacote que reformou o Judiciário e mudou algumas regras do jogo político. Todas destinadas a manter a ameaçada maioria governista. A composição do colégio eleitoral encarregado de escolher o presidente foi alterada, diminuindo o peso dos estados mais populosos, e o próprio mandato foi aumentado para seis anos dali para diante. Os governadores seriam eleitos indiretamente, a chamada lei que restringia a propaganda eleitoral obrigatória teve seu alcance ampliado. Um em cada dois senadores eleitos em 1978 seria escolhido indiretamente. Apelidados de biônicos, eles dariam maioria para a Arena. E criaram-se sublegendas para o Senado, de modo a acomodar as várias facções do partido do governo.

Foi essa última mudança que levaria FHC a mudar sua opinião quanto à atuação partidária, entrando para o MDB.

No Rio, a seu modo, Malan também participava da luta pela redemocratização. Em 1977, ele fora procurado por um grupo de jovens profissionais que organizava o Instituto de Economistas do Rio de Janeiro. A iniciativa empacara na hora de definir a primeira diretoria, porque cada grupo político queria ter um representante no comando da entidade. A lista de diretores já passava dos 15, sem que houvesse um acordo, quando Malan assumiu a presidência, tendo Carlos Lessa,[10] na época afastado da universidade, como vice. O próprio

[10] Doutor em Economia, Lessa foi professor do Instituto Rio Branco. Trabalhou para a Cepal e para o Instituto Latino-americano e do Caribe de Planificação Econômica e Social e em instituições do Chile, Nicarágua e El Salvador, entre 1965 e 1968. Em 1978, tornou-se professor-titular de Economia Brasileira no Instituto de Economia da UFRJ. Deu aulas na Coppe e em 2002 foi eleito reitor da UFRJ. No Governo Lula, assumiu a presidência do BNDES.

Malan alugou uma sala e passou a editar um boletim, multiplicando rapidamente os sócios da entidade. Um ano mais tarde, 884 associados elegeram a chapa definitiva, com 12 membros, e Malan deixou o cargo. Nesse meio tempo, o Ierj foi mais uma voz a favor da democracia:

— *Fazíamos coro ao movimento da OAB, ABI e outras entidades. Foi cansativo, mas teve importância. Constatei naquele ano que política exige dedicação.*

Em dezembro, durante o 5º Encontro Nacional de Economia, ele fez uma ardorosa defesa da redistribuição de renda e da redução da miséria, afirmando que não seriam os burocratas que iriam resolver esses problemas:

— *As possibilidades de resposta a esse desafio dependem menos da imaginação social criadora da tecnoburocracia (se é que essa imaginação existe) que de um processo político mais aberto, que permita a articulação, a mobilização e a expressão de interesses conflitantes, em particular daqueles hoje marginalizados.*

Fernando Henrique fazia parte de um grupo que discutia como voltar a participar da política partidária. Poucos eram filiados ao MDB, que vinha crescendo.[11]

O grupo que se reunia na casa de José Gregori manteve conversas com Lula e outros sindicalistas e com Frei Betto. Participavam das reuniões Plínio de Arruda Sampaio, Eduardo Suplicy, Hélio Bicudo e Antonio Candido, entre outros. Com a instituição das sublegendas, eles resolveram avançar. Num encontro na casa de Antonio Candido, este foi encarregado de defender a idéia de criar um partido socialista e deu uma entrevista para o jornalista Jorge da Cunha Lima, publicada pela *IstoÉ*.

[11] Nas eleições municipais de 1976, a Arena elegera 3.176 prefeitos e o MDB, 614. Mas, nas Câmaras de Vereadores das capitais, o partido de oposição tivera 1,4 milhão de votos a mais que o do governo, elegendo os prefeitos em dez das 14 cidades com mais de 100 mil eleitores.

O procurador Hélio Bicudo foi apontado como provável candidato ao Senado numa sublegenda do MDB. Ex-chefe da Casa Civil do governo Carvalho Pinto e ministro interino da Fazenda em 1963, ele conquistara notoriedade ao investigar as atividades do Esquadrão da Morte, um grupo de extermínio da polícia paulista. Muito ligado à Igreja, Bicudo consultou dom Paulo Evaristo Arns, que deu o contra. Foi quando Antônio Angarita, professor da Fundação Getúlio Vargas, virou-se para Fernando Henrique e perguntou:

– *Por que não o príncipe da sociologia brasileira?*

Gregori não esquece a cara de espanto do escolhido. Demorou dez dias para que ele e sua mulher, Maria Helena, o convencessem. Ruth Cardoso não simpatizava com a idéia de Fernando Henrique de entrar para a política – achava que o marido teria mais peso como intelectual independente. Já a mãe dele, dona Nayde, apoiou-o desde o primeiro instante, como fizera com o marido.

Embora achassem que a candidatura não teria qualquer chance, por causa do favoritismo de Franco Montoro, que se dizia "o senador dos trabalhadores", eles achavam produtivo concorrer para estimular o debate político, marcar posição e dar mais um passo rumo à redemocratização.

Para Montoro, isso representava a divisão dos votos oposicionistas[12] e era um péssimo negócio. Por isso, Fernando Henrique assinou a ficha de filiação quase em sigilo e só depois comunicou sua disposição de ser candidato. Montoro ainda tentou convencê-lo a sair para deputado federal ou como seu suplente, mas não adiantou. FHC garante que, ao fazer esse movimento, ignorava o fato de que o segundo candidato mais votado seria o suplente de senador, podendo assumir o mandato caso o titular se elegesse para outro cargo, como acabaria ocorrendo em 1982.

Alberto Goldmann, deputado estadual desde 1971 e membro do clandestino PCB, foi um dos primeiros a apoiar o projeto de FHC dentro do

[12] Um terceiro candidato, o empresário João Paulo Arruda, não alcançou os 20% necessários para garantir legenda.

MDB. Enquanto outros grupos de esquerda pregavam o voto nulo e sonhavam com a luta armada, o Partidão continuava participando do restrito jogo político oficial, em que até elegia alguns parlamentares. Foi Goldmann quem negociou o apoio de Quércia, que controlava a executiva estadual do MDB, a FHC, assegurando os votos que o sociólogo jamais conseguiria entre cabos eleitorais e militantes do partido de oposição.

Lula não tinha qualquer interesse no jogo político partidário. Ele tampouco se sensibilizava pela anistia, uma das bandeiras da esquerda na época. Sempre que lhe perguntavam sobre o assunto, dizia ser contra a prisão de qualquer cidadão por sua ideologia, mas deixava claro que aquela não era uma preocupação dos trabalhadores:

– *Um homem que levanta às quatro e meia da manhã e dorme às dez da noite para ganhar três mil cruzeiros é um eterno presidiário. (...) Resolvendo apenas o problema dos cassados, os trabalhadores ficarão do mesmo tamanho: f... e mal pagos. Como sempre estiveram. Os cassados um dia já tiveram liberdade.*

Sobre os temas que considerava do interesse dos trabalhadores, no entanto, Lula dispunha-se a conversar com todo mundo. Em setembro de 1977, foi ao encontro do presidente do Senado, Petrônio Portella, que tentava retomar seus contatos com a sociedade civil.[13] Ignorando o rosnar da oposição sindical, Lula entregou a Portella um documento com as reivindicações dos trabalhadores. Seu interlocutor não prometeu coisa alguma e explicou que só estava colhendo subsídios para Geisel.

Em fevereiro de 1978, Lula reelegeu-se. Sua chapa, com 14 novos diretores e sem Paulo Vidal, recebeu mais de 25 mil votos, ou 97,3% do total de votantes. Diante de dez mil metalúrgicos, nos antigos estúdios

[13] Portella tinha tentado alguns contatos no início de 1977, mas fora atropelado pelo pacote de abril e depois pela cassação do deputado Alencar Furtado, que denunciara os desaparecidos num discurso na Câmara. Na nova rodada, iria em busca da sociedade civil, começando pelo presidente da OAB, Raymundo Faoro.

da Companhia de Cinema Vera Cruz, ele foi bem mais incisivo do que na posse anterior, três anos antes:

– Chegou a hora da classe trabalhadora dizer um basta à exploração da classe patronal.

Semanas mais tarde, reuniu toda a diretoria e durante quase cinco horas expôs seu projeto de um novo sindicalismo, apoiado na luta dos trabalhadores e não no assistencialismo. Reconheceu que era um caminho arriscado e advertiu que eles poderiam até vir a ser presos e torturados, mas recebeu o apoio do grupo para seguir adiante.

Em julho de 1978, o 4º Congresso da Confederação Nacional dos Trabalhadores da Indústria, a CNTI, reuniu mais de 1.500 delegados de todo o país no Pavilhão de São Cristóvão, no Rio de Janeiro. Ari Campista, agora todo-poderoso presidente da Confederação, chegou de limusine, junto com Geisel, para a abertura. Lula foi o destaque da reunião, embora não tenha aprovado nenhuma proposta. Reunidos à parte, ele e outros autênticos, incluindo Audálio Dantas, o presidente do Sindicato dos Jornalistas, divulgaram uma Carta de Princípios, pedindo voto livre e direto, Constituinte, anistia, respeito aos direitos humanos, mudança da política salarial, direito de greve, delegados sindicais e comissões de fábrica. O Congresso serviu principalmente para estreitar as relações entre eles.

Foi por essa época que saiu a edição de O *Pasquim* com sua primeira grande entrevista. Na conversa, Lula acenou com a possibilidade de greves – "tá chegando o momento, eu sinto", e mais uma vez declarou-se apolítico:

– Em época de eleições, a gente tem se definido não por partidos, mas pelo homem. Eu digo que sou apolítico... (para o gravador) tenho que continuar falando que sou apolítico. Pra me filiar a um partido, ele teria que armar comigo. (...) Quando falo que não sou Arena, nem MDB é porque não sou mesmo. Respeito alguns homens do MDB, como alguns homens da Arena. Se houvesse possibilidade de criar mais partidos políticos, haveria um dilúvio

de políticos de ambos os partidos. Prefiro preparar a classe trabalhadora pra saber optar.

Sua primeira opção acabou sendo Fernando Henrique. Não foi uma escolha automática, mas resultado do empenho do sociólogo Francisco de Oliveira, que foi a São Bernardo pedir o apoio do sindicalista para seu colega de Cebrap:

– *Eu "cantei" o Lula para apoiar o Fernando Henrique. Ele apoiou relutantemente e consegui uma carta. Mais tarde, Lula entrou para valer na campanha do Fernando.*

Ao visitar São Bernardo pela primeira vez, FHC ficou impressionado com o poderio material do sindicato. Lula explicou que iria apoiá-lo porque ele não se arrogava em defensor dos trabalhadores e ofereceu a ajuda possível – o voto do advogado do sindicato, Almir Pazzianoto, que também era deputado pelo MDB e nessa condição participava da convenção do partido. Em novas conversas, Lula propôs alguns pontos para o programa – como o direito de greve, a liberdade de organização sindical e a definição de que os salários não causavam inflação. Combinaram também que Maurício Soares, o outro advogado do sindicato, seria o suplente de FHC. Como resultado desse acordo, Fernando Henrique encaminhou à direção do MDB uma proposta de emenda constitucional restabelecendo o direito de greve.

Mais tarde, Lula confirmaria que a escolha de FHC ocorrera em função da postura de Montoro:

– *Minha opinião é a mesma sobre Arena e MDB. São dois partidos dos patrões, dos burgueses, e pouco farão pelo trabalhador, salvo raríssimas exceções. Quando nós mantivemos contato com o professor FHC, foi dito a ele, e ele mesmo tem consciência disso, de que o ideal pra nós seria que tivéssemos como candidato um dirigente sindical ou um trabalhador, mas que, devido a isso não ser possível e por sabermos que o Montoro não era ligado à classe trabalhadora e também de não termos condições de defender a Arena, só nos res-*

tava apoiar o FHC, e ele mesmo fazia questão de dizer que não era o candidato dos trabalhadores.

Pouco antes da convenção, a *Folha de S. Paulo* reuniu os três pré-candidatos do MDB num debate em que FHC não escondeu as divergências com Montoro, com quem dizia manter "fraterna colaboração". Enquanto Montoro negava qualquer divórcio entre a cúpula do MDB e a sociedade civil, Fernando Henrique ia noutra direção:

– *Vou ser franco e discordar. Acho que ambos os partidos, todos os partidos, se afastaram realmente da sociedade. Devemos reconhecer que mesmo o nosso partido esteve a reboque dos acontecimentos em certos movimentos – por exemplo, os trabalhadores, ao revogarem na prática a lei de greve, estiveram à nossa frente. O que temos de fazer é nos esforçar para continuar a ser o que somos, o canal político para levar adiante o processo de transformação da sociedade.*

Montoro retrucou, defendendo o MDB, mas FHC voltou à carga:

– *Eu quero dizer que não acredito em palavras, acredito na ação, e a verdade é que a ação está aí nas ruas para quem quiser ver.*

Na convenção do MDB, Montoro teve 700 votos e Fernando Henrique, apoiado por Quércia, 300. Em suas primeiras entrevistas como candidato, FHC classificou o enfraquecimento da Lei Falcão como "pré-condição para se ter uma campanha minimamente decente" e assegurou que não pretendia rachar o MDB:

– *Para marchar para um regime pluripartidarista real, é preciso a democratização interna dos partidos oficiais, na Arena e no MDB. (...) O MDB pode ter dois, três candidatos que simbolizem correntes diversas, o que não deve impedir que a campanha se faça dentro da compreensão de que se pode ter a união na diversidade.*

Também elogiou Lula, mesmo ressalvando que o sindicalista não era um fenômeno isolado:

— Realmente, o Lula é um homem excepcional. Mas há muitos seres excepcionais. Eles não podem é brotar. Esse operariado que está se movendo não é o das greves dos anos 50, nem o das do início da década de 1960, principalmente ligados às grandes empresas estatais — portuários, ferroviários etc. É o operariado ligado à grande indústria moderna. É outra classe operária que está se mexendo, que tem outras demandas e que requer um tipo de liderança mais aberta para entender que o problema é de salário, sim, mas não é só de salário. É de relacionamento com os patrões, o contrato coletivo etc. O Lula representa o que há de novo, ele é uma espécie de força da natureza. Mas ele é tudo isso porque representa condições novas.

No início de setembro de 1978, o procurador regional eleitoral, José Brenha Ribeiro, pediu a impugnação de sua candidatura, alegando que, por ter sido aposentado pelo AI-5, FHC estava impedido de concorrer a qualquer cargo público. Seus advogados entraram com recurso e Fernando Henrique garantiu que manteria a campanha. A partir de outubro, ressaltou, estaria "cada manhã nas portas das fábricas do ABC e de São Paulo". Nessa altura, Lula já era seu principal cabo eleitoral.

A campanha coordenada por Serjão esbanjava entusiasmo, mas carecia de recursos e de experiência. A equipe era composta por voluntários que desconheciam as mais elementares regras da luta pelo voto e, mais de uma vez, o candidato chegou a uma cidade do interior e não havia ninguém para recebê-lo, porque não haviam combinado direito com o prefeito ou com o presidente do diretório.

Desconhecido do povão, o sociólogo fazia sucesso entre estudantes, intelectuais e artistas. Recebeu o apoio de Elis, Caetano, Gil, Regina Duarte, Bruna Lombardi e Chico Buarque, que fez o *jingle* da campanha:

— A gente não quer mais cacique/a gente não quer mais feitor/a gente agora está no pique/Fernando Henrique pra senador.

A presença de Bruna Lombardi, no auge da carreira e da forma física, foi utilizada, mais de uma vez, como reforço aos convites para que Lula estivesse em algumas reuniões. Mas, quando ele finalmente conheceu a atriz, ficou meio desapontado com a loura *mignon*. De todo modo, conduziu FHC até a porta de muitas fábricas e chegou a substituir o candidato no comício organizado na cidade de Cruzeiro no vale do Paraíba.

O jeitão do candidato facilitava a argumentação de Lula diante dos operários. Cabeludo, em manga de camisa e sem gravata, Fernando Henrique desprezava o jogo de cena usual dos políticos e costumava iniciar a conversa com um misto de confissão e vaticínio que a história não confirmaria:

– *Não sou do ramo e não serei jamais.*

Ao adotar alguns cacoetes, surpreendeu antigos colegas, como Gianotti:

– *Na primeira vez que o vi erguer os braços e fazer os gestos que todos os políticos fazem, fiquei um pouco constrangido. Ele era um bom orador, mas conservava um pouco da arrogância dos intelectuais. Depois, fomos nos habituando.*

Lidar com o povão era uma experiência nova para FHC:

– *Como professor, eu estava acostumado a um tratamento mais distante, distância física até. Eu gostava disso, porque, embora possa não parecer, sou tímido. Na política, o relacionamento é totalmente diferente. As pessoas tocam em você, as mulheres mais velhas beijam os políticos, os homens também, abraçam, barriga contra barriga. Aqui no Brasil, há um consumo físico do político, e isso foi muito difícil para mim no começo, porque eu não estava acostumado a esse contato assim, com pessoas que eu praticamente não conhecia. Mais difícil ainda era suportar a retórica, da qual eu não gosto até hoje, ou ter de cumprir o ritual de, por exemplo, num comício, citar os nomes de todos os políticos presentes.*

No plano nacional, Fernando Henrique apoiava o projeto da Frente Nacional pela Redemocratização, que pretendia apresentar ao Colégio

Eleitoral o nome do general Euler Bentes Monteiro,[14] contra o candidato do governo, que era o chefe do SNI, João Figueiredo.

Tendo Paulo Brossard como vice, Euler atraía os dissidentes da Arena, como Magalhães Pinto, que acabaram recuando quando o partido do governo fechou questão em torno do nome de Figueiredo. Ulysses Guimarães jogou outro balde de água fria no projeto, ao declarar que o objetivo fundamental do MDB era a conquista do estado de direito e não a indicação de candidato à sucessão.

No Colégio Eleitoral composto por deputados e senadores, Euler Bentes recebeu 266 votos, e João Figueiredo, 335.

Mas o que realmente consumia as energias de FHC era sua campanha. Para tornar-se conhecido e conquistar os eleitores, ele não podia se valer do rádio e da televisão, manietados por uma obra-prima da manipulação política, a chamada Lei Falcão, que limitava a presença dos candidatos na TV à divulgação de seus nomes e currículos – lidos por um locutor no rádio e acompanhados por uma foto três-por-quatro na TV.

Desse modo, só restava o corpo-a-corpo. Dormindo em média quatro horas por noite, FHC percorreu mais de 30 mil quilômetros em três meses. Sua campanha declarou gastos de Cr$ 1,7 milhão (o equivalente a 85 mil dólares na época), parte obtida com *shows* e com a venda de duas mil gravuras doadas por artistas plásticos. Assim, foram impressos 40 milhões de imitações de cédulas, 500 mil jornais, 400 mil folhetos, dois milhões de santinhos e 200 mil cartazes.

---

[14] Nascido no Rio de Janeiro, em 1917, Euler seguira a carreira do pai, também general, e formara-se engenheiro. Dirigira a Sudene no Governo Costa e Silva, chegara a ser cogitado para o Estado-maior do Exército e para o Ministério do Interior por Geisel, mas acabou no Departamento de Economia e Finanças. Dali, foi para a Indústria de Material Bélico, a Imbel. Estava na reserva desde março de 1977. Mais tarde, acabaria repreendido pelo Exército, por ter assinado um manifesto junto com Ariano Suassuna, Barbosa Lima Sobrinho e FHC, reclamando uma "ação decisiva para a recuperação do comando do destino do país e para a reconquista da identidade nacional".

Duas semanas antes da eleição, o ministro Pery Bevilacqua, do Supremo Tribunal Federal, concluiu que a aposentadoria pelo AI-5 não inviabilizava sua candidatura. A decisão foi um impulso adicional para a campanha de FHC.

O comício de encerramento, em Osasco, na Grande São Paulo, teve a presença dos dois candidatos ao Senado pelo MDB. Montoro recebeu uma vaia gigantesca, orquestrada por Lula, que jamais aceitou aquele "senador dos trabalhadores". Mas, no dia da eleição, 4,5 milhões de eleitores – trabalhadores em sua maioria – reelegeram Montoro. Ainda assim, Fernando Henrique teve surpreendentes 1.272.416 votos, superando Cláudio Lembo, da Arena, o partido do governo. O segundo lugar assegurou-lhe o posto de suplente de Montoro e abriu vários campos de atuação. Passou a escrever regularmente na *Folha de S. Paulo* e engajou-se na campanha pela anistia.

Lula logo encontrou uma explicação para a vitória de Montoro nos bairros operários:

– Uma coisa é eu estar numa assembléia do sindicato e pedir para os trabalhadores lutarem por suas reivindicações específicas, com conseqüências diretas sobre sua vida. Outra coisa é pedir para um trabalhador votar num candidato até então inteiramente desconhecido da classe trabalhadora. Por outro lado, eu senti junto aos trabalhadores, quando falávamos na necessidade de renovar, que eles não queriam mais repetir uma experiência muito desagradável como a renovação feita quatro anos antes. "Votamos em Quércia e ele não fez nada. Montoro pelo menos fala", ouvi em muitas portas de fábrica.

Ele sabia que o resultado, que a FHC parecia vitória, entraria em sua própria contabilidade como derrota:

– Agora vejo que, em vez de termos ajudado um candidato, deveríamos ter pleiteado com mais força uma vaga para ser disputada por um trabalhador. O saldo positivo do engajamento na campanha eleitoral foi a experiência que consegui.

No sindicato, Lula havia feito um movimento aparentemente incompreensível naquele mesmo 1978: abriu mão de propor um índice de reajuste para a campanha salarial dos metalúrgicos. Sua intenção era provar que aquela luta toda era uma ficção – e, por mais vibrantes e bem-feitos que fossem os boletins e assembléias, eles jamais conquistariam reajustes maiores que os permitidos pelo governo. No fim das contas, a mobilização da categoria pouco importava: quem definia o valor dos salários era a área econômica do governo, ao fixar os índices de inflação. Mais aumento, só brigando de verdade.

O caldeirão do ABC já borbulhava. Na comemoração do 1º de maio, Lula e seus companheiros repisaram a tese: sem briga, nada de aumento. Oito dias mais tarde, ele soube que o pessoal da Scania ia parar assim que recebesse o salário de maio, com o reajuste estabelecido por lei – 39,9% – mas sem o adicional prometido de 3%. Quem lhe deu a notícia foram os dois diretores do sindicato – Gilson Luiz Correa de Menezes e Severino Alves da Silva – que tinham ampliado de 162 para 1.100 os sócios dentro da fábrica e vinham preparando a greve fazia tempo.

Na quinta-feira, 11 de maio, os motoristas de empilhadeiras da Ford, da Volkswagen e da Mercedes ameaçaram cruzar os braços. O sindicato tentou negociar, as empresas não cederam e muitos foram demitidos. Na manhã seguinte, os operários da Scania entraram normalmente na fábrica, mas não acionaram suas máquinas. Era a primeira greve operária numa grande empresa, desde as paralisações de Contagem, em Minas Gerais, e de Osasco, em São Paulo, em 1968.

Ao chegar à Scania, o delegado regional do Trabalho, Vinícius Ferraz Torres, tentou serenar os ânimos com a delicadeza de um mamute:

– *Tá na hora de vocês voltarem a trabalhar, porque o país precisa de muita produtividade.*

A resposta de um dos peões dá idéia do clima entre os operários:

– *Olha, a gente não vai voltar e quem começar a encher o saco vai apanhar.*

Na DRT, Lula procurou interpretar o papel de mediador, mas só ouviu ameaças. O governo agia de modo ambíguo: enquanto o ministro da Justiça, Armando Falcão, telefonava para emissoras de rádio e TV pedindo moderação no noticiário, funcionários da Polícia Federal proibiam os diretores de mencionar o assunto. O pedido de moderação e o veto saíram nos jornais do dia seguinte, em mais uma demonstração das nuances da ditadura brasileira.

Naquela sexta-feira, 12 de maio, em sua sala no sindicato, menos de duas horas depois de ter sido informado sobre a greve, Lula abriu uma carta de dona Mocinha, que informava a morte de Aristides. Semanas antes, em Santos, Lula o encontrara na casa de uma comadre. Já com claros sintomas de cirrose, era uma sombra do homem que atazanara os filhos. Aposentado, vivia sozinho em Vicente de Carvalho. A família sabia que ele torrava até o último tostão de sua aposentadoria com prostitutas. Depois, abrigava-se na casa do primeiro parente. Mas, naquele dia, estava bem. No que seria o último encontro entre pai e filho, os dois almoçaram juntos e conversaram.

Ao longo da vida, Lula pouco falou sobre seu pai. No mais das vezes, ressaltou sua insensibilidade e violência. Numa entrevista para a revista *Nova*, chegou a atribuir sua existência à irresponsabilidade de Aristides:

– Imagina um homem que ganha um salário que não dá pra sustentar uma família querer ter duas. Eu me sinto um cara feito da ignorância do pai. Bem que ele podia ter evitado meu nascimento, se pensasse um pouco.

Ao saber da sua morte, Lula pediu aos irmãos para irem a Santos, onde eles descobriram que o velho fora enterrado como indigente havia 12 dias, e foi cuidar da greve.

Governo e empresários agiam na mesma direção: enquanto os ministros da Fazenda e da Indústria e Comércio reiteravam que o movimento era ilegal, o presidente do Sindicato da Indústria de Autopeças, Luis Eulálio Bueno de Vidigal, visitava o comandante do 2º Exército. Mas, nesse campo, ocorrera uma mudança importante a partir de 15 de janeiro de 1976.

Naquele dia, dois homens em roupas civis prenderam o operário Manoel Fiel Filho na fábrica Metal Arte, onde ele trabalhava há 19 anos. No dia seguinte, sua mulher recebeu os documentos e o macacão do marido, que era militante do PCB, num saco plástico, com uma explicação curta:

— *O seu Manoel tentou o suicídio.*

Quatro dias mais tarde, Heitor Barreto, o secretário de imprensa do presidente da República, informou que Ednardo D'Avila Mello deixara o comando do 2º Exército. Geisel cumprira a ameaça de responsabilizar Ednardo caso houvesse outro "suicídio" no Doi-Codi.

O novo comandante era Dilermando Gomes Monteiro.[15] Desde sua posse, ele deixou claro que estava aberto ao diálogo. Por isso, quando Lula soube que Luis Eulálio Vidigal estivera com ele, ligou para o quartel-general e pediu uma audiência. A conversa durou três horas e não teve testemunhas. O general assegurou que, enquanto estivesse no comando, o Exército não reprimiria os grevistas. Pouco depois, diante dos jornalistas, usou um eufemismo para passar o mesmo recado:

> — *Este é um fato absolutamente novo, greve sem violência, sem agitação. É necessário reconhecer que nesta greve não há ingerências externas. Desta forma, não se pode fazer nada. É impossível pretender que se possa colocar a polícia em ação para obrigar operários a trabalharem à força.*

O Exército se afastava da ação repressiva, mas o noticiário de rádio e televisão continuava sob controle do governo: era a abertura do gene-

[15] Cuiabano criado no Rio, Dilermando havia participado da tropa que atacara os revoltosos comunistas de 1935, na praia Vermelha, e em 1961 era adjunto do gabinete do ministro da Guerra, quando seu titular, Odilio Denys, tentou impedir a posse de Jango no cargo de presidente. Mas foi mantido no cargo até 1962, quando foi nomeado adido militar da embaixada brasileira em Paris. Participou do golpe de 1964, passando a comandar o 2º Regimento de Infantaria, e em 1966 assumiu a subchefia do gabinete militar da Presidência da República, comandado por Geisel.

ral Geisel em funcionamento, com seus avanços e recuos. De todo modo, a atitude de Dilermando funcionou como um rastilho de pólvora sobre São Bernardo. Os operários da Ford, Mercedes, Karman-Ghia e da ferramentaria da Volkswagen já haviam entrado em greve quando o sindicato fechou um acordo com a Scania.

No pátio desta empresa, três mil metalúrgicos aplaudiram Lula e voltaram ao trabalho. Só que, na DRT, o advogado Otávio Bueno Magano, assessor da indústria automobilística, tanto pressionou que a Scania voltou atrás e desfez o combinado. Sob rigorosa vigilância de seguranças, o pessoal colocou as máquinas para operar, imaginando que Gilson, Severino e Lula haviam se vendido para os patrões.

No domingo, 21 de maio, foi ao ar a primeira grande entrevista de Lula para a televisão no programa *Vox Populi* da TV Cultura. Ele mesmo não assistiu: na hora da exibição, estava reunido com diretores da Ford, depois de oito dias sem conversas entre a empresa e o sindicato. No programa, de sobrecenho franzido e fumando um cigarro atrás do outro, Lula defendeu os direitos dos trabalhadores, criticou o governo e mostrou-se independente.

Impressionou favoravelmente o jornalista Ruy Mesquita que, convidado para entrevistar Lula para a revista *Senhor*, tornou públicos seus elogios:

> — *O Lula que me surgia no vídeo, lúcido, objetivo, com uma clareza de raciocínio que se refletia na incrível facilidade de expressão, parecia o produto de um ambiente político totalmente diferente daquele que tem produzido as nossas atuais lideranças (ou pseudolideranças) políticas, eclesiásticas, intelectuais ou estudantis.*

Finalmente, na madrugada de 31 de maio, depois de 20 horas de negociação, trabalhadores e empresários celebraram a primeira convenção salarial sem a mediação do governo ou da Justiça do Trabalho. Ela concedia 15% para todas as empresas e 20% para a Scania, recuperando a imagem do sindicato e da diretoria de Lula.

Em julho, nasceu Sandro Luiz, seu segundo filho com Marisa. A família continuava morando na casa pequena e bem-cuidada no Jardim Lavínia, São Bernardo do Campo, comprada em 1976, com financiamento do BNH. O endereço estava na agenda de todas as redações: seu mutuário era a grande novidade no mundo sindical, até então dividido entre a turma do Partidão, que pregava a unidade sindical e o trabalho nas entidades existentes, e os católicos e marxistas independentes, que batalhavam para criar sindicatos livres a partir de comissões de fábricas.

Durante o resto de 1978, as greves continuaram a pipocar em São Bernardo. Fortalecido, o sindicato resolveu que seus diretores não iriam mais trabalhar nas empresas, dedicando-se integralmente ao contato com os associados nas fábricas.

Por essa época, Mino Carta, então diretor da revista *IstoÉ*, escalou o jornalista Ricardo Kotscho, que havia voltado de um período na Alemanha, como uma espécie de correspondente junto à chamada "República Sindical do ABC". Kotscho conheceu Lula no final de uma reunião com o Grupo 14 da Fiesp. O jornalista apresentou-se e explicou sua missão. Lula, que na época só usava bigode, reagiu com ironia:

– Ah, mais um barbudinho da USP para me encher o saco...

Kotscho tinha barba, mas não se formara na USP, nem em qualquer faculdade – aprovado nos vestibulares de Ciências Sociais e da Escola de Comunicações e Artes da USP e de Economia no Mackenzie, não cursou nenhuma delas. Naquele mesmo dia, seguiu com o sindicalista para São Bernardo. Tempos depois, ele e a mulher, Mara, passaram a freqüentar a casa de Lula e Marisa.

Em outubro, no Guarujá, o 3º Congresso dos Metalúrgicos de São Bernardo ultrapassou as fronteiras da categoria e reuniu dirigentes de vários setores e até mesmo integrantes das oposições sindicais. Em alguns casos, representantes da diretoria e da oposição de um mesmo sindicato sentavam lado a lado nas reuniões. No final do Congresso, todos aprovaram a idéia de criar uma Central Única dos Trabalhadores.

Lula e o "barbudinho" Ricardo Kotscho, no piquete da Villares, 1979.

A tese foi rechaçada pelo ministro do Trabalho, para quem a CUT jamais surgiria, porque era ilegal. Lula contemporizou, declarando que a idéia "não era pra já": estava mais interessado em garantir que as resoluções do Congresso chegassem a todos os metalúrgicos e, para isso, acatou sugestão do jornalista Sergio Gomes, da Oboré, uma empresa especializada em produção de imprensa sindical, encarregando os cartunistas Laerte e Henfil de construírem uma história em quadrinhos com as decisões. O gibi acabou sendo disputado pelos trabalhadores.

Numa das muitas entrevistas que deu durante aquele ano, Lula lançou um desafio: perguntou quando um empresário iria até seu sindicato, invertendo a mão das negociações invariavelmente realizadas na Federação das Indústrias. No dia seguinte, o novo presidente da Fiesp passou oito horas na sede dos metalúrgicos. Luis Eulálio Vidigal[16] saiu tão impressionado com o grau de conhecimento do sindicalista sobre as questões da indústria automobilística que reconheceu:

– *Vocês estão muito mais preparados do que nós para negociar.*

As greves só terminaram perto do Natal de 1978. Em novembro, a Resil – uma fábrica de bancos e extintores – tentou colocar novos funcionários no lugar dos grevistas. Na manhã seguinte, mais de 500 trabalhadoras formaram um círculo e sentaram de braços dados, em torno da fábrica. Em mais uma demonstração de que Lula e São Bernardo estavam pouco se lixando para os preconceitos da esquerda, o piquete foi chamado de *corrente pra frente*. Era uma referência à expressão consagrada durante a Copa de 70, quando o Governo Medici usou e abusou das chuteiras, popularizando a canção "Pra Frente, Brasil", de Miguel Gustavo. Depois da conquista do tricampeonato, qualquer brasileiro sabia de cor esses versos:

– *Noventa milhões em ação/Pra frente Brasil/Do meu coração/Todos juntos vamos/Pra frente Brasil/Salve a Seleção/De repente/É aquela corrente pra frente/Parece que todo o Brasil deu a mão/Todos ligados na mesma emoção/Tudo é um só coração.*

As operárias da Resil não se abalaram com a chegada dos policiais. Depois de confundirem *Dops* com *drops*, chegaram até a esboçar uma paquera:

– *Você é tão simpático, por que tá querendo criar caso com a gente?*

Pouco mais tarde, o próprio dono da empresa foi impedido de entrar, até concordar em negociar com Lula e Djalma Bom. Quando os sindicalistas pediram um café, o empresário explicou que não havia ninguém para fazer. Os grevistas liberaram, então, o acesso para a moça

[16] Em 1980, Vidigal derrotou o candidato à reeleição Theobaldo de Nigris por um voto e recolocou a Fiesp no centro do debate político.

encarregada da copa. Fechado o acordo, era preciso pagar os salários – e novamente foi preciso deixar entrar a turma do departamento de pessoal, para que a ordem fosse executada.

Perto do Natal, Marisa recebeu uma caixa embrulhada para presente. Era um equipamento de som enviado por um diretor da Volkswagen. Lula ligou para a empresa e, depois de ameaçar colocar o equipamento diante da fábrica e denunciá-la por tentativa de corrupção, fez com que apanhassem o presente de volta.

8

A Onça Bebe Água
(1979)

No início de 1979, junto com outros sindicalistas, Lula foi ao Morumbi, assistir a uma partida entre Corinthians e Guarani. No estádio lotado, comentou com seus companheiros:

– *No dia em que a gente convocar uma assembléia que tiver a metade disso aí, a gente vira o mundo pelo avesso.*

Era mais que uma frase de efeito. Depois de trocar o bigode pela barba, Lula radicalizara seu plano da ação e preparava-se para um confronto com o governo e os patrões. Pouco antes, em dezembro de 1978, quase em sigilo, o AI-5 havia caducado. O ato tinha prazo de validade, mas, na época, só o *Jornal do Brasil* registrou seu ocaso, numa sacada do jornalista Elio Gaspari, editor da primeira página.

Claro que o fim do ato institucional que dava poderes absolutos para os presidentes escolhidos entre generais de quatro estrelas não significou o imediato ressurgir da democracia, mas o fato se enquadrava num processo mais amplo, a chamada distensão lenta, segura e gradual concebida por Geisel e Golbery. E também pelo recrudescimento do movimento de oposição, a que as greves do ABC se somavam.

Para a campanha salarial, acalentada em centenas de reuniões das comissões de fábrica, Lula tinha uma meta ousada: deflagrar a greve geral justamente quando Geisel estivesse entregando o cargo no dia 15 de março.

Representando 350 mil metalúrgicos, 29 sindicatos, inclusive o de São Paulo, assinaram um acordo com a Fiesp, recebendo um reajuste de 63% para os operários que ganhavam entre um e três salários mínimos, 57% para os de três a dez salários e 44%, o índice oficial do governo, para os salários mais altos.

Na noite daquela segunda-feira, 12 de março de 1979, a demora de Lula numa reunião com a Fiesp fez com que a assembléia começasse com uma hora de atraso. O local também fora mudado – do estádio Costa e Silva, mais conhecido como Vila Euclides, para a sede do sindicato – por causa da chuva. Lula começou elogiando a oferta dos patrões, para logo indicar qual era seu real objetivo:

– *A proposta é razoável, se comparada com o acordo feito em novembro com os metalúrgicos da capital, Osasco e Guarulhos. Sessenta e três por cento está cinco pontos acima do acordo de novembro e 57% de reajuste para quem recebe de três a dez salários mínimos atende aos interesses da maioria da nossa categoria, mas, do ponto de vista político, acho que devemos continuar lutando pela figura do delegado sindical. Quando eu estava voltando da Fiesp, conversei muito com o Benedito Marcílio. Será que vale a pena nós encamparmos a briga sozinhos, quando os outros sindicatos já aceitaram essa proposta? Para mim, seria cômodo dizer que aceito o acordo. (...) Mas acho que devemos continuar a luta, correndo todos os riscos...*

A multidão reagiu com um coro:

– *Greve! Greve! Greve!*

Lula concluiu, pausadamente:

– *Então estamos em greve.*

Outra multidão, comandada por Benedito Marcílio, chegou a idêntica resolução em Santo André. Em São Caetano, três empresas já estavam paradas quando aconteceu a assembléia. João Lins, o presidente do sindicato, tentou submeter o assunto ao voto secreto e quase foi agredido: só escapou porque o advogado informou que a greve poderia ser aprovada por aclamação, e a assembléia terminou com uma salva de palmas.

Faltavam dois dias para a posse do general João Figueiredo na Presidência da República quando a greve começou.[1]

---

[1] Filho do general Euclides, João Baptista de Oliveira Figueiredo nasceu no Rio em 15 de janeiro de 1918, mas cresceu no Rio Grande do Sul. Seu pai foi preso por se

Para evitar a polícia e a cachaça, os sindicatos do ABC recomendaram expressamente aos trabalhadores que se reunissem apenas nas assembléias, ficando em casa o resto do tempo. A primeira assembléia de São Bernardo foi marcada para as cinco da tarde, em Vila Euclides.

Num palanque improvisado e sem sistema de som, Lula comanda a primeira assembléia no Estádio de Vila Euclides, em 1979.

---

opor à Revolução de 30, liderou a Revolução Constitucionalista de 1932 e esteve no exílio enquanto ele estava entre os melhores alunos no Colégio Militar. Em 1958 trabalhou com Golbery do Couto e Silva. Jânio Quadros o nomeou para o Conselho de Segurança Nacional. Depois do golpe de 1964, passou a trabalhar no Serviço Nacional de Informações. Escolhido sucessor por Ernesto Geisel, em seu governo, a economia entrou em recessão, os exilados voltaram ao país beneficiados pela anistia, acabou o bipartidarismo, as eleições diretas foram derrotadas no Congresso, mas Tancredo Neves venceu no colégio eleitoral, com a ajuda de dissidentes da antiga Arena. Figueiredo recusou-se a passar a faixa para o vice José Sarney, mas encerrou o ciclo de governos militares.

Chovia fino quando Lula enfrentou a platéia digna de um jogo do Corinthians. Não restava um metro de gramado vazio, mas não havia palanque, nem sistema de som. Lula subiu sobre quatro mesas cujos pés ameaçavam afundar no gramado encharcado e começou seu discurso. Cada frase dita por ele era repetida em coro, fila por fila, até alcançar o outro extremo do estádio. No momento em que a chuva apertou e o pessoal quis debandar, ele perguntou:

— *Tem alguém aqui que é feito de açúcar e não pode se molhar?*

Ninguém arredou o pé. Às sete da noite, conseguiram um megafone. Com sua voz precariamente amplificada, Lula previu que a luta seria longa:

— *É preciso de muita paciência, porque é com paciência que a onça vai beber água.*

Ao final do primeiro dia, sua previsão parecia prestes a se realizar: havia 154 mil trabalhadores parados no ABC. Foi quando a Fiesp informou que não daria nada além do que já havia oferecido e encaminhou o caso ao Tribunal Regional do Trabalho.

Na quarta-feira, 14 de março, os piquetes diminuíram no ABC, mas o movimento atingiu o vale do Paraíba. Em Brasília, o presidente Geisel, que já deveria estar arrumando as gavetas, reuniu-se com o general Golbery, o general Moraes Rego, chefe da Casa Militar, o general Otávio Medeiros, chefe do SNI e João Paulo dos Reis Velloso, ministro do Planejamento, para discutir o que fazer diante da greve.

No final da tarde, em Vila Euclides — já com som e palanque —, Lula estabeleceu um prazo ambicioso para o término da paralisação:

— *Até que os patrões se curvem diante de nossas reivindicações.*

Ao deflagrar o movimento, ele imaginava que nenhuma empresa agüentaria dez dias com as máquinas paradas. Pouco depois da meia-noite daquela mesma quarta-feira, por 12 votos e com quatro abstenções, o TRT concedeu os 44% oficiais aos metalúrgicos paralisados, mas rejeitou a criação dos delegados sindicais, que dariam mais força à representação dos trabalhadores, por terem garantia de emprego, e declarou a greve ilegal.

Na manhã seguinte, a Fiesp passou a martelar na tecla da volta ao trabalho, admitindo estender aos grevistas o mesmo acordo oferecido aos outros sindicatos, bem acima dos 44% determinados pelo TRT, para os salários menores.

Em Santo André, 13 mulheres, algumas menores, que tentaram estabelecer um cordão em torno da Pirelli, foram cercadas por soldados da PM armados de fuzil, baioneta e cassetete. Na porta da Resil, um operário saiu ferido no confronto com a Rota e a tropa de choque da PM. Em Capuava, o chefe da segurança da Philips jogou seu carro sobre o piquete, ferindo dois trabalhadores. À tarde, depois que os jornalistas foram para as redações, a polícia lançou bombas de gás contra operários que desciam de um ônibus perto da Volkswagen.

No mesmo momento, a um custo de 100 milhões de cruzeiros – algo próximo de 65 mil salários mínimos –, Brasília vivia a maior e mais cara festa popular até então organizada na cidade, para dar posse a João Figueiredo. Era o segundo ato de uma mudança de imagem concebida no Palácio do Planalto. A mídia já substituíra o perfil de milico linha-dura, desenhado pela farda, os óculos escuros, a passagem pelo SNI e sua notória falta de diplomacia, pela imagem de um sujeito despachado, atlético, sincero, amante da equitação e das atividades físicas.

O líder do MDB no Senado, Paulo Brossard, estava na comissão de parlamentares que conduziu Figueiredo ao plenário da Câmara. Depois de jurar fazer do Brasil uma democracia, o novo presidente recebeu a faixa de um Ernesto Geisel discretamente emocionado e desfilou ao lado da mulher no Rolls-Royce doado pela rainha da Inglaterra, acenando para os estudantes e alguns milhares de brasilienses postados nas calçadas.

À noite, no Itamaraty, num banquete mais descontraído que o usual – exigiram *black tie*, mas dispensaram a casaca –, cinco mil convidados consumiram 1.500 litros de uísque e três toneladas de comida, incluindo 250 quilos de camarão e 600 de lagosta. Brossard esteva lá e outra vez sua presença funcionou como reforço para a imagem usada pelo presidente em seu primeiro discurso, quando afirmou estar de mãos estendidas para a sociedade civil.

Nessas circunstâncias, claro que Lula e a greve eram um transtorno. Tentando manter o astral, o novo ministro do Trabalho, Murilo Macedo, deu sua primeira entrevista coletiva e reafirmou sua fé num acordo entre metalúrgicos e empregadores. A resposta de Vila Euclides não poderia ser mais clara: em nova assembléia, milhares de mãos estendidas para o alto reafirmaram a greve. Uma multidão ainda maior que as anteriores ouviu Lula admitir que o sindicato poderia sofrer intervenção e acrescentar, dramático:

– *Temos de levar a luta até o fim, porque tenho certeza de que dela dependem os destinos da classe trabalhadora brasileira. Se amolecermos diante dos patrões agora, o fracasso será de todos. Daremos a vida, se for necessário.*

A última frase foi dita aos gritos, enquanto a multidão urrava:

– *Lula, Lula, Lula!*

Na sexta-feira, a Delegacia Regional do Trabalho começou a "apurar a responsabilidade" dos dirigentes sindicais que se opunham à decisão do TRT, decretando a ilegalidade da greve, enquanto, no rádio, boletins pagos convocavam os operários a voltar ao trabalho. Em Brasília, depois de conversar com o presidente, com Golbery, que continuava na Casa Civil, e com Simonsen, que assumira o Planejamento, Murilo Macedo sinalizou aos jornalistas que aquela história não ia acabar bem.

Em São Caetano, bombas de gás dissolveram uma passeata, enquanto o presidente da Fiesp, Theobaldo de Nigris, pedia reforço policial contra os piquetes ao governador Paulo Maluf.

Em Vila Euclides, a multidão aplaudiu o anúncio do apoio da Igreja ao movimento, vibrou com a criação do fundo de greve, que recolheria donativos e distribuiria alimentos entre os grevistas, e desandou a gritar:

– O *ABC, unido, jamais será vencido!*

Lula animava o pessoal:

– *Posso garantir que a vitória está próxima. Talvez neste fim de semana os patrões me procurem para conversar.*

O estoque da maioria das montadoras – exceto da Volks – estava no fim. No dia 19, a Associação Nacional dos Fabricantes de Veículos Automotores, presidida por Mário Garnero, acusou:

– *Movimentos de trabalhadores, irradiados sob inspiração política e reforçados pelo achincalho da lei e dos juízes, também configuram situações insuportáveis para nós, defensores da liberdade, amantes da democracia.*

Terça-feira, dia 20, Benedito Marcílio procurou Murilo Macedo. O dublê de sindicalista e deputado federal queria que o governo estendesse aos metalúrgicos do ABC o mesmo reajuste concedido aos trabalhadores da Cosipa, uma estatal do aço – 66% para o pessoal que ganhava entre um e três salários mínimos e 59% para a turma entre quatro e dez salários. Marcílio saiu de mãos abanando, depois de mofar na sala de espera, enquanto Macedo consultava o Palácio do Planalto.

No dia seguinte, o ministro desembarcou em São Paulo. Em seu apartamento de 600 metros quadrados na rua Oscar Freire, no bairro dos Jardins, entre seis da tarde e duas e meia da manhã, ele reuniu oito empresários, três sindicalistas – Lula, Marcílio e João Lins –, assessorados por Almir Pazzianoto, Maurício Soares e Walter Barelli. Como a conversa começou a girar em círculos, Pazzianoto propôs que o ministro encomendasse um lanche, porque a fome era grande.

Murilo Macedo mandou buscar alguns sanduíches e abriu uma garrafa de uísque. Várias doses depois, Marcílio quase brigou com o empresário Mário Garnero e quis enquadrar Barelli:

– *Você cala a boca, Barelli. Você é empregado, assessor. Nem à classe você pertence!*

Para usufruir o lanche, surgiram alguns policiais do Dops, encarregados de vigiar as negociações, até então escondidos no apartamento.

Na manhã seguinte, a conversa foi retomada em termos mais serenos. Os sindicalistas reconheceram que a proposta original – a mesma que tinham rejeitado no início do movimento – era razoável e, em pouco mais de duas horas, as partes resolveram firmar um protocolo de intenções.

Os operários voltariam ao trabalho com a garantia de que não seriam demitidos nos próximos três meses e ainda receberiam os dias não trabalhados imediatamente, embora o valor fosse descontado de seus salários posteriores em cinco parcelas. Haveria uma trégua durante a qual uma comissão tripartite – governo, empresários e trabalhadores – discutiria a reforma da legislação trabalhista.

Até esse ponto, os depoimentos coincidem. Daí para diante, há divergências. Em 1981, em depoimento a Altino Dantas Júnior, Lula disse que usou a necessidade de submeter a proposta à assembléia de Vila Euclides como pretexto para não ratificar o documento:

– Eu pensei: a única forma de escapar de assinar esse acordo é falar que eu tenho uma assembléia e sair daqui.

Ele encarregou Pazzianoto de concluir o acordo e foi para São Bernardo, num carro escoltado por batedores. Certo de que o trato era para valer, o advogado continuou a redigir o documento com os empresários.

Em Brasília, o presidente Figueiredo sorriu diversas vezes para o fotógrafo na Granja do Torto, posando para seu retrato oficial. Já em Vila Euclides, não havia sorrisos, quando Lula chegou. A tropa de choque controlava a porta das maiores empresas do ABC, 34 grevistas – na maioria ligados à Convergência Socialista – estavam presos e havia duas toneladas de alimentos estocadas no fundo de greve. Um grupo de políticos do MDB – Fernando Henrique entre eles – percorria as barreiras policiais para tentar evitar violências, enquanto os operários continuavam armando seus piquetes próximo às fábricas e nos bairros.

Quando Pazzianoto chegou ao estádio com o acordo pronto, Lula quis lhe entregar o microfone. O advogado recusou:

– O Lula me pediu para ler o acordo, mas eu disse que o documento era tão importante que tinha de ser apresentado pelo presidente do sindicato. Ele então pediu que eu preparasse a assembléia para votar o acordo. Expliquei as dificuldades que enfrentamos nas negociações e passei a palavra para ele. Lula não chegou nem a ler o documento até o fim. No meio da massa, alguém gritou "Greve!". Lá adiante, outro sujeito repetiu e surgiu uma onda pedindo "Greve, greve, greve". E o Lula mudou sua opinião, encaminhando a assembléia para manter a greve.

Olhos vermelhos das noites em claro, suando muito, Lula advertiu:

– Essa decisão é muito mais importante do que a que tomamos na semana passada, decretando a greve.

Abrindo a camisa branca para abrandar o calor, argumentou que nem a esperada intervenção do governo nos sindicatos, que resultaria na destituição de toda a diretoria, deveria arrefecer os ânimos dos metalúrgicos:

– Fizemos uma demonstração. Não é só futebol que enche um estádio. Provamos para as autoridades e para a opinião pública que uma causa justa é capaz de reunir, de segunda a segunda, de manhã ou à tarde, no sábado e no domingo, todos os companheiros. O que fizemos aqui nada neste mundo fará a gente recuar.

Lula retomou a leitura do protocolo, mas, logo adiante, cutucou novamente:

– Se a decisão for pela continuação da greve, ela terá de ser conduzida sem a diretoria; se houver intervenção, poderei sair nas manchetes dos jornais, serei lembrado como um grande homem que passou por este sindicato. Para mim, poderia ser a glória máxima se saísse preso, ficaria mais famoso do que a imprensa já me fez. Mas eu pergunto a vocês: será que isso seria importante para a classe trabalhadora?

A resposta veio em coro:

– Não!

– Mas eu digo que sim. Não há problema nenhum em que a diretoria seja cassada. Daqui a um ano, haverá novas eleições e um de vocês poderá ser o novo diretor do sindicato. Quero a verdade de vocês, como eu estou dando-lhes a minha verdade... Poderíamos aceitar e quem sabe dentro de 20 ou 30 dias fazer greve outra vez. Mas se vocês querem saber minha posição, acho que foi muita sacanagem dos empregadores que ganham dinheiro como nunca nesta terra e que tentam de todos os modos acabar com nosso sindicato, um sindicato como poucos, não comprometido com o governo ou com a classe econômica. E se vocês aceitarem continuar, eu estarei na frente, enfrentando tudo, levando a primeira porretada.

Com tal preâmbulo, a votação foi mera formalidade. E quando os trabalhadores, por unanimidade, resolveram continuar a greve, Lula ainda arrematou:

– *Se eu percebesse que havia chegado o momento da vaca ir para o brejo, seria o primeiro a pedir que vocês voltassem ao trabalho.*

Saiu do palanque carregado em triunfo. Em Santo André, três mil operários obrigaram Marcílio a rasgar o protocolo de acordo. O presidente do sindicato ainda tentou preservar o papel, dizendo que era um documento histórico, mas a massa urrava:

– *Rasga, rasga, rasga!!*

Ele não queria continuar a greve:

– *Estamos arriscados a perder o sindicato, a perder o comando do movimento e a ficar sem rumo na luta. De minha parte, acho que continuar será lutar em vão. Agora, se São Bernardo insistir na greve, nós também faremos isso, mas será lutar em vão.*

Em São Caetano, João Lins também era a favor do acordo e repetiu a votação, mas, por duas vezes, os sete mil trabalhadores aprovaram a continuação da greve. Pouco depois, no Palácio do Planalto, diante do ministro da Justiça, Petrônio Portella, Murilo Macedo assinou a intervenção nos sindicatos de Santo André, São Caetano e São Bernardo.

Naquele instante, num restaurante de São Bernardo, Lula jantava com o jornalista e deputado estadual do MDB, Fernando Morais, e com FHC. Na conversa, Fernando Henrique fez uma detalhada análise para justificar sua tese – a de que o governo não interviria no sindicato. Perto das duas da manhã, os dois Fernandos deixaram Lula em sua sala do sindicato, onde um cartaz escrito à mão proclamava:

– *As máquinas estão paradas. Agora quem fala grosso somos nós.*

Lula juntou algumas almofadas e tentou tirar um cochilo, que acabou sendo interrompido por gritos da turma que se preparava para montar piquetes diante da Volkswagen:

– *A polícia cercou o sindicato!!*

Os três sindicatos grevistas foram cercados quase simultaneamente por caminhões de transporte de tropas, carros da Rota e dos bombeiros. Lula pediu aos diretores que tranqüilizassem os 400 trabalhadores acantonados no sindicato. A polícia só liberou o acesso aos parlamentares, mas, quando o deputado Geraldo Siqueira tentou impedir a prisão de um operário, levou um tapa no rosto dado por um agente do Dops que estava à paisana.

Aos gritos de "A greve continua", um grupo tentou alcançar a Igreja Matriz e acabou disperso pela polícia. Pouco depois das oito da manhã, chegou o prefeito Tito Costa, informando que havia pelo menos 50 operários presos na delegacia seccional da cidade. Sem saber que Vila Euclides estava ocupada pelas tropas, ofereceu o local para a reunião dos grevistas.

Na tentativa de amenizar a tensão, uma operária pediu a todos que rezassem um pai-nosso no auditório do sindicato. Lula argumentou que não era o momento nem o local para isso, mas não teve sucesso e, visivelmente constrangido, acabou formando uma corrente de oração com os policiais. Às dez da manhã, entregou o sindicato para o interventor. Pouco antes, tentando manter o tom de confronto, deu sua última entrevista como dirigente sindical ao repórter Júlio de Grammont, da *Folha de S. Paulo*:

– Num país onde predomina o arbítrio, nós, trabalhadores, continuamos sendo tratados como caso de polícia. Um dia, repito, ele está bem perto, a classe trabalhadora medirá forças com a classe patronal e aí nós iremos até as últimas conseqüências.

Exausto e sem saber o que fazer, Lula trancou-se na casa do sogro, onde a repórter Lígia Martins de Oliveira, da revista *Veja*, já o encontrou vendo tevê de banho tomado, descalço e de calção de futebol. Sandro Luiz, de um ano, engatinhava pela sala e, enquanto Lula imaginava que seria demitido da Villares, Marisa procurava animar o marido:

– Nunca vivemos do sindicato. Se for preciso, eu trabalho de faxineira. Nós não temos medo do futuro.

Para a repórter, Lula criticou o ministro Murilo Macedo e os empresários, ressalvando apenas três – Paulo Francini, Cláudio Bardella e José Mindlin. Disse também que já esperava pela intervenção e, por telefone, transmitiu instruções a vários trabalhadores no sentido de que o movimento deveria continuar. Mas agia como se a intervenção tivesse liquidado com sua liderança.

Enquanto isso, os metalúrgicos percorriam o centro de São Bernardo em passeata, até alcançarem a praça Samuel Sabatini, mais conhecida como Paço Municipal. No terraço de concreto de 40 mil metros quadrados que circunda o prédio da Prefeitura, começaram a procurar uma maneira de registrar seu protesto, até que um nordestino caladão, conhecido como Baiano, que muitos consideravam alienado, encontrou a solução para o problema:

– *Vamos escrever com gente.*

Os trabalhadores já tinham formado algumas letras quando, sob as lentes dos fotógrafos postados no gabinete do prefeito, foram atacados com bombas de gás e jatos de água e dispersados. A palavra democracia ficou incompleta.

No começo da tarde, com Vila Euclides ocupada pela polícia, 20 mil metalúrgicos se concentraram novamente no Paço Municipal. Para enfrentá-los, o coronel Dauterminas Rigonatti dispunha de mil homens da tropa de choque, mais de cem carros blindados, uma centena de policiais da Cavalaria e um Tatuzão,[1] com seus tanques carregados de água tingida de vermelha e misturada com areia. O relato é do repórter Edson Flosi, da *Folha de S. Paulo:*

> – *A tropa de choque avançou. Os operários não fugiram. Os soldados jogaram dez bombas de gás lacrimogêneo em cima da massa, que reagiu rápida e organizadamente, devolvendo os petardos em cima da tropa de choque. Naturalmente, os operários queimaram as suas mãos, mas os soldados tiveram que respirar a sufocante fumaça das bombas de gás lacrimogêneo que eles mesmos haviam jogado sobre os trabalhadores. Aos golpes de cassetete, os trabalhadores reagiram como puderam e dos dois lados saiu gente machucada: um trabalhador caiu e foi chutado por um soldado e um soldado levou um soco no rosto de um trabalhador.*

Na tentativa de buscar uma saída, o prefeito Tito Costa apanhou o megafone de uma viatura e pediu um crédito de confiança aos operários. A reação da massa foi um uníssono:

---

[1] Apelido dado à viatura blindada utilizada pela Tropa de Choque da PM.

– Lula, Lula, Lula!

O prefeito anunciou que ia tentar obter a liberação do estádio para os trabalhadores e pediu aos grevistas que voltassem para casa. A multidão não se mexeu e o coronel Dauterminas assumiu o megafone:

– Vocês precisam confiar nas autoridades. Eu também sou pai de família, peço que vocês pensem nas suas famílias. Não quero voltar para o quartel com soldados feridos, como alguns que já foram apedrejados.

E a massa, em coro:

– Atiraram bombas! Atiraram bombas!

O coronel pediu que todos deixassem a praça. Os operários reagiram cantando o Hino Nacional. Dauterminas prometeu retirar seus homens se os trabalhadores saíssem do local. Recuou a tropa alguns metros e nada. Tito Costa insistiu: ligaria para o presidente, se necessário. O coronel afastou-se, entrou numa viatura e falou com alguém no rádio. Ao retomar o megafone, estava visivelmente emocionado:

– Tenho uma notícia para vocês! O comandante da Polícia Militar me autorizou a deixar vocês na praça, vocês podem continuar na praça. Numa prova de amor por vocês, eu vou retirar minhas tropas da praça.

A polícia deixou a praça sob aplausos, dom Cláudio Hummes, bispo de São Bernardo, chegou e todos rezaram um pai-nosso. Finalmente, o prefeito conseguiu esvaziar o local, marcando novo encontro ali mesmo, às três da tarde do dia seguinte. Por todo o ABC, 170 trabalhadores foram detidos naquela sexta-feira.

Enquanto o governo procurava minimizar sua importância, classificando-a de "um ato trabalhista", a oposição criticava duramente a intervenção. No final da tarde, cinco mil pessoas se reuniram num ato de protesto no vão livre do prédio da Câmara Municipal de São Paulo. Não havia sistema de som e pouca gente escutava os oradores, mas os manifestantes se dividiram em dois grupos. Os mais exaltados queriam levar o povo no grito até as ruas e derrubar a ditadura. Estudantes da PUC e da Fundação Getúlio Vargas declararam greve em sinal de protesto. Outros, mais prudentes, defendiam que a mobilização começasse nas entidades. O vice-presidente do sindicato dos bancários, Luiz

Gushiken, propôs uma greve geral de solidariedade. A pouca distância, Fernando Henrique Cardoso recusou-se a opinar:

> – *Não sou líder de trabalhadores, não tenho que dizer nada antes de ouvir setores mais representativos dos trabalhadores. Greve geral é coisa muito séria, não pode ser manejada em termos retóricos. (...) A única atitude séria que o governo pode tomar neste momento é anular o ato de intervenção o mais rápido possível.*

Naquela noite, quatro presidentes de sindicato foram resgatar Lula, enfurnado na casa do pai de Marisa: Lélia Abramo, dos artistas; Paulo Skromov, dos coureiros; Arnaldo Gonçalves, dos metalúrgicos de Santos; e Jacó Bittar, dos petroleiros de Campinas. Os sindicalistas argumentaram que ele não poderia abandonar a liderança do movimento, embora tivesse sido cassado. Tanto insistiram que conseguiram convencer Lula.

No domingo, na Igreja Matriz de São Bernardo apinhada de metalúrgicos e ao lado de Marcílio, ele reassumiu o Comando de Greve. À tarde, 40 mil pessoas se reuniram no Paço Municipal e uma pequena passeata organizada sem a participação dos diretores do sindicato acabou dissolvida pela polícia.

As negociações também foram retomadas: ainda no domingo, Lula telefonou para Murilo Macedo e encontrou-se com Paulo Francini, um dos vice-presidentes da Fiesp. À noite, o ministro recebeu dom Cláudio Hummes, Maurício Soares e Pazzianoto, em busca de uma saída.

Na segunda-feira, em nova assembléia na Igreja Matriz, Lula e sua diretoria constataram que a greve estava minguando: só na Mercedes, 1.400 já haviam retornado ao trabalho. Terminada a reunião, Lula deu uma guinada tão abrupta quanto a que levara os metalúrgicos para a greve:

> – *Vamos para a assembléia e vamos pedir o retorno, vamos assumir o retorno. Pra não permitir que voltem mil hoje, mil amanhã e em dez dias voltem 30 ou 40 mil trabalhadores. Daí, quando os patrões perceberem que está todo mundo voltando, não tem mais negociação.*

Na segunda à noite, em novo encontro com os empresários, ele e Maurício Soares aceitaram os mesmos termos que tinham rejeitado antes. No final da tarde de terça, ao lado da fina flor do sindicalismo autêntico e diante de 70 mil trabalhadores em Vila Euclides, Maurício Soares explicou a nova realidade:

— *Na quinta-feira, rejeitamos a volta ao trabalho, rejeitamos ainda os descontos em parcelas dos dias paralisados e a não-punição dos grevistas. De lá para cá, muita coisa mudou. Perdemos o sindicato, que está na mão do interventor. Por isso, incluímos uma nova reivindicação que é o retorno da diretoria ao sindicato. Hoje, a proposta é quase a mesma que a de quinta-feira. Nos contatos que mantive, posso assegurar que, em 45 dias, a diretoria volta ao sindicato.*

Vaias. Alemão falou em seguida e também foi mal recebido. Quando Lula pegou o microfone, estava claro que a massa queria continuar em greve. Ele precisou usar toda a sua influência para convencê-los do contrário:

— *Aí, a categoria me deu o voto de confiança. Me deu voto de confiança, mas ficou puta da vida. Nego achou que eu era traidor, nego achou que eu tinha me vendido.*

Depois de rezar o pai-nosso com dom Cláudio Hummes e cantar o Hino Nacional, a multidão foi embora entoando o velho grito de guerra, agora mais retórico do que nunca:

— *Trabalhador, unido, jamais será vencido!*

A trégua tornou-se sinônimo de mobilização para os metalúrgicos. O salão paroquial da Igreja Matriz de São Bernardo virou quartel-general e armazenou o material retirado do sindicato. O fundo de greve continuou a arrecadar dinheiro e alimentos. Nas portas das fábricas e nos bairros aconteceram centenas de reuniões. Sem poder imprimir a *Tribuna Metalúrgica*, rodaram e distribuíram gratuitamente várias edições do *ABCD Jornal*. *Shows*, torneios de futebol e várias outras atividades foram organizados com o objetivo de arrecadar fundos e mobilizar os trabalhadores.

Afastado, Lula mostrou que ainda mantinha seu poder quando a Villares, mal das pernas, desrespeitou a estabilidade prevista no acordo e deu apenas 15 minutos para que 300 horistas devolvessem as ferramentas e deixassem a empresa. Uma nova greve estava prestes a começar, quando seu ex-patrão, Carlos Villares, ligou pedindo ajuda. Na manhã em que a intervenção completava um mês, Lula conseguiu com os trabalhadores da Villares um prazo para reverter a situação.

No dia 1º de maio de 1979, 150 mil pessoas – incluindo sindicalistas e personalidades de todo o país – superlotaram Vila Euclides. Depois da missa, Vinicius de Moraes declamou seu célebre poema "Operário em Construção" e Lula propôs uma nova tática:

– *Alguns jornais e revistas andaram falando que, se nós voltássemos à greve, iriam colocar canhões contra a gente. Para enfrentar os tanques que serão colocados em São Bernardo, cada um dos trabalhadores deverá colocar como arma sua esposa e filhos na rua, para mostrar que a nossa luta é algo muito mais sério do que algumas bobagens que alguém andou falando por aí.*

As greves tinham ultrapassado há muito o campo dos metalúrgicos: há duas semanas, os funcionários municipais de São Paulo estavam parados e, em Brasília, mesmo com o sindicato sob intervenção, 11 mil professores não davam aulas. No dia seguinte, motoristas e cobradores dos ônibus da Companhia Municipal de Transportes Coletivos de São Paulo literalmente paralisaram a cidade.

O governo dava uma no cravo e outra na ferradura: o ministro do Trabalho denunciou a infiltração da Convergência Socialista, do PCB e da Igreja Católica nas greves, mas continuou mantendo contato com os sindicalistas cassados. Durante a trégua, Lula, Marcílio e João Lins reuniram-se com ele duas vezes – numa delas, foram levados de helicóptero até sua chácara, em Atibaia, interior de São Paulo.

Na sexta-feira, 11 de maio, em cadeia obrigatória de rádio e televisão, Macedo relembrou o que ninguém ignorava: que o governo poderia prender sindicalistas que incitassem greves e cassar a carta sindical da entidade faltosa. Mas era mero jogo de cena. No sábado, cedo, Nildo Masini, diretor da Fiesp, apanhou Lula diante de uma favela, junto à ponte de Cidade Jardim, em São Paulo, e foram para a chácara do ministro. Acertaram os termos do acordo e estavam jogando uma amistosa partida de sinuca, quando um empregado avisou que havia vários repórteres no portão.

Se os jornalistas flagrassem Lula no local, seria um desastre. Para evitá-lo, o ministro encaminhou-os até a parte de trás da propriedade e cortou a cerca de arame farpado, permitindo que o sindicalista e o empresário alcançassem uma estrada meio abandonada.

Lula e Masini burlaram os jornalistas, voltando para São Paulo com o acordo que acabaria com a greve: um reajuste de 63% para quem ganhasse até dez salários mínimos e desconto de apenas 50% dos dias parados, podendo compensar o restante com horas extras.

Mas era preciso convencer os metalúrgicos. Na primeira reunião, com pouco mais de 300 trabalhadores, ficou claro que não ia ser moleza. E na assembléia de domingo, em Vila Euclides, Lula teve de pedir outro voto de confiança aos trabalhadores. Conseguiu o que queria e ainda cunhou uma frase de efeito, que seus seguidores lembrariam por anos a fio:

– *Que ninguém, nunca mais, ouse duvidar da capacidade de luta dos trabalhadores.*

Mas, no íntimo, ele sabia que aquela confiança tinha um preço:

– *O pessoal aceitou, mas eu senti lá de cima que o pessoal aceitou como um filho aceita um tapa na bunda dada pelo pai.*

Na sexta, às 19h30, tendo rojões e batucada como trilha sonora, o interventor Guaracy Horta devolveu as chaves e os papéis do sindicato. Lula tomou dois banhos – de champanhe na entrada e de cachaça ao retomar sua poltrona –, mas não melhorou de humor. Com a oposição sindical explorando a insatisfação dos trabalhadores contra sua diretoria, ele tinha poucos motivos para festejar e acabou condicionando sua permanência no cargo ao apoio maciço dos metalúrgicos.

No domingo, em nova assembléia, num ato emocionado, regado pelo choro de vários diretores e de dezenas de metalúrgicos, ele e a diretoria foram confirmados por unanimidade.

Enquanto Lula comandava a primeira greve geral de metalúrgicos, Malan licenciava-se do Ipea para integrar o time do novo Departamento de Economia da PUC do Rio. A ascensão de Carlos Langoni ao cargo de diretor da Escola de Pós-graduação em Economia da FGV no lugar de Mario Henrique Simonsen havia empurrado o subdiretor da Escola, Francisco Lopes, e mais dois professores, Rogério Werneck e Dionísio Dias Carneiro, em direção à PUC. E Malan foi com eles, passando a integrar a equipe que incluiria Edmar Bacha, André Lara Resende, Eduardo Modiano e Pérsio Arida entre outros, e teria entre os alunos Edward Amadeo, Pedro Bodin, Gustavo Franco e Armínio Fraga. O grupo todo se reencontraria mais tarde, em outras circunstâncias, durante o Governo Fernando Henrique Cardoso.

Terminada a greve, Lula recebeu em sua casa o repórter Josué Machado. O sumo da longa conversa foi publicado na edição de julho de 1979 da revista *Playboy*. As paredes da sala do sobrado estavam enfeitadas com o hino do Corinthians e caricaturas do sindicalista e suas frases mais famosas feitas por Mauro Tiole, um operário. A estante abrigava a televisão e alguns livros mais ou menos politizados, como *Arquipélago Gulag*, do dissidente soviético Aleksandr Solzhenitsyn; *Diário da CIA*, de Philip Agee, ex-agente da CIA; *Dez Dias que Abalaram o Mundo*, do jornalista norte-americano John Reed, testemunha da Revolução Russa de 1917; *Esta Noite, a Liberdade*, de Dominique Lapierre e Larry Collins, uma biografia de Gandhi, ao lado de alguns volumes da coleção *Obras-primas da Literatura*, além de garrafas de vinho chileno.

Lula pediu a Marisa para colocar a colcha de pele de coelho sobre a cama, dizendo que ia tirar algumas fotos pelado para a revista. Ruborizada, ela retrucou que iriam falar mal dele depois e diriam que tinha virado "um bunda-mole". A descrição da cena dá a impressão de que Marisa levou a sério a brincadeira.

A pedido do repórter, Lula relacionou três personalidades que admirava: Tiradentes, Gandhi e Che Guevara. E quando o jornalista pediu outros nomes, ele citou Mao Tsé-tung e Hitler, corrigindo-se rapidamente quando o jornalista lhe perguntou se admirava o líder nazista:

— *Não, não. O que eu admiro é a disposição, a força, a dedicação. É diferente de admirar as idéias dele, a ideologia dele.*

Entre os vivos, mencionou Fidel e o aiatolá Khomeini, mesmo reconhecendo que sabia pouco sobre o Irã. Aos dois partidos existentes no Brasil, reservou um só comentário:

– Acho que Arena e MDB são duas coisas criadas para dar sustentação ao governo: um brincando de ser contra e outro brincando de ser a favor. No fim, os dois têm os mesmos interesses. Veja, por exemplo, em nossa greve. Sabe que nenhum dos dois partidos se manifestou? Como se não estivesse acontecendo nada... Nos grandes momentos brasileiros, os dois partidos se omitem.

Lula explicou que ainda não se considerava um líder e que iria deixar o sindicato em 1981.[2] Admitiu também que pretendia criar um partido que representasse bem os trabalhadores – "deveria ter compromisso com as bases, ter trabalhadores". Especificou que seria um partido para todos os que vivem de salário, não apenas os operários, e admitiu que ele e outros sindicalistas estavam conversando sobre o assunto com outras pessoas. O repórter perguntou por nomes e Lula indicou três, nessa ordem: Fernando Henrique Cardoso, Chico de Oliveira e o deputado Jarbas Vasconcellos.

Quando Lula conversou com a *Playboy*, Dirceu continuava, para todos os efeitos, vivendo no exílio – em Cuba, provavelmente. Mas em Cruzeiro do Oeste, no interior do Paraná, um certo Carlos Henrique Gouveia de Mello – a persona que ele criara em Cuba – circulava com desenvoltura.

Em abril de 1975, ele encontrou o advogado Ivo Sooma num trevo da estrada que liga Cruzeiro do Oeste a Umuarama. Ivo sabia que aquele sujeito tinha alguma razão inconfessável e política para ir morar na cidadezinha e ajudou-o nos primeiros tempos, por motivos ideológicos. A partir de então, Dirceu repetiu centenas de vezes a mesma história, quase sem despertar suspeitas. O minucioso trabalho de composição do

---

[2] De fato, tinha em mente um sucessor, um operário da Volkswagen conhecido como Lulinha e que morreu pouco tempo depois.

personagem que desenvolvera em Cuba lhe permitia descrever parentes e amigos de Guaratinguetá, onde teria nascido.

Com os cinco mil dólares do Molipo, ele passou a comprar e vender gado e produtos agrícolas, até montar uma alfaiataria junto com Wilson Belini. Mais tarde, abriu uma butique – o Magazine do Homem – e, ao lado, uma fábrica de calças – empresas que venderia anos depois, quando começou a preparar a retomada de sua identidade. Dirceu garante que ganhou dinheiro com a alfaiataria e a butique e que manteve uma vida muito disciplinada:

– Duas vezes por ano, eu saía para conhecer um pedaço do Brasil. Ia a São Paulo e a Brusque, em Santa Catarina, para fazer compras. Depois desse contato com o vale do Itajaí, que eu não conhecia, percebi que tinha muito o que conhecer e fui ao vale do Aço, à baixada Santista, à região do cacau, ao Pará... Lógico que eu tinha de tomar medidas de segurança, não podia ir a todos os lugares, mas viajei muito.

Sua vida mudou quando conheceu Clara Becker, dona de uma butique na cidade. Quando os dois começaram a namorar, ele ganhou o apelido de Pedro Caroço, nome de um personagem de novela da época, cuja música-tema, de Genival Lacerda, incluía o verso "ele está de olho é na butique dela". Os dois passaram a viver juntos.

O prefeito estranhou o fato de o suposto Carlos Henrique não receber notícias da família ou de antigos amigos e se ofereceu para colocar o delegado atrás da história, mas Clara não apenas recusou a proposta, como mentiu, dizendo que conhecia a família dele.

Alertado por um amigo, Dirceu melhorou o relacionamento com a sociedade local e acabou se consolidando em Cruzeiro do Oeste. A partir de 1977, quando passou a viajar para São Paulo em busca de novidades para o Magazine do Homem, retomou em segredo seus contatos com antigos companheiros. O primeiro conhecido que procurou foi Cláudio Abramo. Dirceu esteve também algumas vezes na livraria Zapata, que era do jornalista Luiz Roberto Clauset, ex-militante da Dissidência.

Em 1978, para driblar a rotina, jogou no bicho pela primeira vez. O número escolhido – 6.683 – era o mesmo do projeto da anistia, sancionado pelo presidente João Figueiredo, no dia 28 de agosto. Dirceu acertou no milhar, ganhando o suficiente para pagar um jantar. Pouco depois, chamou sua mulher e mostrou-lhe uma notícia no jornal:

– *Tá vendo este aqui, ó? Este aqui sou eu.*

Clara demorou a entender que Carlos Henrique e o tal José Dirceu, citado na lista dos beneficiados pela anistia, eram a mesma pessoa. A notícia informava que o ex-dirigente estudantil vivia em Cuba desde 1969, quando fora banido do país depois do seqüestro do embaixador norte-americano.

Em outubro de 1979, Dirceu deixou Cruzeiro do Oeste, Clara e o filho recém-nascido e foi para São Paulo, onde passou 40 dias clandestino, abrigado na casa do irmão de Paulo de Tarso Venceslau, um dos responsáveis pelo seqüestro do embaixador americano. De lá ligou para a famíla, que também o imaginava em Cuba, para dizer que estava voltando. Finalmente, usando o mesmo passaporte argentino com que entrara no Brasil quatro anos antes, embarcou para Lima.

De volta a Havana, submeteu-se a nova cirurgia plástica para eliminar a prótese do nariz. Com isso, as maçãs do seu rosto voltaram naturalmente à posição original. Teve alta em menos de uma semana, passou alguns dias na praia de Varadero, onde o sol ajudou a cicatrização, e viajou para Lima, onde procurou a embaixada para providenciar um novo passaporte em nome de José Dirceu de Oliveira e Silva.

No dia 17 de dezembro, uma pequena multidão recebeu-o no aeroporto de Congonhas. Ali mesmo, em sua primeira entrevista, admitiu que pretendia voltar à política, depois de visitar os parentes e viajar pelo país.

Não criticou nenhum dos partidos que estavam sendo gestados e classificou o PT como "um avanço na conscientização do movimento operário para a luta política", e defendeu a ligação dos partidos com os movimentos de bairros, os estudantes e os sindicatos, ressalvando que o movimento popular deveria manter sua independência. Finalmente, explicou que não pretendia se filiar a nenhuma organização, nem retornar ao movimento estudantil:

— O movimento hoje tem outras formas de organização e a época é diferente. Ele é conduzido por outra geração. Mesmo assim, os problemas na universidade são os mesmos: o ensino voltado para interesses antipopulares, más condições de ensino etc. Posso contribuir trocando experiências. (...) As maiores conclusões que eu tirei durante a minha atuação são que o movimento estudantil não pode se dividir para não se enfraquecer, e deve sempre estar integrado ao movimento popular, caso contrário se torna frágil perante o regime, que é forte.

Mais tarde, explicaria que meditara sobre cada palavra dita na entrevista:

— Naquele momento não tinha sentido tentar recriar uma organização de esquerda. Se existia um movimento histórico evidente, que era o PT, aquilo era uma oportunidade única, o que sempre tínhamos sonhado, um partido político de massa, de oposição, estratégico. E sempre agi nessa direção — a de encarar o PT como algo estratégico.

9

O Fim da Lua-de-mel
(1980)

Em janeiro de 1980, na posse de João Paulo Pires de Vasconcelos na presidência do Sindicato dos Metalúrgicos de João Monlevade, em Minas Gerais, Lula conheceu o dominicano Frei Betto.[1]

A conversa entre ele e Lula começou no almoço e prolongou-se pela tarde inteira. O dominicano relatou o convite feito por Fernando Henrique, Plínio Sampaio e Almino Affonso para engajar as comunidades eclesiais de base no partido que estavam preparando.[2] Betto também alertou Lula para o risco de atrelar o movimento social ao emergente Partido dos Trabalhadores.

---

[1] Mineiro de Belo Horizonte, Carlos Alberto Libânio Christo tinha 35 anos, um a mais que Lula. Aos 15 anos, entrara para a Juventude Estudantil Católica, e dois anos mais tarde já presidia a União Municipal dos Estudantes Secundaristas. Preso em 1964, trancou matrícula no curso de Jornalismo e voltou para Belo Horizonte. Em 1966, estava em São Paulo, como noviço da Ordem Dominicana, estudando Filosofia. Trabalhou na revista *Realidade* e no jornal *Folha da Tarde* e foi assistente de direção da peça *O Rei da Vela*. Afastou-se da comunidade dominicana, tornou-se clandestino e mudou-se para São Leopoldo, no Rio Grande do Sul. Ajudou militantes de esquerda a saírem pela fronteira gaúcha, entre eles Franklin Martins. Acabou preso em Porto Alegre, pouco antes da morte de Marighela numa operação policial que recebeu o nome de Bata Branca, numa referência aos dominicanos que ajudavam a ALN e tinham sido detidos. Condenado a quatro anos, cumpriu a pena e, ao ser libertado, foi morar numa favela em Vitória, no Espírito Santo, e passou a viajar pelo Brasil, para organizar as comunidades eclesiais de base da Igreja Católica.

[2] Ver capítulo seguinte, "Um Partido de Classe".

Daquele encontro em João Monlevade surgiu a Anampos (Articulação Nacional dos Movimentos Populares e Sindicais), que reuniria, em caráter suprapartidário e supraconfessional, militantes e entidades identificados com as aspirações libertárias expressas nas comunidades eclesiais de base e com o novo sindicalismo praticado no ABC e em outros locais. Surgiu também uma profunda amizade entre o líder sindical e o dominicano.

Na antevéspera de um novo dissídio, Lula não agia mais só como sindicalista, mas como líder de um partido prestes a nascer. Os trabalhadores enfrentavam agora uma nova lei salarial, mais inteligente, em que os reajustes eram automáticos, com base nos índices de custo de vida, e as empresas não podiam mais conceder um aumento e repassá-lo em seguida para o preço dos produtos. Tais mudanças arrefeciam a disposição de entrar em greve.

Lula inverteu a pauta de negociação. Colocou a produtividade no final da lista e passou a lutar por demandas avançadas até para países europeus, como a garantia de emprego e redução da jornada de trabalho para 40 horas semanais. Os metalúrgicos pretendiam ainda que o sindicato indicasse os trabalhadores a serem contratados e o controle da chefia pelos trabalhadores. Isso significaria que, se um chefe adotasse uma punição condenada pela maioria dos funcionários, ele seria submetido a punição igual, antes de ser destituído e trocado por outro escolhido pelos trabalhadores.

Os empresários do Grupo 14 recusaram o aumento acima do índice de inflação e, diante do pedido de 12 mil cruzeiros de piso salarial, ofereceram Cr$ 5.904, mais 5% para todos os metalúrgicos, como produtividade. Rejeitaram também as reivindicações ligadas às relações de trabalho, como os delegados sindicais, o livre acesso dos sindicalistas em caso de denúncias e, claro, o controle das chefias pelos metalúrgicos.

Resultado: greve geral a partir de 1º de abril. Lula sabia que sua lua-de-mel com a elite e o governo acabara. Usando a terceira pessoa para referir-se a si próprio, como de costume, ele comentaria mais tarde:

– Já no final de 79, a gente discutia muito entre os companheiros de diretoria e todo mundo entendia o seguinte: o Lula deixa de ajudar aos trabalhadores e passa a ser um empecilho para eles. Por quê? Porque todas as forças conservadoras do país e as que detêm o poder vão tentar arrebentar o Lula daqui pra frente. A arma que eles tentaram criar para eles passou a ser muito forte contra eles, então era necessário destruir essa arma. (...) Nessa campanha a gente se preparou realmente para uma guerra, porque sabíamos que estava em jogo o fim de São Bernardo do Campo.

O esmeril em que os metalúrgicos afiavam seus sabres chamava-se Comissão de Mobilização e Salário de São Bernardo: quase 500 trabalhadores, organizados em subgrupos de oito a dez operários, cada um com tarefas específicas – desde a segurança do palanque em Vila Euclides até a preparação de lanches. Na prática, eram os delegados sindicais que nem governo nem empresários admitiam.

No sábado, 29 de março, Marcílio e João Lins reuniram-se em segredo com o ministro Murilo Macedo na chácara de Atibaia. Foram informados de que a intervenção em São Bernardo já estava preparada, porque a greve era política, mas na saída, não usaram a estradinha secundária que salvara Lula e Masini e acabaram flagrados pelos jornalistas, deixando Lula com a impressão de que fora apunhalado pelas costas naquele encontro.

Às dez da manhã de domingo, havia 60 mil metalúrgicos em Vila Euclides. A Comissão de Mobilização vetara palavras de ordem e manifestações de grupos políticos. Ao ler a proposta de greve, o presidente da Comissão de Mobilização, Osmar Mendonça, silenciou todos os gritos de apoio. Já no meio da leitura, os trabalhadores ergueram seus braços. Osmarzinho lembrou que a greve levaria à intervenção no sindicato e pediu nova votação. Outra vez, um mar de braços agitou Vila Euclides.

Lula foi o último a falar. Repetiu outra vez a votação e explicou que a decisão não era dele, mas de todos os presentes. Depois, orientou os operários sobre o comportamento a ser mantido durante a greve – ficar em casa, não fazer piquete nas fábricas, ir todo dia às assembléias – e encerrou a reunião puxando o Hino da Independência. O estádio esvaziou-se em perfeita ordem e calma. Seu projeto era claro – mostrar o tamanho da força dos trabalhadores:

– Porque uma coisa é o cara dizer para você: "É, porque eu agüento 100 dias, eu agüento 80 dias, eu agüento 90, eu agüento 50." Bobagem, porque o cara depende do salário, depende de pagar aluguel, depende de pagar a conta de luz. Vai chegando um certo momento em que ele começa a perceber. E a gente não deixou eles perceberem em 79, então, passamos a ser culpados. Por isso, eu falei: "Bom, eles vão se descobrir, ou seja, eles vão saber o tamanho da nossa capacidade de resistência."

O governo apostava suas fichas na decretação da ilegalidade do movimento, o que facilitaria a ação da polícia e até outra intervenção. Com base numa lei aprovada logo após o golpe de 1964, as greves só poderiam ser oficialmente deflagradas depois de mil e uma formalidades. Mas, no Tribunal Regional do Trabalho, o deputado e advogado Almir Pazzianoto conseguiu marcar um tento para os grevistas.

Diante dos juízes do TRT e de uma platéia repleta de políticos[3] – FHC era um deles –, Pazzianoto conseguiu que o TRT se declarasse incompetente para julgar a legalidade da greve. Driblada a questão de ilegalidade, o tribunal fixou um índice de produtividade superior ao desejado pelo governo, mas negou outras reivindicações, como o delegado sindical e a estabilidade ou garantia de emprego.

Na terça-feira, 2 de abril, acompanhado por Fernando Henrique, Pazzianoto foi ao estádio de Vila Euclides. Ambos estavam certos de que a vitória no tribunal permitiria a Lula acabar com a greve e colocar em xeque a posição do governo. O advogado estava explicando o que ocorrera no TRT para a multidão, quando dois helicópteros do Exército, com as portas abertas e oito soldados armados em cada um, sobrevoaram

---

[3] Envolvido em outra negociação, Lula não compareceu.

o estádio num vôo rasante. A aparição perturbou a massa e levou Lula ao microfone:

– *Permaneçam todos calmos. Isso é só intimidação...*

Os sobrevôos duraram 20 minutos, assustando os adultos e as crianças, entre elas Marcos, de seis anos, que se agarrou à saia de Marisa.

A ordem para essa ação tinha sido do novo comandante do 2º Exército, o general Milton Tavares de Souza, de 73 anos.[4]

Lula não defendeu o fim da greve na assembléia conturbada pelos helicópteros e a assembléia aprovou a continuidade do movimento. Mais tarde, no sindicato, ele e Pazzianoto teriam travado o seguinte diálogo, de acordo com FHC:

– *Agora vamos ter de achar um jeito de acabar com essa greve...*

Ao que Pazzianoto retrucou:

– *Não dá, Lula, agora vocês saíram da legalidade...*

A greve continuou sem incidentes, mas o ABC não marcharia unido por muito tempo: na quarta-feira, 9 de abril, São Caetano aprovou a volta ao trabalho em cinco votações por aclamação, numa assembléia comandada por Frei Chico, que justificou sua atitude para os repórteres:

– *Eu fui contra a manutenção da greve, porque na realidade não havia mais greve, uma vez que 70% dos metalúrgicos já haviam retornado ao trabalho.*

---

[4] Conhecido como Caveirinha, ele fora colega de turma de João Figueiredo e chefiara o Centro de Informações do Exército, onde organizou a Operação Marajoara, que precedeu e preparou o envio de tropas para combater a guerrilha do Araguaia. Promovido a general-de-exército, substituiu Dilermando Gomes Monteiro em setembro de 1979. Seu sonho era barrar o que imaginava ser o avanço do movimento comunista internacional. Foi também acusado, pelo deputado Genival Tourinho, do PDT de Minas Gerais, de ter sido o mandante da Operação Cristal, que queria barrar o processo de abertura com uma série de atentados terroristas de direita. Por causa da acusação, o deputado foi indiciado na Lei de Segurança Nacional. Em 1981, pouco antes de morrer do coração, o general declarou que nem Lula, nem qualquer outro político de esquerda chegariam ao poder no Brasil pelo voto.

Mas Lula continuava irredutível: lançou uma campanha nacional pedindo o equivalente a um dia de salário a todos os trabalhadores brasileiros para o fundo de greve e desafiou:

– *Se os empresários e o governo querem guerra, vão ter guerra. Os metalúrgicos de São Bernardo do Campo e Diadema estão preparados para ficar em greve por mais de um mês.*

Na segunda-feira, 14 de abril, o TRT voltou atrás e, por 15 votos a 11, decretou a ilegalidade da greve, abrindo caminho para a intervenção, que aconteceu uma semana depois. Em Santo André e São Bernardo, 42 sindicalistas foram afastados. Naquela noite no sindicato, diante de dois mil metalúrgicos, Lula pôde devolver o que estava engasgado há quase um ano:

– *Quantos de vocês não me xingaram de filho-da-puta? Vocês iam no banheiro da fábrica e lá estava escrito que o Lula tinha se vendido. Mas eu tinha certeza que, mais dia, menos dia, o trabalhador ia entender. O que passou pela minha cabeça foi a mesma coisa do pai que bate no filho para o bem dele. O filho fica bravo, mas logo entende por que o pai fez isso. (...) No ano passado, quando eu era carregado no estádio, eu ficava emocionado, mas não tanto como agora. Eu me sinto muito mais orgulhoso com vocês este ano do que no ano passado. Agora vocês não me carregam mais. (...) Vocês têm que continuar a greve até a vitória. Vocês não precisam se preocupar comigo. Cada um de nós aqui não vale nada.*

Rubão, Djalma Bom e outros diretores choravam, mas Lula mandou que todos sorrissem e erguessem a cabeça e dispensou-os. Ao amanhecer, apanhou uma samambaia, um quadro de Chaplin no filme *O Grande Ditador* e a foto da massa tentando formar a palavra democracia no Paço Municipal e foi embora em seu Fiat branco. Voltou pouco depois, de banho tomado e entregou as chaves ao interventor.

Durante todo o dia, a polícia reprimiu os metalúrgicos, que se reuniram várias vezes em torno do sindicato, cercado pela tropa de choque. A paralisação alcançou as pequenas e médias empresas e a solidariedade aumentava dia a dia.

Repressão policial contra os metalúrgicos em São Bernardo do Campo, 1980.

Lula continuou dormindo em casa, embora sua prisão fosse uma possibilidade cada vez maior. Às 6h30 de sábado, 19 de abril, uma caminhonete C-14 estacionou diante do sobrado em reformas. Oito homens de blusão de couro desceram do carro. Um deles gritou:

– *Senhor Luiz Inácio! Senhor Luiz Inácio! Lei de Segurança Nacional!*

O deputado estadual Geraldo Siqueira, do PT, atendeu à porta, enquanto Frei Betto acordava Lula. Ele ainda tomou uma xícara de café, antes de entrar no carro da polícia, que saiu apressado. Os agentes fecharam o portão da casa e o deputado não conseguiu acompanhá-los. Na viatura, Lula ficou preocupado:

– Era uma madrugada de muita cerração. E na hora dá medo. E a gente conhecia muitas histórias, então, ficava imaginando: "Puxa vida, sabe! Apareço morto amanhã na via Anchieta, aí: foi acidente." A minha sorte foi que (...) cinco minutos depois, o cara estava com o rádio ligado na Bandeirantes, aparece o José Paulo de Andrade dizendo: "Acabamos de receber um telefonema do cardeal de São Paulo, dom Paulo Evaristo Arns, comunicando que o Lula acaba de ser preso na sua casa." O Frei Betto tinha ligado para o dom Paulo. Então, isso foi um alívio: o fato de eu saber que alguém já sabia que eu estava preso. Um alívio muito grande. Aí, eu fui para o Dops e encontrei Zé Carlos Dias (...), Dalmo Dallari, Djalma Bom, Cicotti, Frei Chico, Arnaldo Gonçalves, tanta gente! Eu falei: "Isso é golpe de Estado, isso é um golpe."

Não era um golpe, mas parecia. Catorze pessoas haviam sido presas quase simultaneamente. Na lista heterodoxa, que incluía Frei Chico, Arnaldo Gonçalves, os advogados José Carlos Dias, presidente da Comissão Justiça e Paz, e Dalmo Dallari, da Comissão Internacional de Juristas, só três pertenciam ao sindicato de São Bernardo: Lula, o segundo secretário Devanir Ribeiro e o tesoureiro Djalma Bom.

Lula ficou indignado ao saber que não tinha direito à prisão especial. Na segunda-feira, depois de libertar Arnaldo Gonçalves, elevando para 22 o total dos liberados, o diretor-geral do Dops, Romeu Tuma, confirmou o enquadramento de 13 dirigentes sindicais na Lei de Segurança Nacional.[5]

Novas assembléias reafirmavam a disposição de manter a greve, enquanto outros sindicalistas eram presos. Na onda de repressão, até um campeão de xadrez entrou em cana. Foi durante uma insólita atividade de

[5] Foram enquadrados Lula, Devanir Ribeiro, Djalma Bom, o secretário-geral Severino Alves da Silva, Ernesto Sesini, Isaías Urbano da Cunha, José Cicotti, José Maria de Almeida, José Timotheo da Silva, Orlando Francelino da Mota, Eduardo Santiago de Araújo, João Batista dos Santos e Expedito Soares.

solidariedade. Em dezenas de tabuleiros espalhados pela praça Antônio Prado, no centro bancário de São Paulo, na hora do almoço, os bancários disputaram partidas simultâneas de xadrez com o campeão paulista, Herbert Carvalho, e o vice-campeão, Cícero Braga. Megafone na mão, Luiz Gushiken arrecadava dinheiro para o fundo de greve e explicava o motivo daquele campeonato quando foi preso, junto com o enxadrista campeão. Dividiu a cela ao lado de Lula com um padre francês.

Os presos recebiam alimentação fornecida pela Igreja e eram bem tratados: quando Lula teve uma dor de dente, Tuma providenciou imediatamente um dentista. No dia em que o Corinthians foi jogar com o Botafogo, arranjaram uma televisão para o pessoal ver a partida. No fim, Lula já recebia visitas no sofá da sala do delegado. A todos, repetia o mesmo recado:

– Essa greve eu não vou acabar!

No reencontro com Marisa e seus três filhos, Fábio, de cinco anos, chegou a distribuir alguns pontapés nas canelas dos policiais, que riram muito do garoto. Lula só passou um apuro na noite em que o carcereiro o tirou da cela sem dizer o motivo:

– Aí, eu cheguei no lugar e estava o seguinte: "Não sei o que lá secreto." Uma sala com uma luz, assim, numa penumbra. Eu já comecei a lembrar do cara, assim, queimando o outro com um charuto. Eu falei: "É hoje que a porca vai entortar o rabo." Aí, eu chego lá, o cara mandou eu sentar, eu sento. Aí, o cara fala: "O Cacique está preocupado com você." Eu falei: "Quem é o Cacique?" "Não importa. O Cacique está preocupado, o Cacique quer terminar essa greve. E o Cacique está querendo saber o que você quer." Eu falei: "Mas o que eu quero está na pauta de reivindicação." Ele falou: "Aquilo a gente não pode dar. O Cacique quer negociar." Eu só estava me preparando para o tapa na orelha. Eu só ficava esperando o cara dizer: "Tira a roupa, aí." Aí, o cara falou assim para mim: "Olha, liga para o seu advogado amanhã. Você fale com o delegado. Peça para o seu advogado vir aqui te visitar. E diga o que você quer, faça uma pauta de reivindicação para negociar." Eu falei: "Está bom. Posso ir embora?" "Pode." Saí e falei: "Pô, menos mal. Não apanhei."

Na noite seguinte, novo encontro, para o qual Lula levou a mesma pauta aprovada pela assembléia, dizendo que por menos não negociaria:

— *Aí, o cara não me agradou mais, mas também não falou mais nada. "O Cacique não vai gostar disso." Como eu não sabia quem era o Cacique, eu estava pouco ligando. Nunca fiquei sabendo quem era o Cacique. Aí, o cara nunca mais voltou também.*

No domingo, 20 de abril, o governo proibiu as assembléias em Vila Euclides e prendeu mais cinco sindicalistas, mas não conseguiu fazer com que os metalúrgicos voltassem ao trabalho. Na segunda, na catedral da Sé, sete mil pessoas participaram de um ato litúrgico oficiado por dom Paulo Evaristo Arns, em que Marisa foi muito aplaudida ao falar de seu companheiro.

No sábado, 26 de abril, a polícia prendeu dois dirigentes que estavam no carro do deputado Freitas Nobre. Alemão escapou de ser detido em operação semelhante em torno do carro de Fernando Morais, no qual também estava Quércia. Acabaram todos no gabinete de Tito Costa, onde encontraram outros políticos.

O senador Teotônio Vilela telefonou para o ministro da Justiça, Ibrahim Abi-Ackel, que só fez uma pergunta:

— *E o outro, onde anda o outro?*

Era Osmar Mendonça, o Osmarzinho, que continuava foragido. A resposta de Teotônio Vilela, curta e grossa, indica por que esse alagoano tornou-se uma lenda:

— *Não sei. E se soubesse, não lhe diria.*

O senador ligou ainda para Mário Garnero, presidente da Associação Nacional de Veículos Automotores, e para Nildo Masini, do Grupo 14. Durante a segunda conversa, chegou o mandado de prisão. Imediatamente, um delegado puxou Alemão pelo ombro, interrompendo o diálogo que ele travava naquele momento com o empresário:

— *Estou sendo levado, doutor Masini, mas nós queremos negociaaaaaaaa...*

Nos últimos dias de abril, diante das informações sobre o estado de ânimo dos metalúrgicos, que corriam o risco de serem demitidos por justa causa, por abandono de emprego, Lula concluiu que a direção do movimento estava errada ao deixar de propor a volta ao trabalho quando havia ainda 100 mil trabalhadores de braços cruzados. Mas não reconheceu isso na época:

– Não é um belo discurso que vai resolver, que convence, e aí, sem falsa modéstia, eu fiz falta. Porque o único cara capaz de ser ouvido, e ter consenso, era exatamente o Lula, que naquela hora estava preso. Eu não quis me sujeitar a mandar um boletim, uma carta, ou qualquer coisa, mas tenho certeza que a peãozada voltava tranqüilamente. (...) Tenho ouvido milhares de depoimentos: "Pô, Lula, em 79 vocês foram covardes, em 80 nós não tivemos coragem para agüentar o pau."

Embora os protestos estivessem proibidos, o Comando de Greve programara uma missa na matriz de São Bernardo e uma caminhada até o estádio de Vila Euclides, no dia 1º de maio. E naquela manhã, oito mil policiais ocuparam o centro de São Bernardo, enquanto, nas rodovias estaduais, bloqueios e comandos da Polícia Rodoviária e do DSV dificultavam o acesso dos manifestantes – e, por tabela, de outros cidadãos que pretendiam apenas passar o feriado no litoral.

Ainda assim, vigiada pela tropa de choque e pelo pessoal do Doi-Codi, uma multidão lotou a matriz de São Bernardo, onde dom Cláudio Hummes e 30 sacerdotes vestidos de branco celebraram a missa. Na homilia, o bispo reafirmou seu apoio aos grevistas e aos presos, mas deixou claro que a Igreja não comandava nada.

Houve confronto entre os manifestantes e a polícia, até Brasília liberar a caminhada e a manifestação no estádio ou no Paço Municipal. No momento em que os policiais começaram a se retirar, a filha de um metalúrgico, Cláudia Mari Palma, de dez anos, parou o comandante da operação e entregou-lhe uma rosa amarela. Emocionado, o coronel Braga deu seu apito de comando para a menina. Pouco depois, na igreja vazia, o senador Teotônio Vilela ajoelhou-se e caiu em prantos.

No estádio, depois de constatar que o ato fora realmente liberado, parte da multidão foi para casa. Quem ficou pôde ouvir o discurso de

Osmarzinho, que entrou e saiu de Vila Euclides graças à cobertura de um grupo de deputados e jornalistas. E quando os helicópteros do Exército sobrevoaram o estádio, a multidão acenou com as bandeiras do Brasil e cantou o Hino Nacional.

Lula acompanhou toda a movimentação pelo rádio de sua cela no Dops. No dia seguinte, o Superior Tribunal Militar negou *habeas corpus* a ele e aos outros sindicalistas cuja prisão preventiva já fora pedida. A greve começava a fraquejar, com muitos operários voltando ao trabalho para evitar a demissão por abandono de emprego, possível depois do trigésimo dia de paralisação. No dia 5 de maio, os presos iniciaram uma greve de fome – contra a opinião de Lula:

– *Quando decretaram a greve de fome, eu até tentei guardar umas balinhas embaixo do travesseiro. O Djalma descobriu e jogou fora minhas balinhas.*

No dia 8, o juiz Nelson da Silva Machado Guimarães, da 2ª Circunscrição da Justiça Militar, decretou a prisão preventiva de Lula e de outros nove membros da diretoria do sindicato de São Bernardo, enquanto mulheres e crianças percorriam o centro da cidade pedindo a reabertura das negociações. Marisa e seus filhos estavam entre os manifestantes. A mulher de Lula sempre foi solidária, embora jamais tenha sido uma ativista. Uma atitude dela marcou-o para sempre:

– *Uma manhã, o carro amanheceu aberto. Mandei que ela saísse dali com as crianças. Ela então virou pra mim e disse: "Leve você as crianças que eu ligo o carro, porque se acontecer alguma coisa, eu sou menos importante."*

Após 41 dias de paralisação, o fim da greve foi oficializado no dia 11 de maio, numa assembléia no interior da Igreja Matriz de São Bernardo. Depois de discursar, Osmarzinho foi preso por quatro agentes do Doi-Codi. Airton Soares, que acompanhava o sindicalista, acha que o intuito dos agentes era provocar um tumulto que justificasse a intervenção da tropa de choque.

A greve de fome dos sindicalistas presos acabou depois do apelo aprovado na assembléia e transmitido por dom Cláudio Hummes. Mas, para frustração de Lula, ele não pôde realizar seu desejo mais imediato:

– *Eu até sonhava em comer um frango daqueles assados naquelas máquinas que rodavam na frente do bar, bicho! Na hora que a gente acabou com a greve de fome: "Vamos buscar frango!" Aí, vem um médico e fala: "Trinta gramas, um copinho de suco de laranja, de mamão." Bicho, a minha boca espumava de água, de vontade de comer o frango. Eu queria comer com couro e tudo. Aí, levou uns três dias para comer esse maldito frango!*

Do ponto de vista prático, o fim da greve de 1980 foi tão frustrante quanto a de 1979, embora Lula e seu grupo tenham classificado a paralisação como um grande avanço na consciência política dos trabalhadores brasileiros.

Para piorar as coisas, nessa mesma época dona Lindu foi internada com câncer no útero. Ela jamais aceitara o envolvimento de seus dois filhos com a política e lamentava a notoriedade do filho mais novo, sempre que via Lula na capa de algum jornal ou revista (duas semanas antes, por exemplo, a revista *Newsweek* o chamara de "herói da classe trabalhadora"):

– *Meu Deus! Como ele vai fazer tudo isso? Deve ter um anjo da guarda perto dele!*

Para tentar poupá-la do desgosto de saber que ele fora preso, Maria levou embora o rádio de pilha, dizendo que precisava de conserto. Quando finalmente informou onde Lula estava, dona Lindu irritou-se:

– *Eu quero que se dane, porque eu cansei de avisar para ele.*

Ela não viu mais televisão, nem ouviu rádio. Lula só foi vê-la depois que ela saiu do hospital. Escoltado por policiais, chegou bem cedo, no dia 18 de abril, evitando assim que a imprensa registrasse a visita.

Foi seu último encontro com a mãe. No dia 12 de maio, ao saber que a sogra tinha morrido, Marisa ligou para Tuma e pediu que o marido fosse liberado para acompanhar o enterro.

Havia uma verdadeira multidão no cemitério da Vila Paulicéia – a maioria metalúrgicos, como os 300 operários da Fábrica Schüller, todos de macacão. Entre os notáveis, Fernando Henrique Cardoso. Lula estava com dor no dente do siso e ficou pouco tempo no cemitério.

No dia 20 de maio, a Justiça Militar revogou sua prisão preventiva e dos outros sindicalistas.[6] Ao chegar em casa, depois de 31 dias de cadeia, Lula soltou os passarinhos que mantinha engaiolados.

[6] Foram todos processados com base na Lei de Segurança Nacional. Ao depor na Justiça, Lula disse ter pouco contato com intelectuais, mas admitiu conhecer alguns, que tinham matérias publicadas em livros ou jornais sobre sindicalismo, mencionando expressamente o nome de Fernando Henrique. Condenado em primeira instância pelo Conselho Permanente de Justiça da 2ª Auditoria Militar de São Paulo a três anos e meio de prisão, em novembro de 1981, com direito de recorrer em liberdade, Lula teria seu processo anulado mais tarde pelo Superior Tribunal Militar.

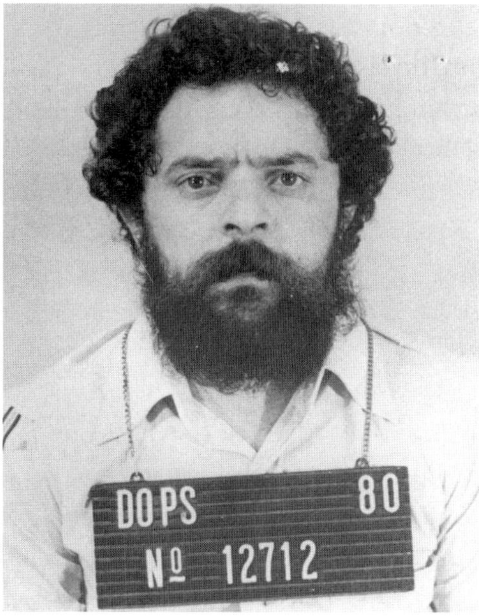

Lula é fichado no Dops. 1980.

Lula é libertado da prisão em maio de 1980.

10

Um Partido de Classe
(1980)

No dia 15 de julho de 1978, quando Marisa teve seu segundo filho, Lula estava a dois mil quilômetros de distância, no Hotel Bahia, em Salvador. Almino Affonso e Fernando Henrique Cardoso, já candidato ao Senado, testemunharam sua defesa da autonomia sindical e das liberdades durante o 14º Encontro dos Petroleiros. Na coletiva, Lula explicou que estava chegando a hora de os trabalhadores criarem seu próprio partido. Quatro meses antes, na entrevista para O *Pasquim*, sua disposição era outra:

– Não só o operário, mas o povo como um todo deve fazer política até na mesa de bar tomando uma pinga. Realmente, não aceito que os políticos exerçam influência dentro do sindicato, mas acho que o sindicato tem de exercer influência na classe política.

Darwin Brandão:

– Sua posição é a de não se filiar nem à Arena, nem ao MDB, mas você já foi sondado pra formação de um novo partido brasileiro?

– Não. Lá em São Paulo existe um movimento para a criação de um partido social-trabalhista. Participei de uma reunião dessas, onde havia mais de cem dirigentes sindicais, mas só um ou dois de expressão, o resto era... Pra ver o nível, vieram me apertar pra ver se era de carne e osso. (...) Fala-se na criação de um PTB e os dirigentes sindicais se escudavam num secretário de Estado de São Paulo.[1]

[1] Era Jorge Maluly Neto, secretário do Trabalho do governo Paulo Egydio Martins.

Nas eleições, explicou Lula ao jornal de humor carioca, ele e seus companheiros se definiriam por homens, não por siglas. E arrematou:

– *Eu digo que sou apolítico... tenho que continuar falando que sou apolítico. Pra me filiar a um partido ele teria que armar comigo.*

O empurrão decisivo para sua mudança de opinião foi dado pelo Governo Geisel, ao proibir greves em atividades consideradas essenciais, como transportes, bancos e petroquímica. Lula e mais 32 sindicalistas resolveram apelar a deputados e senadores para impedir que o decreto virasse lei. Nem bem anunciaram sua intenção, uma portaria do ministro do Trabalho, Arnaldo Prieto, ergueu o tacape da cassação sobre a cabeça dos sindicalistas que bancassem viagens a Brasília com dinheiro das entidades. Para assustar os dirigentes sindicais, o ministro explicitou a ameaça em cadeia nacional de rádio e televisão.

Muitos desistiram. Lula deixou uma carta de renúncia pronta e, no dia 11 de setembro de 1978, desembarcou em Brasília junto com Arnaldo Gonçalves (Metalúrgicos de Santos), Henos Amorina (Metalúrgicos de Osasco), Jacó Bittar (Petroleiros de Campinas), David de Moraes (Jornalistas de São Paulo) e mais alguns teimosos.

Sob as cúpulas brancas desenhadas por Niemeyer, os sindicalistas identificaram apenas dois deputados comprometidos com suas teses – ambos do MDB, mas com outras ligações: Aurélio Peres, vinculado ao PC do B, e Benedito Marcílio, eleito com o apoio da Convergência Socialista. O decreto acabou virando lei por decurso de prazo e Lula constatou que o compromisso da esmagadora maioria dos parlamentares era com os patrões.

Em novembro, junto com Paulo Skromov, do sindicato dos coureiros de São Paulo, Lula foi a Belo Horizonte prestigiar a posse de Wagner Benevides, um paraense criado em Manaus que militara na Juventude Operária Católica e no PCB, antes de se mudar para Minas e eleger-se presidente dos petroleiros.

Já no aeroporto, Lula espantou o novo companheiro – que ele nem conhecia – ao explicar que não pretendia ficar em hotel algum, mas na própria casa de Benevides. No caminho, ao lado de Skromov, desconcertou seu anfitrião outra vez, ao perguntar sem qualquer preâmbulo:

— *O que você acha de criarmos um partido político?*

Naquele momento, o petroleiro agiu como mineiro:

— *Eu pensava, já tínhamos um partido, o MDB. Teríamos capacidade de criar outro? Eu não me considerava capaz. Paulo ficou calado, só ouvia. Lula, por sua vez, falou no assunto mais um par de vezes, depois mudei de assunto, mas aquilo ficou na minha cabeça.*

Mas, naquela noite, quem surpreendeu a todos foi Benevides. Enquanto Lula e os outros sindicalistas restringiam seus discursos ao mundo do trabalho, o petroleiro foi além:

— *Meu discurso foi diferente: disse que o sindicato apenas não era importante, que tínhamos de nos organizar politicamente e fazer nosso próprio partido e que esse partido estava começando a nascer ali. No dia seguinte, a imprensa deu em manchete: "Benevides propõe um partido político", e aquilo se irradiou.*

Com ou sem o empenho de Lula e Benevides, o bipartidarismo estava condenado. Seu fim fora proposto por Golbery a Ulysses Guimarães e Thales Ramalho, o moderado secretário-geral do MDB, em maio de 1974, quando o chefe da Casa Civil de Geisel pediu o apoio do partido de oposição para uma grande reforma política, que acabaria com o AI-5, incorporando salvaguardas à Constituição. O general pediu o apoio explícito da oposição:

— *Tudo isso só será possível com a ajuda dos senhores. Porque os senhores têm o apoio das ruas. Em 1964, nós tínhamos as ruas. Agora vocês é que têm.*

Mas o acordo não prosperou. Golbery teve graves problemas de saúde e, em julho, Geisel afirmou que não abriria mão dos poderes excepcionais de que o governo dispunha — foi o chamado discurso da "pá de cal". Ulysses rebateu com uma comparação pesada:

– É óbvio que a oposição não iria importar o modelo adotado por Idi Amin Dada,[2] *pois nada mais ultrapassado que o governo baseado na força.*

Em novembro, o MDB derrotou a Arena. Em 1976, o MDB também fez bonito nas urnas. No ano seguinte, veio o Pacote de Abril com as sublegendas. Foi nessa época que Fernando Henrique juntou Lula e Ulysses Guimarães em seu apartamento.[3] A idéia era transformar o líder metalúrgico no responsável pela área sindical do MDB:

– Eu estava em Ibiúna, chovia muito, o carro furou o pneu, vim de carona, cheguei tarde para a reunião, mas cheguei. O Ulysses ouviu aquela conversa toda, mas não entendeu a importância de atrair o Lula... Nós queríamos transformar o MDB num partido mais social-democrata e o Ulysses não percebeu. Ele só veio a se sensibilizar para essas questões de sindicato, de negro, de mulher muito tempo depois. Ulysses era um político mais tradicional.

Se havia alguma chance de Lula entrar para o MDB, ela acabou junto com a anistia, em agosto de 1979. Embora fosse mais restrita do que pretendia a oposição, o Congresso aprovou o projeto de lei no prazo recorde de dez dias, assegurando a libertação imediata de muitos presos e o acesso de muitos outros à liberdade condicional. Boa parte dos exilados retornou imediatamente[4] e muitos deles não se ajeitavam bem dentro da camisa-de-força de um único partido de oposição.

Logo após disputar a eleição para o Senado, FHC defendeu o surgimento de um novo partido em entrevista ao repórter José Nêumanne, do *Jornal do Brasil*:

---

[2] Ex-sargento do Exército britânico que em 1971 derrubou o governo de Milton Obote, presidente de Uganda, que se tornara república em 1967. Amin dissolve o Parlamento e declara-se presidente vitalício em 1976, num governo que se caracterizou por brutal repressão a todos os opositores. Morreu no exílio em Dacar, no Senegal, em 2003.

[3] FHC assegura que o deputado Airton Soares foi um dos mentores do encontro e esteve presente na reunião. Soares, por sua vez, afirma que jamais soube desse encontro e nem agiu como intermediário nessa negociação. O autor perguntou a ambos duas vezes sobre essa discrepância e não conseguiu solucioná-la.

[4] Gabeira chegou em 1º de setembro; Brizola no dia 6; Arraes, no dia 16; Gregório Bezerra, dia 29; e Prestes, dia 20 de outubro.

– O Brasil precisa ter um partido assim, que inclua não apenas os operários, mas também a classe média assalariada, como os bancários, por exemplo. Ninguém deve esquecer que o movimento sindical de São Paulo começou com o Sindicato dos Jornalistas Profissionais, uma categoria tipicamente de classe média.

Nas conversas de seu grupo, o tal projeto já tinha até nome: Partido Popular. À esquerda do MDB, seria socialista e democrático.

Três meses depois daquela ida a Brasília, Lula juntou um grupo de dirigentes sindicais[5] e perguntou:

– O que vocês acham de fundar um partido só de trabalhadores, sem patrões?

Entre os 14 presentes, nove torceram o nariz. Uns disseram que tal partido já existia desde 1922, numa referência ao Partido Comunista. Outros acharam inoportuno dividir o MDB, onde estavam vários parlamentares progressistas recém-eleitos. Só três concordaram com a idéia: José Cicotti, Jacó Bittar e Paulo Skromov. Henos Amorina não disse nada na hora, mas juntou-se ao grupo em seguida.

As diferenças de opinião não impediram que todos fossem jantar juntos. Lula voltaria ao tema, mas nessa pré-história do PT, quem empunhou a bandeira com mais empenho foi a Convergência Socialista, cujos militantes passaram a usar o jornal alternativo *Versus* como porta-voz da tese e carregaram cartazes falando em criar um partido operário em diversas assembléias do ABC.

Em janeiro de 1979, Marcílio e a delegação de Santo André,[6] sob controle da Convergência, apresentaram a proposta de criação do

---

[5] Participaram da reunião Hugo Perez, presidente do Sindicato dos Trabalhadores Urbanos de São Paulo; Arnaldo Gonçalves, dos Metalúrgicos de Santos; Afonso de Souza e Raimundo Santos, dos Padeiros de São Paulo; João Carlos, dos Petroleiros de Caxias do Sul; Henos Amorina, dos Metalúrgicos de Osasco; Jacó Bittar, dos Petroleiros de Campinas; Paulo Skromov, dos Coureiros de São Paulo; José Cicotti, dos Metalúrgicos de Santo André.

[6] Na delegação estavam Cicotti e também José Maria de Almeida, que mais tarde seria candidato a presidente pelo PSTU.

Partido dos Trabalhadores durante o 9º Congresso dos Trabalhadores Metalúrgicos, Mecânicos e de Material Elétrico em Lins, interior de São Paulo. A platéia não era nada favorável: 28 dos 32 presidentes de sindicatos eram os chamados pelegos e outros dois tinham ligação com o PCB. De todo modo, os mais de 800 delegados aprovaram uma proposta genérica, cujo trânsito foi facilitado pelo interesse do secretário do Trabalho do governo paulista, Jorge Maluly Neto, que sonhava em criar um partido social-trabalhista com o apoio dos pelegos.

Lula e seus companheiros só retomaram a iniciativa em Porto Alegre, durante uma reunião do movimento contra o desemprego, convocada por Olívio Dutra, que assim se incorporou ao time. Pouco depois, novo revés: em Osasco, inspirados pelo Partidão, vários sindicatos ligados ao movimento denominado Unidade Sindical conseguiram empurrar novamente o tema para escanteio.

Na reunião seguinte, os seis participantes – Lula, Bittar, Skromov, Amorina e Cicotti, do grupo original, e mais Robson Camargo, do Sindicato dos Artistas – decidiram deixar a diplomacia de lado. Pouco depois, no Sindicato dos Metalúrgicos do Rio, Bittar pôs em prática a determinação, recordaria Lula:

> *– Aí o Jacó Bittar, que tinha tomado umas canjebrinas, falou: "O negócio é o seguinte, só fica aqui quem quiser discutir o PT." Aí, chamaram ele de autoritário, chamaram ele de tudo, mas daí ficamos somente nós, que queríamos construir o PT. E, aí, resolvemos que tínhamos que construir. Aí começou a pauleira em cima de nós, não é?*

Para dar mais consistência ao projeto, começaram a rabiscar uma Carta de Princípios. Vários esboços e muitas horas de debate mais tarde, aprovou-se o rascunho de Skromov, que ainda seria discutido e modificado em Campinas, Porto Alegre e Belo Horizonte. No Rio, nenhum sindicato encampou a idéia e Lula teve de apelar para artistas como Chico, Milton, Simone e o MPB-4.

Em abril, ele afastou-se do projeto por causa da greve. Ainda assim, entre uma assembléia e outra, conseguiu evitar que a Convergência distribuísse um suplemento do jornal *Versus* com a proposta do novo partido, durante as comemorações do 1º de maio, em uma clara demonstração de sua peculiar relação com os grupos de esquerda:

– *Fizeram um jornal que nós mandamos engavetar. Eu proibi. Nós fomos numa assembléia em Osasco e eu disse o seguinte: "Olhe, quem for distribuir jornalzinho, fora do material da categoria, lá em São Bernardo, vai apanhar dos trabalhadores." E, aí, não foi distribuído o jornalzinho aqui, né?*

Lula nunca negou o papel da Convergência e de outros grupos de esquerda na construção do PT. Mas sempre que lhe perguntam sobre sua relação com esse pessoal, recorda o conselho que recebeu do economista Celso Furtado:

– *A gente nunca deve marginalizar esses setores muito esquerdistas. Porque eles são muito esquerdistas e tudo o que eles falam você não deve fazer. Mas eles também evitam que você vá muito para a direita. Então, esse choque te permite ficar no caminho do meio, né?*

A derrota da greve do ABC e a intervenção nos sindicatos foram baldes de água fria nas costuras do PT, mas não impediram que a Carta de Princípios fosse divulgada no dia 10 de maio de 1979. O documento denunciava a pobreza e afirmava que ela não seria resolvida sem o concurso "decisivo e organizado dos trabalhadores". Desprezando partidos e governos criados e dirigidos pelos patrões e pelas elites políticas, concluía que "os males profundos que se abatem sobre a sociedade brasileira não poderão ser superados senão por uma participação decisiva dos trabalhadores na vida da nação. O instrumento capaz de propiciar essa participação é o Partido dos Trabalhadores".

Nas primeiras reuniões já estava claro que sindicalistas, grupos de esquerda ligados às antigas oposições sindicais e a turma ligada ao MDB tinham concepções sobre o novo partido. As divergências vieram à tona abertamente no chamado Encontro de São Bernardo, nos dias 2 e 3 de junho de 1979, no hotel Pampas, quando 45 presidentes de sindicatos, 67 intelectuais e mais de uma centena de parlamentares, entre vereadores, deputados estaduais e federais e um senador, quebraram o pau sobre o que deveria ser o tal partido. Para a imprensa, Lula ainda tentou amenizar as diferenças:

– *Embora possa parecer que tenhamos algumas divergências, ficou claro que em muitas coisas nós concordamos e precisamos brigar juntos. Trabalhadores, intelectuais e parlamentares precisam se unir porque temos um inimigo comum a derrubar. Esse inimigo é o regime.*

Na verdade, ele estava convencido de que o MDB não representava, nem podia representar os trabalhadores:

– *Já que era para criar um partido, era preferível criar o nosso. E resolvemos criar.*

Fernando Henrique achava aquele caminho muito estreito:

– *Eu achava que aquilo estava ultrapassado, que o que tinha sido feito na Europa não podia ser feito no Brasil. Eu não acreditava num partido classista.*

Em agosto, em São Paulo, um novo encontro evidenciou que, embora se declarasse receptivo aos progressistas do MDB, o PT pretendia seguir outra trilha. Incluídos na comissão eleita durante a reunião, FHC e Almino Affonso distanciavam-se cada vez mais do grupo que orbitava em torno de Lula.

É quando entra em cena Leonel Brizola. Um dia antes de seu retorno, o *Jornal da República*, lançado por Mino Carta, perguntou a opinião de sete lideranças sobre o líder gaúcho e seu projeto de recriar o Partido Trabalhista Brasileiro. Fernando Henrique, que o encontrara em Nova York e Paris, admitiu ter ficado impressionado com o cunhado de Jango:

– *O homem é cativante. Notei nele espírito aberto. Jogo de cintura. E, até mesmo, certa humildade não postiça. É a este homem e ao político sofrido que eu dou as boas-vindas. Quero ver como se articulará no Brasil. Acho que um ser político como Brizola, intuitivo e determinado, precisa do contato direto. Eu preferia que ele não tivesse dado os passos para a organização do PTB a distância. Mas ainda é tempo. A reintegração de Brizola, como de Arraes e outros exilados, é um passo à frente na nossa luta. Espero contribuir para que juntos – e junto com as lideranças que ficaram – dêem forças às reformas necessárias. Não necessariamente no nosso partido. Mas do nosso lado. Com Lula, com os autênticos, com as lideranças que não capitularam nesses duros anos de autoritarismo.*

Em artigos e entrevistas, FHC defendia sua tese. No suplemento "Folhetim", da *Folha de S. Paulo*, pouco adiante, ele apontaria as balizas para tal organização:

– *Se eu pudesse imaginar qual é o partido ideal para mim, acho que deveria ser um misto de PTB com PS. Quero dizer, com isso, um PTB sem caudilho e sem ligações com o Estado, enraizado nas massas e com democracia interna, que tivesse o objetivo claro de diminuir as diferenças sociais e aumentar a capacidade da população de participar das decisões econômicas.*

Na mesma enquete do *Jornal da República*, Lula reconheceu a importância da volta dos exilados, mas foi noutra direção:

– *Sobre Brizola especificamente, creio que se pode registrar sua falta de humildade, pois em vez de voltar e primeiro conversar com as atuais lideranças políticas que existem no país sobre o que fazer, ele já vem impondo o velho PTB, que nunca resolveu o problema dos trabalhadores. Quando ele botar os pés no Brasil, vai perceber que existe uma nova mentalidade da classe trabalhadora, e aí, acho que sua humildade deverá predominar. (...) Respeito-o pelo que foi no passado. Era um grande líder, mas tenho certeza de que já não é mais.*

Ao desembarcar em São Borja, terra de sua mulher, onde estavam enterrados Getúlio e Jango, Brizola[7] elogiou Lula e seu partido:

---

[7] E onde ele mesmo seria enterrado, em 2004.

– *Quanto ao Lula, quero dizer que tenho a maior simpatia e admiração por ele. Acho que devemos conversar. E vamos conversar. Quando, não sei. Isso depende um pouco dele, vocês não acham? Mas de uma coisa estou certo: acho que essas duas iniciativas – a do PT e a do PTB – acabarão, inevitavelmente, convergindo para o mesmo leito.*

Mas os salamaleques não impediram que o primeiro encontro público entre eles já desse errado. Por iniciativa do prefeito de São Bernardo, Tito Costa, Brizola e Lula deram uma coletiva na sala da diretoria do Sindicato de São Bernardo, minuciosamente descrita por Ricardo Kotscho, repórter do *Jornal da República*. Tudo parecia ir bem até um metalúrgico criticar Getúlio Vargas, dizendo que ele havia "ferrado" com os trabalhadores:

Brizola – *Agora tocou na minha devoção.*

Lula – *Um governo forte como o do Getúlio poderia ter criado, por exemplo, a contratação coletiva de trabalho... A gente costuma contar uma história de que o Castello Branco contratou técnicos americanos para estudar a estrutura sindical e amarrar ainda mais o trabalhador. A comissão sigilosa trabalhou três meses e concluiu que nada era mais perfeito para amarrar o trabalhador que essa estrutura sindical criada pelo Getúlio.*

Brizola – *Nós todos temos a tendência para cortar a história com a tesoura. Mas foi até preciso pedir o auxílio das forças do Exército para organizarmos os sindicatos, porque a oligarquia não queria. O que é obra humana sempre precisa ser aperfeiçoada. Temo que no bojo dessa campanha contra a legislação sindical haja o propósito de quebrar o princípio da unidade sindical. E aí os interesses do trabalhador seriam feridos de morte.*

Lula – *Essa discussão é um troço meio desagradável porque o Getúlio está morto e não pode se defender...*

Brizola – *Pode sim, nós estamos aqui para defendê-lo.*

Lula – *O movimento sindical não quer que o governo dite regras. Nós queremos liberdade e autonomia sindical, e o trabalhador saberá fazer o que melhor lhe convier.*

Brizola – *Graças à legislação de Vargas foi possível manter abertos, mesmo com a ditadura, sindicatos atuantes como este do Lula. Sem autoridade, o governo de Vargas não poderia ter criado sindicatos. A polícia era controlada pela classe patronal.*

O arranca-rabo prosseguiu até Tito Costa encerrar a conversa, perguntando por que os dois não entravam logo para o MDB. Era a mesma posição defendida por Ulysses Guimarães, para quem a reforma política proposta pelo presidente João Figueiredo era "um crime contra a democracia e uma tolice partidária".

No dia 30 de setembro, no Cine-Show Madureira, no Rio, mais de mil sindicalistas, estudantes e uns poucos parlamentares resolveram acelerar o processo de criação do partido, sem esperar pelos progressistas do MDB. Lula explicou que não queria acabar com o partido que até então reunira a oposição:

– *Nós reivindicamos o pluripartidarismo. Reivindicamos a legalização do PT, do PC e de todos os outros. Aliás, aos companheiros do PC e do PC do B, temos a dizer que o PT não é inimigo de vocês.*

O primeiro comício do PT aconteceu no dia 7 de outubro, na Bahia, em Feira de Santana, terra do deputado autêntico[8] Chico Pinto. Enquanto os primeiros 34 oradores falaram, ouvia-se um coro meio tímido que prometia – "Virá, virá, o Partido Popular". Em seguida falou Lula, que lembrou a fome que passara quando criança e cutucou alguns de seus ouvintes:

– *Eu fico olhando daqui de cima senhores e senhoras de cabelo branco, quem sabe com 70 anos de idade, que estão há 70 anos esperando que Deus venha e resolva o problema. E Deus não vai resolver o problema da classe trabalhadora. Deus já nos deu uma cabeça para pensar, duas pernas para*

[8] Os autênticos formavam dentro do MDB uma corrente que se pretendia realmente de oposição.

andar, dois ouvidos para escutar, dois olhos para enxergar, e não esperem que Deus faça mais nada. Deus nos deu duas mãos que não servem só para trabalhar, mas servem exatamente para a gente lutar contra a tirania da burguesia nacional.

Os cinco mil presentes aplaudiram entusiasticamente e adotaram um novo refrão:

– *PT, PT, PT...*

No dia 14 de outubro, durante dez horas, Lula comandaria, no restaurante São Judas Tadeu, em São Bernardo, a primeira reunião orgânica do Partido dos Trabalhadores. Entre os 130 participantes de seis estados, havia sindicalistas novos e veteranos, como José Ibrahim e Manoel da Conceição, cinco deputados do MDB – os federais José Eudes, Edson Khair e Airton Soares e os estaduais Geraldo Siqueira e Marco Aurélio Ribeiro. Entre os intelectuais, estavam o trotskista Mário Pedrosa, Eder Sader e uma trinca de integrantes do Cebrap: Chico de Oliveira, Vinícius Caldeira Brandt e Francisco Weffort, que ao final do encontro declarou sua adesão ao novo partido, concretizando assim uma séria baixa nas tropas até então leais a Fernando Henrique.

Foram eleitos 11 coordenadores – oito deles sindicalistas. Parte da discussão girou em torno do socialismo, que alguns queriam incluir entre os compromissos do novo partido. Prevaleceu a tese dos que, como Lula, achavam o termo desgastado. A Declaração Política, previamente construída por Skromov e José Ibrahim, defendia ainda a livre organização dos partidos e uma frente ampla com outros setores democráticos para derrubar o regime militar. Quanto ao socialismo, matava a cobra sem mostrar o pau:

– *Lutar para que todo poder econômico venha a ser exercido diretamente pelos trabalhadores, única maneira de pôr fim à exploração e opressão.*

Mais tarde, Lula admitiria que ignorava a vinculação política de parte de seus companheiros e que eles falavam dialeto próprio, que parecia grego para ele:

– Eles faziam uns discursos que eu não entendia. Um falava de Rosa Luxemburgo, outros de Lênin, de Marx, de Trotski. Eu não queria nada daquilo, só queria um partido político, um instrumento político.

Em novembro, o governo conseguiu aprovar a reforma partidária. A nova lei proibia o funcionamento das organizações que mantivessem vínculos "de qualquer natureza" com governos, entidades ou partidos estrangeiros, o que impedia a legalização dos Partidos Comunistas e complicava a vida de Brizola, cujo PTB era filiado à Internacional Socialista.

O gesto sinalizava, de todo modo, uma retomada democrática que setores radicais tentaram barrar com uma onda de atentados terroristas. A condenação dos atentados por parte de toda a sociedade civil levou o presidente João Figueiredo a declarar que os terroristas deveriam escolhê-lo como alvo, em vez de atingirem vítimas inocentes.

No dia 10 de janeiro, o PT divulgou seu manifesto, em que se apresentava como "ferramenta de construção de uma sociedade que responda aos interesses do povo". O objetivo, informava o documento, era "chegar ao governo e à direção do Estado para realizar uma política democrática, tanto do ponto de vista econômico quanto social. O centro de sua política será a ampliação da liberdade para que o povo possa construir uma sociedade igualitária, onde não haja explorados nem exploradores".

Mais de 300 pessoas lotaram o auditório Vladimir Herzog, no Sindicato dos Jornalistas de São Paulo. Fernando Henrique, mesmo estando cada vez mais distante do projeto, estava entre os presentes. Foi a última vez em que ele e Lula caminharam juntos em torno daquela idéia.

O ato de fundação do PT aconteceu no dia 10 de fevereiro de 1980, quando 1.200 pessoas, representando 18 estados, reuniram-se no colégio Sion em São Paulo. A mesa diretora tinha sete representantes do grupo inicial: Bittar, Cicotti, Amorina, Benevides, Olívio Dutra, Skromov e Lula. Outros três eram líderes populares: o camponês Manoel da Conceição; Arnóbio Vieira da Silva, dos bananeiros de Itanhaém; e

Lourin Martinho dos Santos, da construção civil do Rio Grande do Sul. Apenas dois eram parlamentares: Edson Khair e o senador Henrique Santillo, do MDB de Goiás.

Já os seis primeiros signatários do documento endereçado ao TSE eram uma calculada mescla de velhos combatentes de esquerda, intelectuais e artistas. O primeiro a assinar foi o escritor, crítico de arte e militante trotskista Mário Pedrosa, seguido por Manoel da Conceição, o historiador Sérgio Buarque de Holanda, a atriz Lélia Abramo, presidente licenciada do Sindicato dos Artistas, Moacir Gadoti, em nome do educador Paulo Freire, e Apolônio de Carvalho, fundador do PCBR, ex-combatente na Guerra Civil Espanhola e na Resistência Francesa. Do alto de seus 80 anos, Mário Pedrosa fez um longo e emocionado discurso.

Na platéia, ao lado de Paul Singer, Antonio Candido ficou entusiasmado com a variedade de animais políticos reunidos naquela arca de Noé:

> – *Lembro que chamou minha atenção um sinal dos tempos: a presença de pessoas originárias de opções ideológicas que, alguns anos atrás, se hostilizavam, por vezes com grande aspereza: stalinistas, trotskistas, socialistas democráticos. Ao vê-los reunidos em coexistência pacífica, como quem partilha de convicções comuns, percebi que estava começando uma era diferente na história da esquerda brasileira.*

Intelectuais e personalidades assinaram o documento no início do ato, mas as assinaturas restantes só foram coletadas após discussões exaustivas do manifesto em várias comissões. A certidão de nascimento do PT enfatizava o caráter classista da organização, que pretendia construir uma alternativa de poder econômico e político "que avance nos rumos de uma sociedade sem exploradores e explorados". Quanto à democracia, o novo partido subordinava a participação em eleições e nas atividades parlamentares "ao objetivo de organizar as massas exploradas e suas lutas".

No plano econômico, o manifesto pretendia que as riquezas naturais fossem postas a serviço do bem-estar da coletividade, denunciando que até então elas tinham servido apenas "aos interesses do grande capital nacional e internacional". Mas reconhecia que os interesses coletivos não prevaleceriam "enquanto o poder político não expressar uma real representação popular fundada nas organizações de base para que se efetive o poder de decisão dos trabalhadores sobre a economia e os demais níveis da sociedade".

Dirceu fora apresentado a Lula por Frei Betto. Teve uma presença discreta no encontro, mas emocionou-se ao colocar seu nome na ata de fundação:

– *Assinei com o sentimento de que acabava de readquirir meus direitos políticos e minha nacionalidade que a ditadura roubara.*

Convidado a participar da direção, não aceitou, preferindo aninhar-se no núcleo de base que se reunia na ABI e ficaria conhecido internamente como "núcleo das estrelas", por reunir muitas celebridades, até transferir-se para o diretório zonal do Jardim América:

– *Foi um pouco por influência do Vladimir Palmeira, que sempre foi contra esse tipo de atitude, e um pouco por minha causa mesmo, porque achava que a gente não tinha direito de entrar por cima. Além disso, eu tinha que completar meu curso de direito.*

A bandeira do PT nasceu na mesa de um bar em São Bernardo do Campo. A idéia de usar uma estrela foi do jornalista Júlio de Grammond, inspirado na bandeira da juventude comunista da Albânia que vira num livro. No traço de Hélio Vargas, antigo ilustrador do jornal do sindicato, a estrela petista ganhou cinco pontas e linhas retas. Originalmente, era tricolor, mas ficou parecida demais com a marca dos sandinistas e Frei Betto sugeriu tirar o preto, deixando apenas o vermelho e o branco, simbolizando a luta e a paz. Marisa foi quem a materializou pela primeira vez:

– *Eu tinha um tecido vermelho, italiano, um recorte guardado há muito tempo. Costurei a estrela branca no fundo vermelho. Ficou lindo.*

11

Duas Derrotas
(1981-1988)

Ao desistir do PT, Fernando Henrique Cardoso adotou a tese de que a oposição deveria manter-se unida no PMDB, até a derrota final da ditadura. No primeiro momento, a idéia parecia ultrapassada: depois de obter na Justiça o direito de usar a sigla criada por seu tio-avô, Getúlio, Ivete Vargas criara o PTB. Brizola denunciou a manobra, mudou o nome de sua agremiação para Partido Democrático Trabalhista e continuou em campo. Tancredo Neves e Magalhães Pinto juntaram-se no que pretendia ser um PSD de centro-esquerda, mineiro antes de tudo, e que ficou com a grife Partido Popular. E até a Arena sobreviveu, transmutando-se em Partido Democrático Social.[1]

Mas com um P, de "partido", agregado à sua sigla, o MDB conseguiu manter em seus quadros a maioria dos parlamentares que tinham flertado com Lula e o PT. [2] E quando o governo proibiu as coligações partidárias e estabeleceu o voto vinculado para a eleição de 1982, o PP se desfez. Tancredo entrou para o PMDB e Magalhães Pinto, para o PDS.

---

[1] Redigido por José Sarney, o manifesto, definia o PDS como "o partido da reforma e da transformação" e admitia o direito de greve, a liberdade sindical e a participação dos trabalhadores nos lucros e na administração das empresas.

[2] Haviam participado do Encontro de São Bernardo, entre outros, Alceu Collares, Chico Pinto, Jarbas Vasconcellos, Marcos Freire, Walmor de Lucca, Airton Soares, Cristina Tavares, Fernando Lyra, Alencar Furtado, Almino Affonso e FHC. Desses, somente Airton Soares foi para o PT. Alceu Collares juntou-se a Leonel Brizola, no PDT. Os outros ficaram no PMDB.

Em 1981, Fernando Henrique conquistou o mais ambicionado cargo que um sociólogo poderia almejar – a presidência da ISA (International Sociological Association). Mas embora continuasse no Cebrap, estava tão envolvido com a política que abriu mão de um convite recebido durante uma temporada em Berkeley, onde estava lecionando. Foi durante um chá oferecido pelo diretor do departamento, professor Robert Bellah, especialista em Sociologia das Religiões. A vaga era de professor permanente, substituindo o filósofo alemão Jürgen Habermas de malas prontas para voltar a seu país. Envaidecido e encabulado "pela desproporção intelectual entre quem partia e quem era convidado para permanecer", FHC respondeu:

– *Só se o senhor me oferecer também uma cadeira no Senado americano, porque sou suplente de um senador que deverá ganhar as eleições para o governo de São Paulo.*

Ao voltar ao Brasil, Fernando Henrique assumiu interinamente a presidência do PMDB em São Paulo, e quando Mário Covas se lançou candidato a deputado federal, passou a coordenar a campanha de Montoro para governador.

Quando Lula assumiu o comando da Executiva Nacional do PT, no dia 26 de maio de 1980, poucos dias depois de sair da prisão, até a sobrevivência de seu partido era posta em dúvida pela maior parte dos analistas. Embora conquistasse novos militantes a cada dia, parecia impossível cumprir as exigências e obter o registro legal, como a lei obrigava.

E o pior: em vez de saírem em campo em busca de novas adesões, militantes de esquerda e católicos progressistas digladiavam-se num debate permanente – e inútil, na visão de Lula:

– *A primeira grande discussão era assim: se o PT era tático ou estratégico. Puta, eu não entendia porra nenhuma do que era tático ou estratégico. "Eu só queria criar um partido e vocês querem saber se ele é tático ou estratégico? Seja o que vocês quiserem, porra! Mas vamos criar um partido. Eu quero um partido para eleger deputado, para eleger vereador, para eleger presidente da República, para eleger governador. Eu quero um partido para ganhar as eleições e fazer o que a gente sonha fazer." Outros não, queriam o PT para fazer a revolução. Se o cara quisesse fazer a revolução, não devia estar preocupado em criar um partido, criasse um exército, caralho.*

Criar um partido significava, antes de mais nada, organizar comissões em pelo menos 20% dos municípios de nove estados, condição mínima para obter o registro provisório. Foi esse desafio que ele encarou, percorrendo o país de norte a sul.

No escasso tempo livre, continuava a liderar o sindicato de São Bernardo. Junto com a diretoria cassada, Lula tanto fez que o ministro do Trabalho acabou escolhendo justamente o nome preferido por eles para presidir a junta governativa: Afonso Monteiro da Cruz, que comandava o sindicato 12 anos antes, quando Frei Chico o indicara para diretor de base dos metalúrgicos. Com esse velho parceiro pilotando o sindicato, podia aventurar-se na política partidária, sem perder sua base original.

Quando a intervenção terminou, a sucessão nos metalúrgicos de São Bernardo voltou a girar em torno de Lula. Enquanto negociava uma composição com Osmarzinho e Alemão, ele montou outra chapa, inscrita em segredo, sob a alegação de que seus integrantes poderiam ser demitidos pelas empresas, caso os nomes viessem a se tornar públicos.

Embora contasse com nomes mais experientes, Lula indicou para presidente um ferramenteiro da Ford, de 34 anos, com escassa participação no movimento. Era Jair Meneghelli, que jamais sonhara com o poder:

— Não sei até hoje por que cargas d'água inventaram esse cargo de presidente para mim. Foi um susto muito grande, fui embora para casa, fiquei três dias sem comer, sem dormir, totalmente atordoado. Fui para a casa do Lula depois e falei: "Olha, não dá, não tenho condições." Ele falou: "Não, vai em frente, a gente te ajuda a enfrentar." "Está bom, só que, qualquer dificuldade que eu tiver, pego o carro e corro aqui na sua casa."

A primeira dificuldade surgiu ainda na campanha, durante a entrevista coletiva de apresentação das duas chapas — Osmarzinho e Alemão haviam montado a deles, claro —, como lembra Meneghelli:

— Osmarzinho vinha do PCB, altamente preparado, e eu só sabia falar do Patinhas e do futebol. Veio a imprensa, eu queria morrer, pensei "agora vai

ser o fim da minha vida". Sentamos na sala: o Lula, o Osmarzinho, eu e todo aquele batalhão de imprensa. Começaram a fazer perguntas. Faziam uma pergunta para o Osmarzinho, e ele respondia. Depois perguntavam alguma coisa para mim e o Lula entrava e respondia. E várias vezes aconteceu isso. Até que uma jornalista do jornal O Globo, *não me recordo se era Margarete, disse: "Lula, quando você vai deixar o Meneghelli responder?" Ele levantou e falou: "Está encerrada a entrevista!"*

A chapa 1, de Meneghelli, proclamou:

– *Votar na chapa 1 é o mesmo que votar em Lula e na diretoria.*

Batizada de João Ferrador, a chapa 2 rebateu:

– *Sindicato não é partido, não vote em desconhecido.*

O MR-8 fechou com a oposição e acusou Lula e os outros ex-diretores de terem se apossado dos recursos do fundo de greve. Em mais de uma ocasião, os dois grupos saíram no tapa para tentar resolver suas desavenças. Abertas as urnas, Meneghelli deu uma surra em Osmarzinho e Alemão – recebeu 27.538 votos, dos 31 mil válidos (89%), contra 2.901 da chapa 2.

Depois da posse, e lembrando da interferência de Paulo Vidal em sua primeira gestão, Lula tentou manter distância:

– *Eu conversava muito com ele, que me ouvia muito, a gente mantinha uma relação de irmão e eu dava palpite quando era chamado. Se eu não fosse chamado, eu não dava palpite, até porque eu não queria que houvesse disputa, porque essas coisas acontecem mesmo. Eu sempre disse: "Rei morto, rei posto."*

Nessa época, começou a participar, muitas vezes em sua própria casa, de encontros fechados, mescla de centro de estudos e sessão de terapia. Era o chamado Grupo do Mé[3] que incluía, entre outros, Bittar, Devanir Ribeiro, o advogado de presos políticos Luiz Eduardo Greenhalgh e Frei Betto. Foi com essa turma eclética que ele aprimorou seus conhecimentos:

---

[3] O grupo se reunia em torno de uma garrafa de cachaça ou de conhaque, daí o nome.

— Nos reuníamos para abordar assuntos que normalmente não eram discutidos nas reuniões. No grupo, discutíamos desde problemas pessoais até problemas políticos não resolvidos no partido. Eram quase reuniões de desabafo, em que dizíamos a verdade com o coração aberto. Foi muito importante.

Até então, lera pouquíssimo. A obra que mais o marcou foi *A História da Riqueza do Homem*, de Leo Huberman, um marxista independente que popularizou a teoria econômica. Leu ainda *Dez Dias que Abalaram o Mundo*, a reportagem do norte-americano John Reed sobre a Revolução Russa de 1917, e outros cadernos como O *que É a Constituição*, O *que É o Socialismo*, O *que É o Capitalismo* e O *que É o Sindicalismo*.

Em 1981, Lula foi à Europa e aos Estados Unidos. Esteve com o papa João Paulo II, com o polonês Lech Walesa, do sindicato independente Solidariedade, com o chanceler alemão Willy Brandt, com o secretário-geral do Partido Comunista Italiano, Enrico Berlinguer, e com o futuro primeiro-ministro espanhol, Felipe Gonzáles. Na América do Norte, encontrou sindicalistas, líderes religiosos e o senador Edward Kennedy.

Em setembro, levou Marisa a Brasília para acompanhar seu julgamento no Superior Tribunal Militar. Depois de um passeio pelas mansões do lago Norte, ela comentou com o marido:

— Lula, vamos parar com tudo isso: esses caras não vão deixar você chegar ao poder nunca. Eles não vão largar isso aqui jamais. Fazem qualquer coisa, mas não abandonam essa vida...

Quando o PT realizou sua primeira convenção oficial em Brasília, no dia 27 de setembro de 1981, já instalado em 16 estados, Lula leu um discurso em que definia os objetivos de seu partido:

— Os trabalhadores são os maiores explorados da sociedade atual. Por isso sentimos na própria carne, e queremos, com todas as forças, uma sociedade que, como diz o nosso programa, terá que ser uma sociedade sem explorados e exploradores. Que sociedade é esta senão uma sociedade socialista?

Ele também criticou os que procuravam usar o PT apenas como um biombo:

— Preocupa-nos, entretanto, se um militante veste, por baixo de nossa camisa, outra camisa. Nunca pedimos, nem pediremos atestado ideológico a ninguém. Interessa-nos que companheiros não queiram fazer de nosso partido massa de manobra de suas propostas. Não aceitaremos jamais que os interesses dessas tendências se sobreponham, dentro do PT, aos interesses do partido.

A relação entre o grupo de Lula e as organizações de esquerda incrustadas dentro do PT nunca foi tranqüila. Até o Dops identificou o conflito, como consta de um relatório policial mencionado na dissertação de mestrado de Marco Antonio Brandão, *O Socialismo Democrático do Partido dos Trabalhadores: A História de uma Utopia (1979-1994)*, interessante levantamento desse período histórico de formação do PT. Um agente secreto acompanhou uma reunião do Comitê de Ligação da Organização Socialista Internacional e da Convergência Socialista, cuja ata definia a construção do PT como tarefa central das duas organizações e assinalava:

"Tanto a OSI quanto a CS estariam tentando obter o controle, em diversos níveis, dos organismos de direção do PT, no que estariam sendo obstados pelo que denominam de 'burocracia dirigente' do partido, que não estaria disposta a permitir o domínio de postos-chave por elementos radicais."

Dirceu retomou o curso de Direito na PUC e, para ganhar a vida, chegou a lecionar no cursinho pré-vestibular da Escola Politécnica. Quando o PT foi oficializado, passou a trabalhar na liderança do PT na Assembléia Legislativa de São Paulo. Submeteu-se a uma seleção interna para ser auxiliar administrativo e passou a datilografar e organizar arquivos, ganhando três salários mínimos:

— Muita gente foi lá e se recusou a fazer o exame. Eu fiz e dei um show *— tinha datilografado muito em Cuba. Trabalhava muito e, por isso, era odiado.*

Ele participou do Comitê Brasileiro pela Anistia e, dentro do partido, foi eleito para o Diretório Regional de São Paulo, assumindo a Secretaria de Formação Política, que produziu cartilhas, seminários, palestras e cursos, dando início à discussão de um programa de governo. Ajudou também a montar a primeira sede do partido em São Paulo, numa garagem que ficava junto ao escritório de Airton Soares.

O primeiro desafio real para Lula e o PT foram as eleições gerais de 1982, as primeiras em que os governadores seriam eleitos pelo voto direto, desde 1966.[4] Embora fosse o nome mais notório do partido, ele recusou a condição de candidato nato, dizendo que preferia organizar o PT no país inteiro:

— Nós temos consciência, dentro do partido, de que a minha pessoa encarnou o movimento. Mas nós temos consciência de que é preciso acabar com isso. Essa que é a grande diferença do partido com os outros. Nós não queremos que o Lula continue encarnando isso, porque hoje nós achamos o seguinte: que a gente só vai consolidar as coisas na medida em que a gente tiver mil Lulas, dois mil Lulas, três mil Lulas.

Pouco adiantou: seu nome encabeçava as quatro chapas e foi aclamado na pré-convenção. Hélio Bicudo foi escolhido para vice e Bittar saiu candidato ao Senado, tendo a atriz Lélia Abramo como suplente.

O primeiro comício reuniu 15 mil pessoas em Santo Amaro, Zona Sul de São Paulo, no dia 21 de abril – data que fez Lula lembrar da óbvia saga de Tiradentes. Poucos dias mais tarde, em Vila Euclides, diante de outra multidão, ele encerrou mais uma greve que conquistara um aumento de 5,5%. Admitindo estar de alma lavada, chamou Meneghelli e sua diretoria para receber os aplausos:

— O Jair não aprendeu comigo. Eu aprendi com vocês!

Mas, no campo eleitoral, ele e o PT ainda tinham muito a aprender. Em sua grande maioria, os candidatos petistas eram como ele – jovens e novatos. Entre os candidatos à Câmara Federal, 75,5% jamais tinham disputado uma eleição. Mais da metade estava entre os 18 e os 35 anos. Quinze por cento não haviam feito mais do que o curso primário. Tinham ligação com os sindicatos do ABC 23% dos candidatos à Assembléia e 18% dos postulantes à Câmara Federal.

---

[4] Os brasileiros iriam escolher vereadores, deputados estaduais e federais, senadores, governadores e prefeitos – salvo os das capitais e áreas de segurança.

Todos eram tratados da mesma forma e recebiam a mesma quantidade do mesmo tipo de material impresso, não importando se tinham 50 ou cinco mil apoiadores. O boletim do diretório regional dava o tom:

– *O PT é um partido político e não uma legenda para quem quer se eleger parlamentar.*

Finanças e impressão de materiais eram centralizadas. Os futuros parlamentares já sabiam que seus projetos de lei seriam produzidos ou aprovados previamente pelos organismos partidários. Nada menos que 40% do salário dos deputados federais ficariam para o partido, que seria ouvido na contratação de assessores e na indicação das lideranças. E não haveria candidatos natos, ou seja, ninguém teria garantida uma vaga apenas por ser conhecido ou representativo.

O governo havia criado ou mantido todos os mecanismos capazes de prejudicar a oposição: o eleitor era obrigado a escolher seis candidatos da mesma sigla – governador, senador, deputado federal, deputado estadual, prefeito e vereador –, sob pena de ter seu voto anulado. Os nomes não figuravam nas cédulas, mas em listas pregadas nas cabines, o que complicava a escolha por parte dos menos cultos. E, no chamado horário gratuito, os partidos só podiam exibir a foto e o currículo dos candidatos, inclusive no dos prováveis governadores.

Nenhum obstáculo abalou o otimismo de Lula, que foi para o corpo-a-corpo nas ruas, como se estivesse organizando uma greve. Adotou o apelido como sobrenome e, na hora de definir a propaganda na televisão, não consultou publicitário ou marqueteiro. Para atender à Lei Falcão, redigiu ele mesmo seu currículo:

– *Luiz Inácio da Silva. Ex-engraxate, ex-tintureiro, ex-torneiro mecânico, ex-sindicalista. Um brasileiro igualzinho a você.*

Contra todas as pesquisas, estava cada vez mais convencido de que ganharia:

– *Eu fazia comícios que tinham mais gente do que o número de moradores da cidade. Era uma curiosidade enorme. Quer dizer, eu fazia comício em*

Sumaré, em Catanduva, em Ubatuba, eu achava que ia ganhar. Não tinha jeito, não tinha como perder aquela eleição.

A plataforma eleitoral tinha um lema – "Trabalho, Terra e Liberdade" – e 12 palavras de ordem, várias delas engraçadinhas:

1 – Sem liberdade a vida não vai mudar, pelo fim da ditadura militar; 2 – Num país tão rico é possível acabar com a fome; 3 – Trabalhadores do campo: terra e melhores salários; 4 – Não é por falta de tijolo que o trabalhador não tem onde morar; 5 – Neste país há pouca saúde e muito lucro com a doença; 6 – A educação e a cultura são direito e não um privilégio de classe; 7 – Somos todos iguais: chega de discriminação; 8 – No dinheiro do povo ninguém pode meter a mão; 9 – Com os contratos de risco os tubarões pouco arriscam e muito petiscam; 10 – O poder para os trabalhadores e o povo; 11 – A luta dos trabalhadores é a mesma em todo o mundo; 12 – Só o socialismo resolverá de vez o nosso problema.

A *Folha de S. Paulo* e a TV Bandeirantes reuniram os cinco candidatos num debate. Só um foi sem paletó e gravata – o petista, é claro. Durante quatro horas, Lula repisou a plataforma do PT e suas diferenças, insistindo na idéia de que trabalhador deveria votar em trabalhador. Em sua última fala, sapecou seu lema:

– *Vote três, o resto é burguês!*[5]

Mas, no dia da eleição, os eleitores preferiram o *resto*: o PT só obteve 3,3% dos votos no plano nacional – 1.589.645 dos 48 milhões de votos em disputa para os governos estaduais – e elegeu oito deputados federais: seis por São Paulo, um pelo Rio e outro pelo Acre. Só duas prefeituras – Diadema, no ABC, e Santa Quitéria, no Maranhão – passaram a ser comandadas por petistas.

Em São Paulo, uma campanha serena, baseada na tese do voto útil e apoiada na bem estruturada máquina do velho MDB, transformou Franco Montoro, "o senador dos trabalhadores", em governador.[6] A oposição

---

[5] Três era o número do PT na época.

[6] Montoro teve 5.209.952 votos; em segundo ficou Reynaldo de Barros, do PDS, com 2.728.732 votos. O terceiro foi Jânio Quadros, que obteve 300 mil votos a mais que Lula. Rogê Ferreira ficou na casa dos 100 mil votos.

conquistou os governos de outros oito estados. Em Minas, Tancredo foi o vencedor. No Rio, ganhou Brizola, tendo Darcy Ribeiro como seu braço direito. Em quarto lugar, com 1.144.648 votos, acima apenas do desconhecido Rogê Ferreira, do PDT, Lula finalmente descobriu um erro elementar em sua propaganda:

– *Na verdade, ninguém queria ser igual a mim, queria ser igual ao Suplicy.*

Ele creditou boa parte de seu fraco desempenho ao voto vinculado e à discriminação da mídia, mas ficou frustrado:

– *Eu confesso que foi um tempo que teve um vazio muito grande na minha vida, porque o sindicato não estava mais sob intervenção, já tinha uma outra diretoria e eu tinha perdido as eleições. Então, eu levantava de manhã e não tinha o que fazer, ficava desesperado.*

Só relativizaria sua primeira derrota eleitoral três anos mais tarde, em Cuba:

– *Conversando com o Fidel, ele falou pra mim: "Olha, Lula, você está enganado, não tem na história da América Latina um operário que tenha tido um milhão e tantos mil votos. Pára com essa bobagem de que vocês perderam, vocês foram grandes vencedores. É o primeiro exemplo da história. Conta outro. Não tem." Daí que eu me dei conta de que a derrota não tinha sido tão grande, né? Me motivei para outras.*

A vitória que fez de Montoro governador – tendo Quércia como vice – deu a Fernando Henrique quatro anos no Senado. Aos 51 anos, ele trocou o Cebrap e a bem-sucedida trajetória como sociólogo pela carreira política. Era mais um entre os 23 parlamentares de oposição, num Senado ainda dominado pelos 46 integrantes do PDS – uma desigualdade resultante do pacote de abril de 1977.

Sua estréia na tribuna aconteceu com casa cheia, na quarta-feira, 23 de março de 1983. Foi na sessão especial em que o ministro da Fazenda, Ernâni Galveias, procurou mostrar que a crise econômica não era resultado apenas das ações do governo, mas da conjuntura, e que os senadores também tinham responsabilidade. FHC não vestiu a carapuça:

— Perguntar o que faremos nós? Faz muitos anos que nós não temos vez nem voz na condução da economia brasileira. Não cabe a nós perguntar sobre o que fazer.

Criticou o achatamento dos salários e os juros altos, o *spread* pago pelos títulos brasileiros,[7] e reclamou maior transparência do governo. Entre suas bandeiras estavam a Constituinte e as eleições diretas para presidente, que, reconhecia, não seriam conquistadas ali no Senado:

— As diretas não dependem de um senador, dependem da opinião pública, mas acho que nós podemos ir até lá e ajudar a sustentar o ponto de vista da opinião pública. As diretas para a presidência se impõem e acho até que, nas condições políticas que se abrem agora, o próprio Governo Federal acabará por entender que elas são uma necessidade.

Na organização da chapa de candidatos às eleições de 1982, Dirceu e Vladimir Palmeira recusaram o convite, indicando Travassos, que morreu num banal acidente de automóvel no Rio, em 24 de fevereiro, antes do início da campanha.

Em junho de 1983, Dirceu integrou o grupo de sindicalistas, esquerdistas independentes e militantes ligados às comunidades eclesiais de base que organizou a Articulação dos 113. O grupo, que se apresentava como a única tendência autenticamente petista, queria evitar que o PT se diluísse numa frente oposicionista liberal como o PMDB ou fosse seduzido por uma proposta socialista sem trabalhadores, como o PDT. Mas, ao mesmo tempo, buscava dificultar a movimentação das organizações de esquerda, cada vez mais atuantes e influentes. Na definição de Dirceu, a Articulação deveria ser a coluna vertebral do partido:

— Defendendo o PT como um projeto estratégico, um partido de massas e não de vanguarda, um partido aberto, de luta política e institucional... O manifesto da Articulação reafirmava a combinação da luta social com a luta

---

7 Diferença entre as taxas de juros pagas e cobradas dos correntistas nas operações bancárias.

político-institucional, o papel da luta social na transformação de uma sociedade e o compromisso com governar. E isso criava problemas dentro do PT. No começo, muitas facções do PT só apostavam no processo revolucionário, não no processo democrático. Eu era secretário de formação política e quando falei pela primeira vez em debater programa de governo, fui acusado de direitista, social-democrata...

Lula participou da Articulação, mas continuava com um pé no PT e outro no movimento sindical. Eleito diretor do Sindicato de São Bernardo na recondução de Meneghelli, ele experimentou na prática a desagradável diferença entre comandar um processo e depender da decisão de outros. Em julho de 1983, os petroleiros de Campinas resolveram entrar em greve. Embora não fosse nem delegado ao Congresso dos Metalúrgicos realizado em Piracicaba, seu discurso de improviso jogou os metalúrgicos em novo confronto:

– *Olhem, a gente está aqui fazendo um congresso, os petroleiros estão em greve, na avaliação deles o Brasil pára daqui a dois dias e é importante, então, a gente fazer uma greve de solidariedade.*

Meneghelli e Osvaldo Bargas, o secretário do sindicato, tentaram, mas não conseguiram esboçar qualquer alternativa: depois do pronunciamento de Lula, o auditório simplesmente suspendeu o Congresso – foram todos para Campinas, informar aos petroleiros que o ABC estava cruzando os braços em apoio aos grevistas. O próprio Lula saiu tão apressado que esqueceu Marisa para trás:

– *Quando eu cheguei em Campinas foi que eu me toquei que a minha mulher, que estava comigo, não estava mais. Ela e a mulher do Gushiken tinham ido fazer um passeio em Piracicaba e, como nós terminamos o Congresso antes, fomos embora. Você imagina o que deu: uma semana sem conversar com a mulher.*

Várias passeatas saíram das principais montadoras para o Paço Municipal e no caminho pararam todas as empresas de São Bernardo e Diadema. Mas quando Meneghelli finalmente assumiu o comando da greve e resolveu levar adiante o movimento, foi destituído pelo ministro do Trabalho, que, pela quarta vez, determinou a intervenção no sindicato. A diretoria perdeu o poder, mas não o humor: alugou uma casa bem em frente e afixou uma faixa que dizia:

– *Ó nois aqui otra veiz.*

Responsabilizado pelo fracasso, Lula rejeitou as acusações:

– *Tem gente que diz que fui eu o responsável pela intervenção. Eu não acho. Eu acho que, primeiro, foi uma greve importante. Segundo, acho que, para a diretoria, também foi uma lição importante. Terceiro, eu acho que foi a primeira greve de solidariedade que a gente fez, e quarto, a intervenção era porque o governo precisava se vingar de nós. Nós estávamos muito atrevidos. Nós queríamos cada vez mais e o governo precisava se vingar. E ele aproveitou que a greve... Não tinha greve de solidariedade no Brasil. É proibido greve de solidariedade. Então, nós resolvemos fazer a greve. Quando ele interveio, o pessoal ficou fora do sindicato mais de um ano. Mas foi bom para eles.*

Ao contrário do que ocorrera em 1979 e 1980, Fernando Henrique não esteve no ABC durante a nova greve, e alguns protestos foram reprimidos pela polícia de Montoro. Lula e os petistas atribuíram a ausência de FHC ao fato de o governador ser um peemedebista. O senador justificou-se: estava se recuperando de uma cirurgia de apendicite e intercedeu pelos metalúrgicos junto a dom Paulo Arns e ao secretário de Segurança Pública, Manoel Pedro Pimentel. Mas Fernando Henrique justificou a ação da polícia:

– *Acompanhei de perto as (outras) greves em São Bernardo e o que havia ali era um enfrentamento entre as forças de segurança e as forças sindicais. Não foi o que aconteceu em São Paulo desta vez. A intervenção nos sindicatos foi do Governo Federal. O que o governo estadual fez foi reprimir tumultos de rua. Nós, do PMDB, não concordamos com métodos violentos. Mas é preciso distinguir repressão a sindicatos de repressão a grupos que, na versão da polícia, estavam apedrejando ônibus e fazendo coisas desse tipo.*

Em fevereiro, no início da sessão legislativa, o recém-eleito deputado mato-grossense Dante de Oliveira, de 32 anos, do PMDB, ex-militante do MR-8, apresentou uma emenda constitucional que restabelecia as eleições diretas em todos os níveis e fixava a data de 15 de novembro de 1984 para a escolha do primeiro presidente eleito pelo voto popular em 25 anos.

A emenda não teve repercussão imediata, mas, em abril, o diretório nacional do PMDB resolveu lançar uma campanha pelas eleições diretas.

A Articulação também viu nas diretas uma bandeira capaz de somar forças e acelerar o fim da ditadura, que já dava claros sinais de desgaste. Mas não obteve consenso imediato, explicaria Dirceu:

– *Havia um embate dentro do PT entre os que achavam que a democracia era uma plataforma burguesa e o núcleo da Articulação na executiva, que achava necessário encontrar um tema que mobilizasse – e esse tema, concluímos, eram as diretas para presidente.*

No final de abril de 1983, o PT abraçou a campanha das diretas. O movimento seria a reentrada de Dirceu na cena política nacional.

No dia 25 de junho de 1983, o PMDB organizou um comício com oito mil pessoas em Goiânia. No dia seguinte, Ulysses estava em Teresina, participando de outro ato pelas diretas. No dia 29, no Palácio da Guanabara, no Rio, Brizola, Montoro e Lula selaram o acordo que iria colocar nas ruas a campanha das diretas. Lula tinha pressa:

– *Essa campanha não é para 85 ou 86. É para ontem ou para amanhã.*

Havia um impasse evidente: naquele ano, o PMDB obtivera 44% dos votos; o PDS teve 41,5%; o PDT, 6,1%; o PTB, 4,7%; e o PT, 3,7%. Somados, os partidos de oposição tinham 240 deputados e o governo, 235. O Senado, com os biônicos, desequilibrava o jogo: o PDS tinha 46 votos, contra 23 das oposições. Para apoiar qualquer emenda constitucional, eram necessários dois terços dos votos do Congresso, e o governo tinha 281 cadeiras contra 263 das oposições.

Em agosto, Fernando Henrique voltou ao noticiário, preconizando a solução daquela crise por meio de um entendimento entre o PMDB e o governo:

– *O Colégio Eleitoral nós não queremos, porque é viciado, não representa a sociedade e não dá garantia de legitimação a nenhum presidente. Agora, existe uma Constituição que diz que só se muda o Colégio Eleitoral com dois terços no Congresso. Nós não temos os dois terços no Congresso. Então, a realidade nos dá duas saídas: ou nós temos a força das armas – e nós não temos, nem achamos que seja a saída adequada – ou nós temos a força da mobilização da sociedade, mobilização das opiniões, mobilização dos grupos de interesse, mobilização da base.*

Ele aceitava até mesmo apoiar um candidato do PDS, desde que as diretas fossem restabelecidas. E não via consenso ou rendição nessa atitude:

– *Quem trai os ideais é um canalha. Não se trata disso. É preciso entender que a democracia contém em si a necessidade de negociação. Há quem diga que o regime não é democrático, e por isso não se negocia. Eu sei, mas estamos numa transição, temos de forçar o regime a ser negociador. Ou seja, temos de forçar o regime a ser democrático.*

Embora houvesse vários presidenciáveis no PMDB – Ulysses, Montoro, Tancredo e Arraes – e ele mesmo ainda fosse um recém-chegado na política, FHC não deixou por menos, numa entrevista para a jornalista Miriam Leitão, publicada na *Playboy*:

– *Eu sou, de longe, o mais preparado de todos eles para ser presidente da República. Mas não tenho a obsessão que eles têm. O Maluf, por exemplo, é um homem infeliz. Só pensa em ser presidente da República. Eu não. Eu só sei que amanhã vou pegar um avião para Paris.*

Dentro do PT, a adesão ao movimento não foi imediata: em julho, no conselho da UNE, convocado para discutir as diretas, parte do auditório virou as costas e, durante 12 minutos, vaiou o secretário de Comunicação do governo de São Paulo. Jorge da Cunha Lima, poeta e jornalista, que ali representava o apoio de Montoro ao movimento. A mesa apoiou Cunha Lima, mas ficou evidente que faltava muito para construir aquela frente política.

Quando a batalha interna foi superada, o PT mobilizou seus militantes para o primeiro comício em favor das diretas organizado em São Paulo. Marcado para domingo, 27 de novembro, na praça Charles Müller, diante do estádio do Pacaembu, o ato tinha o aval do PDT e do PMDB, mas a platéia era predominantemente petista.

Como se acostumara a fazer nas assembléias de Vila Euclides, Lula foi o primeiro a chegar. Acompanhado por Ricardo Kotscho, que cobria o evento para a *Folha de S. Paulo*, deu a volta completa na praça, fez muitas perguntas e foi almoçar, ruminando seu discurso.

Montoro não foi ao Pacaembu. Se tivesse ido, seria vaiado, como aconteceu com o ex-arenista Adhemar de Barros Filho, agora no PDT, e com o sindicalista Antonio Rogério Magri, da Conclat.

O próprio Fernando Henrique só escapou dos apupos porque convidou os 15 mil manifestantes a fazerem um minuto de silêncio em homenagem ao senador Teotônio Vilela, um dos líderes da luta pela anistia, que morrera naquela manhã, em Maceió, depois de lutar tenazmente contra o câncer e a favor da abertura política:

– *Não poderia haver homenagem maior a Teotônio do que esta manifestação pelas eleições diretas.*

A manifestação teve minguada repercussão na imprensa, exceto pela *Folha*, que já havia embarcado no movimento, por sugestão de Kotscho.

No dia 18 de novembro, Montoro reuniu-se com Tancredo em Poços de Caldas e firmou um pacto – primeiro as diretas, depois as candidaturas. Oito dias depois, os governadores de oposição divulgaram um documento repisando a mesma tese.

Em dezembro, Ulysses reuniu os presidentes de diretórios para estabelecer um calendário de discussão sobre as diretas. A cautela da cúpula peemedebista foi atropelada por Montoro, ao retornar de uma viagem a Argentina, onde fora assistir à posse de Raul Alfonsín, que encerrara oito anos de ditadura militar.

Pouco antes do Natal, num jantar com editores políticos no palácio, o governador anunciou um grande comício em São Paulo. A maioria da Executiva do PMDB – incluindo Fernando Henrique – classificou a decisão de imprudente, mas no dia 26 de dezembro Montoro e os presidentes do PT, PDT, PMDB, PTB, OAB, da Comissão Justiça e Paz, da ABI e de vários sindicatos fecharam data e local: 25 de janeiro, aniversário da cidade de São Paulo, na praça da Sé. Para representar o governo de São Paulo no comitê executivo da campanha, Montoro designou o mesmo Cunha Lima vaiado na reunião da UNE.

O primeiro teste do movimento aconteceu em Curitiba, no dia 12 de janeiro de 1984, quando 30 mil pessoas entoaram o coro que iria empolgar o país em seguida:

– *Um, dois, três/ quatro, cinco, mil/ queremos eleger/ o presidente do Brasil.*

O animador do palanque era o locutor esportivo Osmar Santos, da Rádio Globo, que, embora tivesse morado em Cruzeiro do Oeste, não identificou Carlos Henrique Gouveia de Melo, o Pedro Caroço, na pele de Zé Dirceu. Isso só aconteceu mais tarde, quando Osmar gravou um vídeo para a campanha de Dirceu e, ainda assim, só porque este revelou sua história ao locutor.

No feriado de 25 de janeiro, aniversário da cidade, com ônibus e metrô de graça, 250 mil pessoas lotaram a praça da Sé em São Paulo. Havia muitos artistas – Fernanda Montenegro, Regina Duarte, Juca de Oliveira, Irene Ravache, José Celso Martinez Corrêa, Raul Cortez, Sonia Braga, Milton Gonçalves, Bruna Lombardi. Cantores – Gil, Alceu Valença, Paulinho da Viola, Martinho da Vila, Fafá de Belém, Chico Buarque. Governadores – Nabor Júnior, do Acre, Íris Resende, de Mato Grosso do Sul, José Richa, do Paraná, Brizola, do Rio, e Montoro, de São Paulo (Mato Grosso do Sul mandou o vice Rames

Tebet e Tancredo Neves, de Minas, deu seu apoio, mas justificou sua ausência pelo fato de estar recepcionando o presidente Figueiredo).

Serra, FHC e Bruna Lombardi, no comício pelas diretas na praça da Sé. Janeiro de 1984.

Um deputado estadual do PDS, Luís Furlan,[8] favorável às diretas, foi vaiado, até Fernando Henrique intervir, pedindo calma. Lula, o mais esperado, foi o penúltimo a falar, logo depois de Ulysses, e aplainou o caminho para o discurso de Montoro:

[8] Homônimo do futuro ministro do Governo Lula.

— Vamos trabalhar de forma unitária. Só assim poderemos dizer que o povo, na praça, conquistou as eleições para presidente da República. Se alguém tiver que ser vaiado, que seja o Lula. Para os outros, eu só peço aplausos.

Empolgado, Montoro afirmou que não estavam ali 300 ou 400 mil pessoas, mas 130 milhões de brasileiros exigindo seu direito. Então, segurou a mão de Lula, ergueu os braços e formou uma corrente com todos que estavam no palco para cantar o Hino Nacional.

Seguiram-se concentrações gigantescas nas principais capitais. E quando 800 mil pessoas tomaram a Candelária, no Rio de Janeiro, a Rede Globo, cujos jornalistas tinham conseguido apenas registrar o comício da praça da Sé de passagem, no encerramento de uma reportagem sobre o aniversário da cidade, deu mais espaço ao assunto, aderindo à cobertura que já conquistara os grandes jornais, a partir da *Folha.*

No último comício, em abril, no vale do Anhangabaú, em São Paulo, um milhão e 400 mil pessoas ovacionou Lula quando ele respondeu ao general Rubem Ludwig, porta-voz do presidente, que classificara a manifestação como baderna:

— Baderna é o colégio eleitoral!

Em resposta ao movimento, o presidente Figueiredo encaminhara uma emenda restabelecendo as diretas em 1988, mas confirmando — e regulamentando — as indiretas no ano seguinte. A emenda também possibilitava o registro de uma candidatura presidencial sem filiação partidária e retirava a exigência de maioria absoluta no colégio eleitoral, o que enfraqueceu as candidaturas de Maluf e Mário Andreazza, ministro dos Transportes do Governo Figueiredo.

Menos de um mês antes da votação da emenda das diretas, Fernando Henrique esteve na recepção oferecida no Itamaraty para o presidente do México, Miguel de la Madrid. O presidente Figueiredo chamou-o para uma sala reservada. Disse que respeitava a oposição, salvo a que partia para ofensas pessoais, lembrou que os pais de ambos tinham sido colegas de caserna e amigos e tocou, afinal, no assunto que mobilizava o país:

— Uma vez, um deputado me disse que as eleições diretas resolveriam o problema da corrupção. Mas veja o caso do Adhemar de Barros, que foi eleito pelo povo. Isso não impediu a corrupção!

FHC rejeitou o argumento com elegância:

– *Mas se as pessoas acreditam que a eleição direta resolve, temos mais uma razão para fazê-la...*

O diálogo chegou ao noticiário e rendeu-lhe muitas críticas, na maior parte vindas do PT. A votação da emenda Dante de Oliveira estava marcada para 25 de abril e a tensão crescia no país, até que, seis dias antes da data decisiva, Figueiredo decretou estado de emergência em Brasília e em dez municípios de Goiás, vizinhos à capital. Com isso, as televisões ficaram proibidas de cobrir a votação. Uma emissora paulista, a TV Gazeta, que transmitia a programação da Abril Vídeo, foi tirada do ar por ter transmitido uma entrevista com Quércia, gravada por telefone, em que o senador comentava o clima e o trânsito da capital federal, numa indireta referência à votação.

No dia 25, seis mil soldados ocuparam o eixo monumental de Brasília. No comando da operação, o general Newton Cruz desfilou sobre um cavalo branco e chicoteou vários automóveis, tentando impedir o buzinaço com que os brasilienses manifestavam seu apoio às diretas. No plenário, 298 deputados votaram a favor das diretas, 65 contra e três se abstiveram. Mas a ausência de outros 112 parlamentares impediu que a emenda obtivesse os dois terços exigidos para mudar a Constituição: ficaram faltando 22 votos para que os brasileiros pudessem eleger seu presidente pelo voto direto.

Três dias depois da derrota, na tribuna do Senado, Fernando Henrique defendeu uma nova atitude para a oposição. Em vez de Diretas Já, Mudança Já:

– *O Brasil hoje se divide em dois grupos: os que querem mudar e os que querem conservar. E nós pertencemos ao grupo mudancista. E essa mudança vai ser feita através do colégio eleitoral, que é o instrumento que resta.*

FHC foi um dos que mais insistiram com Ulysses para ele abrir mão de seu projeto pessoal de disputar a Presidência e apoiar o nome de Tancredo, como acabou ocorrendo.

Em junho, o Congresso aprovou a emenda Figueiredo. No dia 11 de agosto, Maluf derrotou Andreazza na convenção do PDS. E, no dia seguinte, a Aliança Democrática, resultado do acordo entre o PMDB e a Frente Liberal (integrada, entre outros, por Aureliano Chaves, João Calmon, Marco Maciel e Guilherme Palmeira), confirmou Tancredo como candidato a presidente e Sarney, que havia entrado para o PMDB, como vice.

Antes mesmo de o PT adotar uma posição oficial sobre a participação no colégio eleitoral, Lula, a Articulação e os grupos de esquerda aninhados no PT, momentaneamente unidos, já batiam duro no que classificavam de "transição conservadora". Para eles, a aliança organizada em torno de Tancredo buscava o aval do Planalto e a aceitação dos militares, e só era democrática no nome. Embora reservasse uma página para o deputado Airton Soares e mais 20 companheiros defenderem a participação dos petistas no colégio eleitoral, no restante, o boletim estadual paulista do partido – editado por José Álvaro Moisés[9] atacava furiosamente Tancredo e sua frente política.

Um demolidor "quem é quem" da Aliança Democrática acusava Sarney de nepotismo e de ser responsável pela maior corrupção administrativa do Maranhão. Tancredo, por sua vez, recebeu irônicos elogios por sua coerência – a de ter se batido sempre pela transição conservadora. Florestan Fernandes acusava a "oposição consentida" de ter desertado da campanha pelas diretas, legitimando a via imposta pela ditadura. Dirceu alegava que o objetivo do PT era a participação plena dos trabalhadores na política, "mas por fora do aparelho do Estado e fora da hegemonia da burguesia, ou seja, do PMDB, da Aliança Democrática e da Frente Liberal". Mas o destaque do jornalzinho era Lula que insistia:

[9] No Governo FHC, Moisés deixaria o PT para integrar a equipe de Weffort no Ministério da Cultura.

– Eu tenho tentado discutir no PT que a eleição de Tancredo Neves não significa o fim da ditadura militar, não significa o fim do regime. Significa a mudança de um homem por outro homem. A candidatura de Tancredo Neves vai apenas fazer com que haja um esquecimento destes últimos 20 anos. Vai ser um regime autoritário. Mas com uma cara nova, com uma cara de um civil, de um liberal.

A direção do partido submeteu três propostas a seus militantes: a de Airton Soares, que queria "votar em Tancredo, contra o fascismo representado por Maluf"; a de Paul Singer, a favor de só votar no candidato da Aliança Democrática "depois de negociar um acordo programável com as principais reivindicações dos trabalhadores". A proposta do diretório nacional era totalmente contrária à participação dos parlamentares petistas naquela votação. Menos de 7% dos filiados opinaram e, entre eles, a proposta de ficar de fora do colégio venceu por larga margem. No início de abril, durante o seu 3º Encontro Nacional, o PT condenou definitivamente o colégio eleitoral com uma resolução que insistia na luta pelas diretas e pela Constituinte.

A campanha de Tancredo reeditou os grandes comícios, que tiveram até mesmo a participação do PC do B. Na linha de frente, Fernando Henrique ironizou a decisão de Lula e seu partido:

– É uma posição equivocada. Por quê? Porque hoje essa passou a ser uma briga interna do PT. A sociedade não está mais interessada nisso. Quer dizer, o PT, em vez de entrar no barco do país, entrou em suas próprias tripas e elas começaram a ferver. A posição de não participar em um momento como este é de fugir à responsabilidade histórica. Lembra, às vezes, o udenismo de lenço branco, das pessoas que estavam com as mãos limpas. Limpas, mas ineficazes, porque em casa. Eu acho que as mãos devem estar limpas, ou de luvas, mas pegando no pesado.

Em janeiro, num encontro extraordinário em Diadema, os petistas ratificaram o boicote ao colégio eleitoral e foram além: os deputados petistas que quisessem votar em Tancredo deveriam antes pedir seu desligamento do partido. Caso não o fizessem, seriam expulsos. Lula achava que a punição só deveria ser definida caso a eventual rebeldia se consumasse, mas sua tese não prevaleceu.

Na terça-feira, 15 de janeiro, Tancredo e Sarney foram eleitos com 480 votos, inclusive os de três dos oito deputados petistas: Beth Mendes, Airton Soares e José Eudes – que saíram do PT. Maluf e o deputado Flávio Marcílio receberam 180 votos, no primeiro ato do final do regime militar que governava o país há quase 21 anos.

A costura política do novo governo foi uma operação feita com o sigilo, a prudência e a habilidade, marcas registradas dos mineiros – e de Tancredo. Para o Ministério do Trabalho, ele escolheu um velho conhecido de Lula e alguém que entendia perfeitamente o universo sindical – Almir Pazzianoto. Fernando Henrique, que sonhava com o Ministério das Relações Exteriores, achou que a fatura estava liquidada quando o presidente eleito incluiu-o na comitiva da viagem aos Estados Unidos, Itália e Portugal. Na volta, Tancredo anunciou o nome do banqueiro Olavo Setúbal para o cargo e ofereceu-lhe o Ministério do Desenvolvimento Social. FHC recusou o convite, explicando que pretendia dedicar-se integralmente à política. Acabou sendo nomeado líder do governo no Congresso, uma invenção de Tancredo para acomodá-lo.

Mas na véspera da posse, Tancredo foi internado às pressas no Hospital de Base em Brasília. Sua situação era grave e as principais lideranças políticas fizeram uma reunião tensa e restrita em que se resolveu o que fazer diante do impasse. Alguns juristas achavam que o novo presidente da Câmara, Ulysses Guimarães, deveria assumir. Outros defendiam a posse de Sarney. Para complicar as coisas, Ulysses era menos palatável para os militares que, afinal de contas, estavam deixando o poder. Mas, naquela noite crítica, o próprio Ulysses, presidente do PMDB, abriu mão de qualquer veleidade. No dia seguinte, Sarney assumiu a Presidência e leu o discurso escrito por Tancredo, diante da expectativa de muitos de que sua administração seria apenas uma curta interinidade até o restabelecimento do presidente.

Do lado de fora do jogo, o partido de Lula emitiu uma nota que falava menos sobre o drama humano do presidente e mais da questão política. Depois de expressar de raspão o desejo de melhoras para Tancredo, a nota voltava para a política:

– *O PT considera que a confirmação do vice-presidente José Sarney na Presidência da República é a solução que nos resta para a situação criada com o impedimento do presidente Tancredo Neves, sobretudo por contrapor-se a qualquer manobra golpista.*

Os primeiros passos da chamada Nova República aconteceram sem a presença daquele que desenhara seu plano de vôo: Tancredo morreu no dia 21 de abril de 1985, depois de uma agonia que emocionou o país. Em maio, o Congresso finalmente restabeleceu as diretas para presidente, concedendo o direito de voto a 20 milhões de analfabetos, legalizando todos os partidos e convocando a Constituinte, não exclusiva como queriam Lula e o PT, mas utilizando os futuros deputados e senadores, tal como defendia FHC – e com a participação inclusive dos chamados biônicos criados pelo pacote de abril, cujos mandatos ainda estavam em curso.

Fernando Henrique imaginava disputar a sucessão de Montoro, mas acabou mudando seu plano. Em novembro de 1985, após um longo jejum, os prefeitos das capitais seriam finalmente escolhidos pelo voto direto, em um único turno. Covas, que havia sido nomeado prefeito por Montoro, estava impedido de concorrer. O governador indicou FHC, que aceitou o desafio.

Depois de convidar Serjão para coordenador da campanha, ele buscou reproduzir a aliança que governava o Brasil. Não conseguiu: o PFL fechou com o ex-presidente Jânio Quadros, inscrito pelo PTB.

No primeiro momento, a sua modernidade equilibrada parecia suficiente para derrotar a fórmula desgastada do populismo de Jânio. Nas entrevistas, Fernando Henrique menosprezava seu adversário:

– *Eu acho que quem imaginou a tática Jânio Quadros para me derrubar pensou num torpedo capaz de afundar um transatlântico. Só que o Exocet é moderno. E, no caso, houve uma inversão; o transatlântico tem mais velocidade do que o torpedo. O perfil da campanha do Jânio é perigosamente conservador. É a velha tática da segurança apoiada na lei e na ordem.*

Aparentemente, Jânio desprezava o *marketing* político, que se tornara moda com o fim da Lei Falcão. Trêmulo, abatido, apoiado numa mesa simples e de mãos dadas com Eloá, ele repetia para as câmeras os chavões que o transformaram num fenômeno político quase 30 anos antes. Esse era seu *marketing*, na verdade.

Líder nas pesquisas, não compareceu aos debates. Nos bastidores, abusou dos golpes baixos – a poucos dias das eleições, a Polícia Federal apreendeu 400 mil exemplares de um jornaleco que acusava FHC de ser ateu, de ter fumado maconha (para a *Playboy*, ele admitira ter experimentado a droga numa festa) e de receber o apoio de homossexuais e comunistas.

Enquanto isso, Fernando Henrique festejava a conquista do prêmio Juca Pato, de intelectual do ano. Ele publicara *Perspectivas: Idéias e Atuação Política* em 1983 e, em plena campanha, lançou *A Democracia Necessária* e *Economia e Movimentos Sociais na América Latina*, junto com Bernardo Sorj e Mauricio Font. Recebeu também o apoio do PCB e do PC do B e de muitos artistas, inclusive de Chico Buarque.

Na reta final, cometeu alguns deslizes: num debate pela televisão, o jornalista Boris Casoy, na época diretor de redação da *Folha de S. Paulo*, perguntou se ele acreditava em Deus. FHC reagiu indignado, dizendo que era uma questão de foro íntimo, e lembrou ao jornalista o acordo para que tal pergunta não fosse feita. Boris contestou firmemente que tivesse feito tal acerto, reforçando indiretamente a suspeita corrente de que o candidato do PMDB era ateu. Em outro programa, reconheceu que não sabia o preço de um pãozinho ou de um quilo de feijão, reforçando a imagem de alguém distanciado das preocupações mais comezinhas da população.

O escorregão mais visível foi parar na primeira página do jornal O *Estado de S. Paulo*. A pedido de um fotógrafo da *Veja São Paulo*, FHC sentou na cadeira de prefeito. A foto era para a edição que só circularia depois da eleição, mas outro fotógrafo estava presente e registrou a cena.

Num dos últimos programas eleitorais, a atriz Regina Duarte pediu expressamente aos petistas que escolhessem Fernando Henrique, para derrotar Jânio. O apelo ao voto útil não funcionou: Jânio teve 1,5 milhão de votos, ou 38%; FHC, 32%; e Suplicy, 20%. Mal soube do resultado, Fernando Henrique bateu duro no PT:

– *É uma pena que tenha sido necessário um desastre dessa natureza para que o PT entenda que uma política de alianças é necessária.*

Suplicy havia concentrado suas baterias em Fernando Henrique, transformando-o no inimigo principal. Divulgado o resultado, Lula rebateu no mesmo tom as críticas de FHC:

– *Ele perdeu porque é prepotente, se aliou a um governador (Montoro) incompetente e procurou a Fiesp antes dos sindicatos. Só quando estava com a corda no pescoço é que veio falar com o PT.*

Esse era seu diapasão. No final do ano, em entrevista à *Folha de S. Paulo*, levantou dúvidas sobre a possibilidade de o PT chegar ao poder pela via eleitoral:

– *Estamos tentando cumprir as regras do jogo. Não achamos que o Parlamento é um fim, ele é um meio. E vamos tentar utilizá-lo até onde for possível. Na medida em que a gente perceber que pela via parlamentar, pela via puramente eleitoral, você não conseguirá o poder, eu assumo a responsabilidade de dizer à classe trabalhadora que ela tem que procurar outra via. Qual é, não pergunte, porque eu pretendo fazer isso numa grande concentração pública com milhares de pessoas.*

Se o PT fosse eleito e a direita tentasse se manter no poder pela força, ele admitia recorrer às armas, como a Constituição americana já previa no século XVIII. Quanto ao socialismo almejado por seu partido, reconheceu não saber exatamente qual era:

– Acho que a grande questão do socialismo é você ter uma sociedade onde todos produzam em benefício de todos, mas ao mesmo tempo não limite a capacidade de criatividade do ser humano. Onde você não cerceie a liberdade da intuição, até o desejo do cidadão de progredir na vida. Eu tenho uma preocupação – e isto pode não ser verdade – de que o socialismo não se resume apenas a educação, saúde e trabalho. Isso é muito pouco.

A entrevista rendeu uma manchete capciosa – *"Lula admite a luta armada para garantir o poder"* – que ele tentou corrigir no dia seguinte, durante a posse da nova prefeita de Fortaleza, Maria Luiza Fontenelle, a primeira petista a comandar uma capital.[10] Era o começo de uma fase de estranhamento entre ele e os grandes jornais, que abriram espaço até para as críticas de Brizola a Lula. O pedetista lamentava que "os barbudinhos do PT nada tenham ensinado a Lula, que adota práticas que se usavam há 25 anos".

Pouco depois, militantes do Partido Comunista Brasileiro Revolucionário, filiados ao PT, foram presos depois de assaltarem uma agência do Banco do Brasil em Salvador. Alegaram que o dinheiro era para financiar a luta dos sandinistas na Nicarágua, mas o que ficou para a opinião pública era que havia petistas roubando bancos. O partido chegou a imaginar que fosse uma provocação armada pela polícia, mas expulsou os assaltantes ao confirmar que a história era real. Lula classificou o episódio como "de uma burrice do tamanho de um elefante", mas não adiantou: na primeira pesquisa eleitoral divulgada depois do assalto na Bahia, Suplicy, agora candidato ao governo do estado de São Paulo, já aparecia em último lugar, empatado com Maluf.

Logo adiante, trabalhadores rurais empregados no corte de cana – os chamados bóias-frias – entraram em greve na cidade de Leme, inte-

[10] A primeira prefeita brasileira foi Alzira Soriano, eleita em 1928 em Lages, Rio Grande do Norte, primeiro estado do país a garantir o voto para as mulheres.

rior de São Paulo, e promoveram um grande protesto. A polícia reprimiu o movimento, espancando manifestantes, sindicalistas e políticos do PT que estavam no local. Dois trabalhadores foram mortos e alguns tiros atingiram uma viatura da PM. O inquérito policial levantou a suspeita de que os tiros teriam partido do carro em que estava o deputado José Genoino. (Suplicy e Djalma Bom também estavam no local.)

Montoro e os ministros da Justiça, Paulo Brossard, do Trabalho, Almir Pazzianoto, se apressaram em associar o episódio aos políticos do PT, antes que ficasse evidente que não havia qualquer ligação entre os tiros e os petistas. Lula reagiu com irritação às acusações e criticou os meios de comunicação, principalmente a Rede Globo:

— *O espaço que o PT tem na Rede Globo é zero. A Globo age de forma provocativa. E porque, na verdade, ela detém o monopólio aqui. E eu defendo que, se alguém tem que ter o monopólio, é o Estado, não é o empresário privado, como a Globo.*

Na seqüência, explicou que não defendia o monopólio, mas reconheceu que seu partido só era tratado corretamente pela TV Cultura. Na mesma entrevista, sobrou também para O *Estado de S. Paulo*:

— *Existem jornais aqui em São Paulo que sabem perfeitamente bem que um partido que tem 500 mil militantes pode ter cinco, dez, até 15 ou 100 bandidos. Agora, até hoje esse jornal coloca "os assaltantes do PT" como se fossem assaltantes do partido.*

O mote das eleições para a Constituinte e para os governos estaduais não foi nem o assalto de Salvador, nem a confusão em Leme, mas o Plano Cruzado. Elaborado em segredo pelos economistas André Lara Resende e Pérsio Arida, originários da PUC do Rio, o plano criou uma nova moeda, congelou preços e salários e proibiu a indexação de contratos com menos de um ano de prazo.

Essa paulada na inflação galopante que corroía tudo no governo Sarney pegou de surpresa até mesmo Fernando Henrique, que um dia antes desancara a economia e o presidente. FHC vinha se afastando da Nova República: renunciara ao cargo de líder do governo no Senado em fevereiro de 1986, alegando que no Planalto existia uma inaceitável paralisia política.

No início, o Cruzado foi visto como um milagre, e seus resultados imediatos catapultaram o PMDB e seus candidatos nas eleições de 1986. Quércia, que as primeiras pesquisas davam como derrotado, elegeu-se com 5,6 milhões de votos, o dobro da votação de Maluf e um terço a mais que Antônio Ermírio de Moraes, o candidato do PTB. Suplicy ficou em último. Para o Senado, Covas, apoiado em sua boa gestão como prefeito, teve 7.785.667 votos.

Depois da derrota para a Prefeitura, Fernando Henrique pensou em candidatar-se a deputado federal, seguindo o conselho de Hélio Jaguaribe. Mas uma pesquisa de opinião revelou que ele e Covas eram imbatíveis e apoiado numa campanha altamente profissional, FHC conquistou a segunda vaga para o Senado com 6.223.995 votos – quase um milhão de votos a menos que seu companheiro de partido. O terceiro colocado, Hélio Bicudo, do PT, teve 2,5 milhões de votos.[11]

Lula foi o deputado mais votado em todo o país, com 651.763 votos – 30 mil a mais que Ulysses. Eleito líder da bancada, não teve uma participação relevante nem na Câmara, nem na Constituinte. Esteve presente em 95% das votações. Votou a favor da limitação do direito de propriedade privada, da legalização do aborto, da estabilidade no emprego, da jornada semanal de 40 horas, do voto aos 16 anos, da limitação dos juros em 12% ao ano, da anistia a micro e pequenos empresários, da legalização do jogo do bicho e da desapropriação de áreas produtivas. Quanto ao regime de governo, embora ele sempre tenha se declarado parlamentarista, acabou votando pelo presidencialismo, como todos os petistas, seguindo uma decisão do partido.

Nas primeiras e concorridas sessões da Constituinte, ficou claro que Lula não era talhado para a função parlamentar. E quando o Congresso voltou à normalidade, ele descobriu que simplesmente detestava aquela rotina.

---

[11] O PT só conseguiu eleger uma pequena bancada – 16 deputados e nenhum senador.

Em junho, já afirmava que fazer discurso não resolvia nada e definia o Congresso como um vendilhão de ilusões. No final do ano, apontou outros defeitos do sistema:

– Cada um se julga o mais importante, o grande líder, o mais representativo, o mais intelectual. Ninguém quer perder ou ceder para outro, mesmo que o outro tenha razão. Um quer comer o outro. Às vezes se escreve e se imagina que grandes articulações foram responsáveis por uma vitória ou derrota importante e, muitas vezes, o fator principal foi uma mesquinha manifestação de vaidade ou raiva humana. Isso só é política numa nação subdesenvolvida como a nossa...

Mais tarde, admitiu que era difícil ser apenas mais um entre quase 500 parlamentares:

– Você é acostumado a ser um líder de massa, é acostumado a ter liberdade de falar o que bem entende sem precisar ferir nenhum decoro. Você está habituado a falar para milhares de pessoas todos os dias. De repente, você fica num Congresso Nacional, onde tinha que fazer um discurso para cinco pessoas te ouvirem, e nem estavam ouvindo, estavam de costas para você. Isso era uma coisa que me fazia mal. É por isso que eu não quero mais ser deputado. Eu só queria ser constituinte e acabou.

Passou a respeitar figuras como Passarinho, Delfim e Roberto Cardoso Alves, que elogiou publicamente, e a desprezar os deputados – em torno de 200 –, que nunca compareciam às sessões e que chamava de *calhordas*. Em outubro, tentou renunciar ao mandato, mas desistiu, diante do argumento de que isso o prejudicaria diante de seus adversários na disputa presidencial, já que Ulysses, Covas, Guilherme Afif Domingos e Roberto Freire eram parlamentares e candidatos a presidente.

Em dezembro de 1987, o 5º Encontro Nacional do PT deu um passo na direção de valorizar a participação do partido nas eleições ao classificar a conquista do governo pelo voto como "eixo articulador da estrátegia de luta pelo socialismo no Brasil". O encontro estabeleceu um programa democrático-popular e admitiu alianças com outros partidos, ainda que circunscritas ao campo da esquerda. Dirceu tornou-se o secretário-geral do diretório nacional na chapa liderada por Olívio Dutra. O documento aprovado no encontro criticava os militantes que desprezavam as pequenas mudanças e só apostavam na revolução.

Essa turma estava organizada em tendências, cujo funcionamento foi regulamentado, numa tentativa de circunscrever sua atuação. E como prova de que valia a pena jogar o jogo, Lula foi lançado como candidato a presidente da República. Por essa época, ele voltou a atacar a incapacidade do Congresso e assegurou que não pretendia assinar a Constituinte que estava sendo elaborada:

– *Eu fui eleito para fazer valer alguns interesses dos que nunca tiveram nada neste país e esta Constituição que se quer fazer parece não querer isso. Garanto que não vou assiná-la nem legitimá-la.*

A nova Constituição foi aprovada por 474 votos. Embora tenham criticado a falta de destaque para a reforma agrária e a manutenção da tutela dos militares e dos privilégios das classes dominantes, Lula e os outros deputados petistas acabaram assinando.

Fernando Henrique submeteu-se a uma cirurgia plástica para eliminar bolsas de gordura que haviam surgido sob seus olhos. Segundo seus assessores, o procedimento tinha razões médicas e não estéticas. De todo modo, foi com o visual renovado que ele se tornou líder da maioria e relator do regimento interno da Constituinte.

Ele parecia entender-se melhor com Lula e os petistas do que com o PMDB. Por várias razões: dos rumos do governo Sarney a situações locais, passando pelo inchaço do partido, na onda do Cruzado. O PMDB era uma federação de interesses, rachada ao meio entre presidencialistas e parlamentaristas. A estrutura de governo desenhada na Constituinte era parlamentarista, como FHC, mas o presidencialismo foi o regime preferido pelos constituintes. A decisão final seria dada por um plebiscito marcado para cinco anos após a promulgação da Carta.

Partiram de Fernando Henrique alguns dos primeiros torpedos contra o Governo Sarney:

– *Há uma corrupção bastante generalizada, uma economia em pandarecos e uma inflação galopante.*

No início de março, ele admitiu que poderia deixar o PMDB para criar um novo partido de cunho socialista e democrático. Nas palestras e declarações, acenava com um Brasil livre das empresas que mamavam nas tetas do Estado, reconhecia a inevitabilidade da internacionalização da economia, resultado da modernização tecnológica (o termo *globalização* ainda não se difundira), mas ressaltava que para entrar nesse admirável mundo novo o país precisava deixar de ser "uma sociedade de párias".

O que dividia os insatisfeitos do PMDB era o *timing* – quando, afinal, deveriam abandonar o partido? Alguns queriam desembarcar imediatamente, ganhando tempo para enfrentar as eleições. Fernando Henrique, Montoro, Richa e Serra pretendiam ficar no PMDB até a promulgação da nova Constituição. Mas quando a Câmara dos Deputados regulamentou as eleições municipais de 1988 e permitiu a participação de candidatos de novos partidos – desde que tivessem representantes de pelo menos cinco estados – desistiram de esperar.

Numa das reuniões preparatórias, em Brasília, a representação de Minas Gerais acatou a idéia do publicitário Francisco Bastos e sugeriu o tucano como símbolo do novo partido, argumentando que o bicho tinha o peito amarelo – que lembrava a cor das diretas –, era uma ave brasileira e ainda reforçava a idéia da luta pelo meio ambiente. A sugestão acabou aprovada, com o voto de Fernando Henrique, que discordava mesmo era do nome escolhido para o novo partido:

– *Eu disse, à época, que aquilo correspondia a uma realidade da Europa da primeira metade dos anos 50, onde os sindicatos tinham um papel central no Estado do bem-estar social. O Brasil não é assim. Aqui, os sindicatos são incorporados. A força deles é corporativa, é de bloqueio. De outra parte, há o problema dos excluídos, que não têm representação, não têm sindicato. Não se pode pensar como na Europa. Lá, eles podiam dizer que iriam aumentar impostos, que iriam aumentar o seguro social, dar educação para todos etc. Tudo bem, o trabalho organizado contra o capital. Aqui você tem ainda que fazer com que o capital exista, que ele funcione como capital. É outro momento. Você tem uma coisa mais atrasada e uma mais avançada simultaneamente.*

Seus argumentos não prevaleceram, mas ele e Serra redigiram a minuta do programa e do estatuto do novo partido, aprovada por 40 parlamentares no dia 3 de junho. Embora fosse uma agremiação nascida da união de parlamentares, o manifesto do Partido da Social-democracia Brasileira ostentava uma epígrafe adequadamente independente:

— *Longe das benesses oficiais, mas perto do pulsar das ruas, nasce o novo partido.*

No dia 21 de junho, Fernando Henrique anunciou sua saída do PMDB com um discurso emocionado e espetou Quércia, procurando dar a seu gesto uma dimensão maior que a guerra local:[12]

— *Nem pensem, senhores, que as farpas da província, em má hora entregue a comando medíocre, seriam suficientes para motivar-me ao risco de outro partido. Conta tão pouco para mim o pequeno jogo de poder e de interesses locais, diante da tarefa maior de institucionalizar a democracia, que passaria batido por estes dois anos e pouco de ostracismo regional.*

O ato de fundação do PSDB, nos dias 24 e 25 de junho de 1988, em Brasília, teve a participação de 1.178 pessoas, entre elas 40 deputados e oito senadores. Afonso Arinos de Mello Franco era o

[12] Quércia tinha o controle da maioria dos diretórios do PMDB em São Paulo.

nome de maior peso, mas a primeira assinatura foi de Montoro. Havia apenas um sindicalista conhecido – Joaquim dos Santos Andrade, o Joaquinzão – e, entre os 109 signatários dessa primeira ata, 34 eram paulistas. Num sistema de rodízio, a presidência foi entregue a Covas.

12

Lula Lá
(1989)

Em maio de 1988, pouco antes do surgimento do PSDB, Lula foi internado às pressas no Hospital Sírio Libanês, em São Paulo. Ao voltar da anestesia, já sem o apêndice supurado, encontrou o presidente do PMDB, Ulysses, ao lado da cama. Pouco depois, ainda no hospital, Lula fez uma proposta inesperada a Kotscho, que fora visitá-lo:

– *Quando eu sair daqui, você se prepare para trabalhar na minha campanha presidencial.*

Em agosto, os jornalistas o encontraram de novo em Brasília, dez quilos mais magro, graças às sessões de ginástica no Clube do Congresso e a uma dieta de verduras e frutas, que lavava cuidadosamente com uma escovinha.

O final de 1988 teve um sabor de vitória para ele. Na manhã do dia 15 de novembro, seu partido só governava duas cidades: Vila Velha, a 13 quilômetros de Vitória, e Icapuí, pouco mais que uma aldeia de pescadores a 200 quilômetros de Fortaleza, onde o prefeito eleito pelo PMDB mudara de sigla. Apurados os votos, Olívio Dutra ganhou a Prefeitura de Porto Alegre; Telma de Souza venceu em Santos; em Campinas, Jacó Bittar foi eleito; e Vitor Buaiz conquistou Vitória. O advogado dos metalúrgicos e autor do primeiro discurso de Lula, no sindicato, Maurício Soares, elegeu-se em São Bernardo, tendo Djalma Bom como seu vice. Celso Daniel ganhou em Santo André, e José Augusto, em Diadema. Petistas conquistaram o poder local em outras 31 cidades, espalhadas por 12 estados.

Mas nenhuma dessas conquistas suplantou o brilho da estrela de Luiza Erundina.[1] Dois fatores auxiliaram sua vitória com 30% dos votos, derrotando Maluf. O primeiro, a repercussão do trágico desfecho da greve em Volta Redonda, em que três operários foram mortos durante a invasão da siderúrgica por soldados do Exército. O episódio gerou protestos de toda a oposição – FHC inclusive –, mas os eleitores reforçaram a votação no PT. O outro foi a tese do voto útil, reduzindo as chances de Serra, que ficou em quarto lugar.

Nacionalmente, o PT amealhou 12% dos votos em disputa. O PSDB teve êxitos minguados e elegeu 18 prefeitos, entre eles o de Belo Horizonte, Pimenta da Veiga. E na posse dos prefeitos petistas do ABC já havia *outdoors* com a foto de Lula e os dizeres: "O Brasil vai mudar de cara. Lula presidente."

Kotscho bem que tentou recusar o convite para entrar na campanha, dizendo que era um repórter e nunca fora assessor de imprensa. Argumento que Lula contornou com facilidade:

– *Eu também nunca fui candidato a presidente...*

Convencido, o jornalista conseguiu uma licença não remunerada no *Jornal do Brasil* e tornou-se funcionário do PT. No primeiro dia no novo emprego, achou que havia cometido um erro. A começar pela troca da elegante sucursal na avenida Paulista por uma salinha no sobrado na Vila Mariana, onde funcionava a direção do partido.

A placa na porta era pretensiosa – Coordenação Nacional da Campanha Presidencial –, mas dentro havia só três mesas, quatro cadei-

---

[1] Paraibana de Uiraúna, 54 anos, Erundina tinha sido professora primária e assistente social, antes de graduar-se em Ciências Sociais pela Escola de Sociologia e Política de São Paulo. Fundadora do PT, elegera-se vereadora e fora candidata a vice de Suplicy, na eleição vencida por Jânio. Em 1986, elegeu-se para a Assembléia Legislativa e dois anos depois, na convenção do partido, derrotou Plínio de Arruda Sampaio, preferido por Lula e seu grupo, com o apoio das correntes de esquerda.

ras – uma quebrada –, uma máquina de escrever, uma linha telefônica e uma pilha de jornais velhos. O espaço parecia ainda menor pelo tamanho do secretário particular, segurança e motorista do candidato, José Carlos Espinoza, um ex-sindicalista da Sabesp, a companhia de saneamento de São Paulo. Para completar o quadro, de dieta e sem fumar, Lula andava num terrível mau humor.

Nas entrevistas, o candidato continuava defendendo a estatização dos bancos, embora já tivesse aposentado a defesa do socialismo na sua plataforma de governo. Outra meta, contra a qual ninguém poderia insurgir-se, tornou-se uma constante no discurso de Lula:

– *Acabar com a fome, isso sim, seria uma verdadeira revolução.*

Perguntado sobre eventuais alianças, informava que a decisão caberia ao partido, mas deixava implícitos seus limites:

– *O PT tem que ter maturidade, escolher bem seus adversários e não se aliar com setores de direita e reacionários.*

Na primeira reunião, a maioria classificou Wladimir Pomar, um dos coordenadores da campanha, de delirante. Ele achava que Lula tinha chances e propôs que o documento de apresentação da candidatura incluísse a afirmação de que não estavam ali para marcar posição e sim para vencer. A frase foi eliminada do texto final.

No início de 1989, Lula fez duas viagens e percorreu 11 países em três continentes. Passou quase 30 dias na Europa, acompanhado por Weffort, que era secretário-geral do PT, Aluísio Mercadante e Marco Aurélio Garcia. Manteve contato com partidos de esquerda, com sindicalistas e com o papa. Depois, junto com Genoino e outros petistas, esteve em Cuba, no Chile e na Nicarágua. A derrota anunciada dos sandinistas, que buscavam se manter no poder pelo voto, e a miséria reinante impactaram os petistas, a ponto de Genoino comentar:

– *Precisamos repensar essa história de socialismo, Lula. Aqui não tem nem o que dividir. Para chegar ao socialismo, a gente tem de passar antes pelo capitalismo.*

A campanha ainda não havia esquentado em abril de 1989, quando o *Jornal do Brasil* publicou uma reportagem devastadora assinada por Luiz Maklouf de Carvalho. A chamada de primeira página já dizia o suficiente:

"O candidato do PT à Presidência da República, Luiz Inácio Lula da Silva, tem uma filha de cuja existência só uns pouco próximos estão informados. Trata-se de Lurian Cordeiro da Silva, de 15 anos, estudante da sétima série num colégio de São Bernardo do Campo. Lurian é fruto de um namoro de Lula com a enfermeira Miriam Cordeiro, num tempo em que ainda não havia se casado com sua atual mulher, Marisa. O candidato do PT registrou Lurian como filha sua, jamais deixou de vê-la e ultimamente até a aproximou de seus outros quatro filhos – mas, ainda assim, sempre preferiu omitir sua existência. Certa vez, numa festa a que compareceu com Lurian, o ator Antônio Fagundes perguntou-lhe quantos filhos tinha e Lula, mesmo com a filha ao lado, não a mencionou. 'Tenho quatro', respondeu. 'Todos homens.' Ao saber, ontem, que o Jornal do Brasil *publicaria reportagem sobre o assunto, Lula reagiu com irritação, achando que a imprensa não deveria se preocupar com a vida pessoal dos candidatos. 'Minha família não é candidata a nada e faço tudo para preservá-la', disse."*

A reportagem informava ainda que a existência de Lurian seria revelada no livro *Lula: O Coração da Estrela*,[2] autobiografia com lançamento previsto para dali a menos de um mês, resultado de 20 horas de depoimento dado a Frei Betto e Weffort. Maklouf destacava o fato de Lula não se referir à filha em grandes entrevistas como as que deu a O *Pasquim* e *Playboy*. Registrava ainda que o nome dela "aparece secamente no panfleto biográfico de sua campanha a deputado federal – sem nenhuma referência maior sobre a mãe ou a idade, um detalhe que a imprensa até agora deixara passar despercebido", com o que a própria Lurian parecia concordar:

– *Não interessa que todo mundo saiba. O que me interessa é saber que ele me ama e que está assumindo isso.*

Finalmente, Maklouf assinalava que Miriam, a mãe da garota, elogiava o comportamento de Lula no episódio, mas pretendia votar em Fernando Collor de Mello, a grande novidade daquela disputa.

---

[2] O livro jamais foi publicado.

Na primeira eleição direta depois de quase 30 anos, havia mais de 21 candidatos. Os mais fortes pareciam ser Brizola pelo PDT, Ulysses pelo PMDB, Maluf pelo PDS, Afif pelo Partido Liberal e Aureliano Chaves pelo PFL, mas, graças ao espaço oferecido pela mídia e a três horas de aparições na TV em programas políticos de pequenos partidos, Collor ganhara aura de herói, como o "caçador de marajás".[3]

O PSDB escolheu Covas. Embora tivesse recebido mais de sete milhões de votos para o Senado, sua campanha não decolou rapidamente. No dia 28 de junho, ele usou a tribuna para dar uma guinada em seu pensamento. Trabalhado por Serra e Fernando Henrique, o discurso dizia, em resumo, que o Brasil estava precisando de um choque de capitalismo:

– Um estadista tem o dever de conhecer a direção para a qual a sociedade deseja caminhar. Ser nacionalista, hoje, é defender uma política nacional de desenvolvimento. Não é hora de se querer simplesmente reformar o passado, nem de se conformar com o presente. É a hora de atualizar objetivos antecipando o futuro. (...) Não faz sentido isolar o país numa autarquia. (...) Basta de empreguismo. Basta de cartórios. Basta de tanta proteção à atividade econômica já amadurecida. Mas o Brasil não precisa apenas de um choque fiscal. Precisa, também, de um choque de capitalismo, um choque de livre iniciativa, sujeita a riscos e não apenas a prêmios.

---

[3] Carioca de 40 anos, filho de um governador de Alagoas e neto de um deputado federal pelo Rio Grande do Sul e primeiro ministro do Trabalho, Indústria e Comércio. Em 1972, ele se transferiu para Maceió, passando a dirigir o jornal da família, *Gazeta de Alagoas*. Em 1979, foi nomeado prefeito de Maceió pela Arena. Em 1982, elegeu-se deputado federal pelo PDS. Divorciou-se de Lilibeth Monteiro de Carvalho e casou-se com Rosane Malta, de uma família enraizada na política local. Votou na emenda Dante de Oliveira e em Maluf, que foi seu padrinho no segundo casamento, no colégio eleitoral. Em 1985, transferiu-se para o PMDB e, no ano seguinte, elegeu-se governador de Alagoas. Recusou-se a pagar o salário dos funcionários públicos que ganhavam valores abusivos e não trabalhavam. A batalha jurídica deu-lhe notoriedade nacional.

Bem recebido pela mídia, o pronunciamento transformou-se no principal argumento da conversa entre FHC e o empresário Roberto Marinho, da Rede Globo:

– Roberto tinha algumas resistências ao Mario, mas esse discurso entusiasmou as Organizações Globo, porque era uma proposta nova. Mario fez o discurso no Senado com muita ênfase, mas setores do PSDB não o aceitaram bem.

A deputada Cristina Tavares, de Pernambuco, que liderava a ala mais à esquerda do PSDB, reagiu mal ao discurso e à idéia de colocar Roberto Magalhães no PFL, como vice de Covas. Para Fernando Henrique, a divisão interna impediu que o PSDB atraísse outras forças e chegasse ao segundo turno:

– Assim, perdemos politicamente a eleição, porque não conseguimos agregar os apoios necessários, que foram para Collor, no segundo turno. Havia chances reais de vitória: a diferença de votos era muito pequena. Se tivesse ido para o segundo turno, Mario ganharia a eleição.

A partir de maio, Lula passou a ter um comitê de campanha e seu assessor de imprensa como companheiro nas viagens. Mas a estrutura era tão precária que Kotscho tinha de usar o orelhão mais próximo para transmitir as informações a Sérgio Canova, que redigia as matérias e as mandava por telex para as redações. Essa era toda a equipe de imprensa do candidato, que durante bom tempo rastejou nas pesquisas. De mau humor, Lula vivia buscando um motivo para brigar com sua equipe:

– Eu chegava no comitê, ficava olhando alguma coisa para brigar com alguém. Eu precisava brigar com alguém, então eu brigava pelo papel higiênico, eu brigava pelo sabonete, eu brigava pelo jornal, eu brigava pela caneta. O pessoal, quando me via, já ia encostando a bunda na parede porque: "Já vem o Lula dar esporro." Aí, rapaz, o Ricardo falava assim para mim: "Lula, vamos fazer um pacto aqui, um pacto de bom humor, não vamos mais dar esporro, ninguém agüenta mais, bicho. Ninguém agüenta mais." Daí você vai melhorando, você vai tentando melhorar. Mas é duro, viu?

A Frente Brasil Popular reunia o PT, o PSB e o PC do B. Para vice, Lula convidou o jurista Raymundo Faoro, que não aceitou. A escolha recaiu então sobre o senador José Paulo Bisol do PSDB, que ele conhecera durante a Constituinte. O advogado gaúcho de 40 anos abandonou os tucanos, filiou-se ao Partido Socialista Brasileiro e juntou-se ao time.

Dois temas eram recorrentes na campanha petista: a suspensão do pagamento da dívida externa e a reforma agrária – medidas sem as quais, dizia Lula, seria impossível retomar o desenvolvimento do país. No ano anterior, o Brasil havia pago 12 bilhões da dívida externa e ele queria usar parte desse dinheiro para erradicar o analfabetismo. Para Lula, absurdo era negar a possibilidade do calote:

– *O que precisa é o governo tomar a iniciativa política de buscar solidariedade e deixar de tratar a dívida como se fosse uma questão econômico-financeira, mas tratar como uma questão eminentemente política.*

Apostando no contato direto com os eleitores, o PT sempre programava uma infindável série de deslocamentos, carreatas e comícios. E Lula estrilava:

– *Assim não dá. Parece campanha de vereador... Dá uma olhada aqui: não vai sobrar tempo nem para ir ao banheiro. Você acha que essa carreata vai durar só meia hora? Pode mudar, pode cancelar, vocês estão ficando doidos...*

Geralmente, perdia a parada. Mas de um detalhe não abria mão: as raras refeições não podiam ser sanduíches, mas almoços ou jantares sem pressa. Quando não dava, mais chiadeira:

– *Pô, não vem com essa de que não podemos perder tempo, porque o Tancredo queria tanto o poder que vocês viram o que aconteceu. Não quero ser um novo Tancredo...*

Em Manaus, Kotscho informou outra queda de meio ponto nas pesquisas. Estava agora com 2,25%. Lula pensou em desistir:

– *Eu falei: "Vou deitar aqui no aeroporto e vou esperar a morte. Não é possível, não é possível, alguma coisa está errada." (...) Aí, chega em Balbina, tinha mais ou menos umas 100 pessoas me esperando, e um monte de criancinha, uma mistura de índio com desempregado, sabe? Tudo com a bandeirinha do PT me esperando. Rapaz, aquilo! Olha, eu nunca vou morrer de enfarto. Porque você cria um partido em São Bernardo, um partido de operário de macacão e, aí, você chega no coração da Amazônia, encontra aquelas criancinhas com a bandeira do PT. Aí já não me importava mais a quantidade de votos. Aqueles 2,5%, eu não estava mais ligando para aquilo. O importante era que o que a gente tinha plantado aqui tinha sido que nem tiririca, tinha nascido por tudo quanto é lugar.*

Com o início do horário eleitoral gratuito, Lula começou a subir nas pesquisas. A equipe de televisão era comandada pelo publicitário Paulo de Tarso Santos, filho do ex-ministro da Educação no Governo Jango, que abandonara o emprego na agência Denison para pilotar uma estrutura precária. O *jingle*, composto por Hilton Acioly, ex-parceiro de Geraldo Vandré, anunciava:

– *Lula-lá, brilha uma estrela. Lula-lá, cresce a esperança!*

No cenário simples pintado de bege, Lula tinha de alternar o olhar de uma câmera para outra, sempre que a luz vermelha acendesse. O terno, emprestado, não caía bem – ele tem braços curtos e tórax largo. O candidato recusava-se a utilizar o *teleprompter* e quando lhe pediam para sorrir para as câmeras, dava uma só resposta:

– *Vou rir de quê? No dia em que a classe trabalhadora melhorar de vida, aí eu vou rir como uma hiena.*

Antes do primeiro turno, a grande questão era saber quem iria enfrentar Collor – se Lula ou Brizola. Nos calcanhares do petista, Brizola acusou o vice de Lula de ter conseguido um empréstimo do Banco do Brasil para comprar uma fazenda em Buritis, Minas Gerais. (Pouco antes, Bisol defendera o movimento dos sem-terra e suas invasões.) Era mais uma entre tantas trombadas entre os dois. Na luta pela vaga no segundo turno, Lula faria várias incursões em redutos brizolistas e o chamaria de caudilho, enquanto o pedetista chegaria a afirmar que seu adversário tomava "umas canas" antes de atacá-lo.

Polarizando com Lula, Collor obteve o apoio de dez entre dez grandes empresários e passou a fustigar cada vez mais o PT. Usou e abusou da imagem de frei Damião[4] e prometeu deixar "a direita indignada e a esquerda perplexa".

No dia 15 de novembro de 1989, Collor obteve 30,5% dos votos, Lula, 17,2%, e Brizola, 16,5% da preferência. A diferença entre o segundo e o terceiro colocados foi de menos de 500 mil votos, em quase 68 milhões. Covas ficou em quarto, com 11,5%. A grande surpresa foi o sétimo lugar de Ulysses.

Para a batalha do segundo turno, Lula foi em busca do apoio de Covas e de Brizola, a quem, durante a campanha das diretas, tinha acusado de ser capaz de pisar no pescoço da própria mãe para ser presidente da República.

No dia 26 de novembro, no Riocentro, Brizola fez um discurso de quase três horas para os três mil convencionais que deveriam definir os rumos do PDT depois da derrota no primeiro turno. Defendeu o voto em Lula com uma ironia que acabaria incorporada à imagem do petista:

– *Cá para nós: um político de antigamente, o senador Pinheiro Machado, dizia que a política é a arte de engolir sapos. Não seria fascinante fazer esta elite engolir o Lula, esse sapo barbudo? Vamos no menos pior, pelo menos...*

Apesar da grosseria, Lula foi negociar com ele. No primeiro encontro, Brizola alegou que tinha havido um "empate técnico" entre os dois e sugeriu renunciarem em favor de Covas. Lula rejeitou liminarmente a proposta:

– *Empate técnico não existe, Brizola, eu tive 500 mil votos a mais que você.*

Ainda estava uma fera com a história do sapo barbudo, mas se conteve:

– *No fim das contas, quem teve de engolir o sapo foi ele.*

Mais tarde, Brizola tentou minimizar a comparação:

– *Isso foi uma brincadeira. Um chiste, como dizem os espanhóis. Ele havia me acusado, primeiro, de ser uma pessoa ambiciosa e capaz de pisar no pesco-*

---

4 Nasceu no norte da Itália em 1898, ordenando-se padre aos 23 anos. Em 1931 chega ao Brasil, vivendo no Convento de São Félix, em Recife, até sua morte em 1997. Com uma vida dedicada a peregrinações pelo Nordeste brasileiro, era considerado sucessor de padre Cícero, havendo muitos milagres atribuídos a ele.

ço da mãe para alcançar a Presidência. Ele deve ter tomado uma cerveja antes, como eu havia tomado um copo de vinho.

Covas estava convencido de que o PSDB deveria apoiar Lula, mas outros tucanos queriam ficar neutros no segundo turno. Diante do impasse, vários caciques do PSDB viajaram: Richa foi pescar no pantanal, Serra arranjou um seminário na Suécia, e, no auge das negociações, FHC viajou para Amsterdã, depois de declarar que os tucanos não deviam apoiar o PT simplesmente:

– *Não somos mingau para sermos comidos pelas beiradas.*

No dia 25 de novembro, o diretório nacional tucano encontrou uma solução salomônica – classificou Lula de "candidato das forças progressistas" e condicionou o apoio a uma negociação programática. Dirceu e Plínio Sampaio reuniram-se com Euclides Scalco e Fernando Henrique, mas não chegaram a lugar algum, lembra FHC:

– *Havia 13 pontos e o PT achava que não era eleição, mas uma revolução. Na reforma agrária, por exemplo, queriam que o controle fosse feito pelos sindicatos. A imprensa seria controlada por um comitê de jornalistas e editores. Eu dizia que como não iam abolir a propriedade privada dos meios de produção, tudo aquilo seria uma loucura. Uma infantilidade enorme.*

Quem encontrou a saída para o impasse foi Dirceu:

– *Propus que a gente deixasse de discutir o programa e que o PSDB apoiasse o Lula, ainda que depois fosse oposição ao governo dele. Eu estava percebendo que, na verdade, aquele debate em torno do programa era uma tática para não apoiar o Lula. Foi o Montoro quem me ajudou... Eu sabia que o PSDB não tinha compromisso com a reforma agrária, os conselhos populares, algumas teses que estavam no nosso programa. O programa de 1989 não era o de centro-esquerda como o de 2002, mas também não era revolucionário.*

Noutra ocasião, a reunião aconteceu na casa de Plínio Sampaio, com a presença de João Amazonas, o velho líder do PC do B. Fernando Henrique aceitou apoiar Lula sem estabelecer um programa comum. Seu temor era outro:

– Eu achei que o Lula podia ganhar e fiquei com medo de termos de ir ao governo, porque acho que naquela época seria um desastre o PT no governo, por causa daquelas idéias revolucionárias – não do Lula, mas do partido – num momento em que o Brasil não tinha a menor condição de assimilar aquele tipo de idéia.

Apesar das divergências, Covas ergueu o braço do petista durante um discurso no encerramento da campanha no Pacaembu, em São Paulo. Fernando Henrique estava lá.

O candidato do PT à sucessão presidencial faz um comício no Pacaembu. No palanque, da esquerda para a direita, FHC, Mário Covas, Lula, José Paulo Bisol e Miguel Arraes. Dezembro de 1989.

Faltava alguém naquele palanque: Ulysses. Lula recebeu várias sugestões para procurar o candidato do PMDB, mas recusou todas elas, por achar que a imagem de Ulysses estava muito ligada ao governo Sarney. E nem ao menos telefonou para o homem que fora visitá-lo quando convalescia no hospital.

Mais grave que o desprezo pelo apoio de Ulysses, só mesmo a repercussão da história de Lurian. Embora tivesse elogiado o comportamento de Lula para Maklouf, o repórter do *Jornal do Brasil*, Miriam mudou de tom num depoimento gravado no primeiro semestre e acusou o ex-namorado de ser preconceituoso, alcoólatra, mulherengo, carreirista e de ter proposto a ela que abortasse.

O material havia sido oferecido ao comitê de Collor em junho, mas o irmão dele, Leopoldo, concluiu que o depoimento não tinha crédito porque Miriam não fora casada com Lula e estava filiada ao PRN. Na reta final, com as pesquisas indicando o crescimento do petista, a equipe de Collor resolveu usar as quatro fitas VHS. Editado pelo jornalista Chico Santa Rita, o material foi ao ar no horário eleitoral gratuito. O efeito da acusação foi devastador, embora Lula faça questão de dizer que ele mesmo pouco se abalou e nem viu a gravação:

– *O partido é que deveria ter tido uma estratégia de atuação minha, não esperar que eu estabelecesse uma estratégia. Eu era a pessoa atingida. Então, era alguém que não tinha sido atingido que tinha que pensar, o chamado estado-maior, falar: "Olha, a tática vai ser essa." Aí, pedem para eu convencer a mãe da Miriam a ir para a televisão, ou pedem para eu pedir para a Lurian falar mal da mãe. Eu não vou pedir para a mãe falar da filha, nem para a filha falar mal da mãe. Que mundo cão desgraçado que é esse? Então, eu não vou ganhar uma eleição assim. Mas o partido poderia ter feito sem que eu soubesse. Eu lembro que cheguei de madrugada no aeroporto, me levaram para o estúdio. "O que eu vou gravar? O que eu vou gravar?" Não, eu não tinha nada para falar.*

No horário gratuito, Lula falou sobre o caso, com Lurian quieta, a seu lado.

No dia seguinte, a jornalista Maria Helena Amaral pediu demissão da equipe que produzia o programa de Collor e denunciou que o depoimento de Miriam fora comprado pelo irmão mais velho de Collor, Leopoldo, por 200 mil cruzados novos, o equivalente a 123 mil dólares.

A exploração do caso Lurian não foi a única apelação grosseira empregada por Collor. Houve um comercial em que a bandeira brasileira trocava o verde e o amarelo pelo vermelho e, no programa de TV do jornalista Ferreira Neto, no SBT, o candidato do PRN afirmou que o PT pretendia confiscar as cadernetas de poupança e expropiar quartos nas casas da classe média:

— Corre o risco de pessoas arrombarem a sua porta e tomarem um ou dois quartos para colocar ali outras pessoas, militantes do partido, para morar com você.

O PT conseguiu na Justiça Eleitoral um direito de resposta no programa, mas Lula recusou-se a comparecer. Enviou o deputado Plínio Sampaio, que também se negou a dar entrevista a Ferreira Neto.

Collor entrou no segundo turno em posição de vantagem – 48% a 39% em 22 de novembro –, mas já estava empatado com Lula – 46% a 45% – quando aconteceu o segundo debate na TV Bandeirantes.[5] Pouco antes, circulou o boato de que Collor apresentaria uma foto de seu adversário abraçado com uma amante, enquanto o comando da campanha petista recebia sugestões para associar a imagem do adversário ao consumo de drogas.

Lula teve uma agenda extenuante antes do debate, com 16 reuniões. Chegou aos estúdios da Bandeirantes abúlico e exausto:

— Nós tínhamos acordado que eu não ia participar de nenhuma atividade na véspera do debate, sabe? E me fizeram ir para Brasília. (...) Imagina: eu chego à meia-noite do Rio de Janeiro, me levam para um jantar para arrecadar finanças, eu chego em casa três horas da manhã, às seis horas me acor-

[5] Houve um primeiro debate entre os dois no dia 3 de novembro, vencido por Lula.

dam para ir para Brasília. E, aí, eu voltei às seis horas da tarde para o debate das nove. Eu não consegui dormir. Em 48 horas eu dormi três horas para ir para um debate. Quer dizer, isso aí é um crime, sabe? Então, eu não culpo ninguém, eu culpo a mim mesmo porque eu é que deveria ter recusado.

Uma pesquisa do Instituto Gallup mostrou que 41,9% dos telespectadores haviam gostado mais do desempenho de Collor e 38,8%, do de Lula.

O *Jornal Hoje* da TV Globo colocou no ar uma edição dos melhores trechos do debate que dava três minutos para cada um dos candidatos. Mas o *Jornal Nacional* exibiu nova versão do material, em que Collor falava um minuto e 12 segundos a mais que Lula e de modo mais enfático e preciso.[6]

No dia seguinte, sábado, véspera da eleição, a polícia cercou uma casa no Jabaquara, em São Paulo, e acabou com o seqüestro do empresário Abílio Diniz, dono do Grupo Pão de Açúcar. Os criminosos eram chilenos, argentinos e um brasileiro com passagem por grupos de esquerda, e eles já tinham feito outras ações do gênero, sempre sob pretexto de financiar a guerrilha da Nicarágua.

Alguns policiais afirmaram ter encontrado material do PT com os seqüestradores. Várias emissoras de rádio colocaram a notícia no ar e o secretário de Segurança de São Paulo, Luiz Antonio Fleury Filho, procurou a direção de jornalismo da TV Globo dizendo que havia fortes indícios de que aquela turma tinha ligações com o PT, e perguntou em seguida se a emissora ia divulgar a informação. João Roberto Marinho, filho do dono da TV Globo, determinou que só dariam a notícia se alguma autoridade assumisse a responsabilidade pela acusação. Fleury recusou-se a falar. Houve pressão do comitê de Collor, mas a Globo não deu nada sobre o caso.

---

[6] O produtor Francisco Vianey Pinheiro reclamou dessa nova edição do debate para o *Jornal Nacional* e foi demitido pela emissora. Até hoje, o episódio gera polêmica entre os jornalistas.

Na tarde de sábado, Lula foi ao estádio do Morumbi assistir à decisão do campeonato brasileiro de futebol, entre Vasco e São Paulo. Na entrada, admitiu para os repórteres esportivos que, como corintiano, torceria para os cariocas. Resultado: levou uma vaia monumental dos são-paulinos:

– *Au, au, au, Lula pro Mobral.*

O candidato deixou o estádio no final do primeiro tempo e classificou o episódio mais tarde como a pior experiência daquela campanha. No domingo, quando os eleitores foram às urnas, o jornal *O Estado de S. Paulo* publicava na primeira página que um padre simpatizante do PT fora o avalista da casa alugada pelos seqüestradores de Diniz. No Acre, o jornal O *Rio Branco* bateu mais pesado com a manchete *PT seqüestra Abílio Diniz*.

Collor venceu a eleição por 42,75% a 37,86%. Tarde demais, o petista arrependeu-se de não ter retribuído o interesse de Ulysses, pedindo o apoio do velho peemedebista:

– *Nós erramos e pagamos um preço muito alto. Nós perdemos as eleições por uma diferença menor do que os votos que Ulysses Guimarães teve. Foi um equívoco do PT.*

O resultado da eleição surpreendeu Lula:

– *Quando você está na linha de fogo, você nunca acha que a bala vai te pegar. Então, eu conhecia o Collor, eu sabia que o Collor não suportava um debate comigo, sabe? Ele era muito limitado, ele criou quatro ou cinco frases de efeito, acabou, colocava, sabe? Era como um cara querer disputar com o Romário. Bobagem, o Romário é o melhor centro-avante do Brasil, goste ou não goste dele. Ele marca a bola, a hora que a bola pingar, de cada dez ele marca nove. E eu tinha certeza que o Collor não agüentava debate. Ele não conhecia coisas, não conhecia nada, ele era uma invenção da Globo. Ele foi eleito prefeito por invenção do pai, foi eleito governador por invenção da família e da televisão dele e foi eleito presidente por invenção da Globo, sabe? Então, nessa derrota eu realmente baqueei.*

13

Pesadelo Real
(1990-1998)

A vitória de Collor deveria ter colocado Lula e Fernando Henrique na mesma trincheira, lutando contra o novo governo. Afinal, no dia em que o petista reconheceu sua derrota – 20 de dezembro de 1989 –, a Executiva Nacional do PSDB declarou-se na oposição. Mas a nota do partido de FHC tinha um adendo que fazia toda a diferença: os tucanos seriam contra Collor "sem negar apoio às medidas de interesse nacional".

Era um namoro antigo. Collor pensara em Fernando Henrique para seu vice – só desistiu quando ficou claro que isso era impossível por causa da legislação. Depois, tentou a vaga de vice de Covas, mas a manobra – que a lei não permitia – também fracassou.

Entre a eleição e a posse, Montoro, o presidente do PSDB, foi ao chamado Bolo de Noiva, o escritório onde estavam Collor e sua equipe, e assegurou pessoalmente o apoio às prometidas medidas de combate à inflação, privatização e redução dos ministérios. Segundo o novo presidente, nessa conversa foi oferecido ao PSDB "o coração do governo":

> *– Os tucanos teriam a Fazenda e as Relações Exteriores. Disse ainda ao Montoro que os nomes da minha preferência eram José Serra, para a Fazenda, e Fernando Henrique Cardoso como chanceler. E o acordo logo foi selado. O nome de Serra surgiu porque ele teria uma química perfeita com a nossa equipe. Muitos dos economistas que trabalhavam conosco possuíam uma formação ideológica de esquerda e vinham da Unicamp. Além disso, a Zélia (Cardoso de Mello, que coordenara seu programa econômico), que era*

também muito ligada ao Andrea Calabi, técnico próximo ao Serra, assegurou-me que ele era o homem certo para conduzir o plano econômico.

Collor estava em Roma, quando soube do fracasso da tentativa de cooptar o PSDB. Depois de muita discussão – e em boa parte graças à intransigência de Covas –, os tucanos resolveram que nenhum membro do partido iria para o ministério. Na volta, o presidente eleito ainda reuniu-se com Montoro e outros líderes – entre eles FHC:

– *Todos lamentaram e, naquele encontro, percebi claramente que tanto o Serra quanto o Fernando Henrique desejavam muito participar do nosso governo.*

Com Zélia Cardoso de Mello num reforçado ministério da Economia, Collor disparou uma bomba que nem Lula teria condições de utilizar: o Plano de Estabilização Econômica, logo apelidado de Plano Collor.

Além de substituir o cruzado novo pelo cruzeiro, tabelar preços e congelar aluguéis e mensalidades escolares, o plano congelou o dinheiro que os brasileiros tinham no banco. Durante um ano e meio, todas as contas correntes e cadernetas de poupança que excedessem 50 mil cruzeiros – 1.250 dólares – de saldo foram bloqueadas.

A reforma monetária foi aprovada pelo Congresso, até porque sua rejeição provocaria uma hiperinflação, e o Judiciário deu respaldo ao bloqueio das contas. Mas outros pontos essenciais, como o aumento dos impostos e as reformas liberalizantes, ficaram pelo caminho.

Quando o confisco foi anunciado, Lula reagiu com ironia, lembrando das acusações que Collor lhe fizera durante a campanha:

– *Não era eu quem ia mexer na poupança?*

Pouco antes, descansando numa casa de praia de Aluísio Mercadante, numa aldeia de pescadores de difícil acesso no litoral norte de São Paulo, ele convencera seu anfitrião a adiar a mudança para a Itália, onde Mercadante pretendia estudar. Em vez disso, seu quase vice deveria cuidar da campanha de Lula para deputado federal, nas eleições marcadas para outubro daquele ano.

Mas, ao reassumir o mandato, Lula descobriu que os 31 milhões de votos que conquistara na disputa presidencial em nada facilitavam seu acesso à tribuna da Câmara:

– *Para fazer um discurso eu tenho que entrar na fila, esperar um sorteio e correr o risco de ser escalado numa segunda-feira, com plenário vazio, e falar só para a* Voz do Brasil, *como os caras que fazem isso lá.*

Descartando a possibilidade de usar a condição de deputado federal mais votado para opor-se a Collor, Lula admitiu, com franqueza:

– *Não tenho tesão pelo Parlamento.*

Acabou trocando o salário de deputado pela condição de empregado do PT e convenceu a Executiva Nacional a deixá-lo fora da eleição seguinte, para a renovação do Congresso. Em junho, durante o 7º Encontro Nacional, Lula reassumiu a presidência do partido com uma idéia fixa: criar um governo paralelo, nos moldes do *shadow cabinet* que abrigava os trabalhistas ingleses, enquanto os conservadores exerciam o poder. O novo *bunker* pretendia ser uma alternativa de governo para 1994 e funcionaria também como uma espécie de blindagem diante do entrechoque das correntes internas do partido.

O projeto não decolou: entre julho e dezembro de 1990, eles se reuniram só cinco vezes, produzindo apenas dois projetos – um sobre educação, outro sobre o Nordeste.

Para piorar, na visão do novo presidente do PT, os jornalistas estavam de má vontade com seu governo paralelo – de fato, como todos os brasileiros, repórteres e comentaristas estavam muito mais interessados no governo Collor, que, naqueles primeiros meses, parecia mesmo um furacão capaz de deixar "a esquerda perplexa e a direita indignada", como prometera seu titular durante a campanha.

Na visão de Fernando Henrique, diante de tamanha "intenção reformadora", não estava certo nem aderir, nem opor-se sistematicamente. A saída, afirmava, era a negociação:

— Se quisermos manter o jogo democrático aberto, teremos de negociar. Não é democrático negar, por negar, meios de o homem governar. Vivemos um momento fundacional. Estamos, realmente, fundando a democracia no Brasil. E se algumas pessoas, alguns setores, não tiverem consciência disso, vai mal. Se ficar pensando: cara ou coroa, eu cuspo aqui, quero ver se você é homem para pisar aqui — isso não é modo de fazer democracia. É um botocudismo muito grande. Nem é botocudo, é brucutu.

Malan assumiu novas responsabilidades no Governo Collor. No primeiro trimestre de 1980, ele fora para a Inglaterra como professor visitante no Centro de Estudos Latino-americanos da Universidade de Cambridge e membro do King's College de Londres. No ano seguinte, tornara-se coordenador do Comitê Assessor de Ciência Social do Conselho Nacional de Pesquisas e, em 1982, disputara e perdera o cargo de professor-titular de Economia da Universidade Federal do Rio de Janeiro.

Desde agosto de 1983, ele vivia nos Estados Unidos. Primeiro em Nova York, comandando uma equipe de 50 pessoas na Policy, Analysis and Research Division das Nações Unidas, cuja missão era acompanhar o funcionamento das corporações transnacionais. Depois, passara para o International and Economical and Social Affairs da ONU, onde teria continuado caso não fosse convidado pela equipe econômica do governo Sarney para ser o primeiro representante brasileiro na diretoria executiva do Banco Mundial em Washington. Depois de alguma hesitação, ele aceitou, convencido de que assim poderia conciliar o estudo da economia internacional com um contato mais direto com os problemas brasileiros.

Em julho de 1990, por indicação da ministra Zélia, Malan assumiu a diretoria executiva do Brasil, Equador e Suriname junto ao Banco Interamericano de Desenvolvimento. Acabou durando mais que a ministra, que foi substituída quando seu namoro com o ministro Bernardo Cabral tornou-se público, após entrar em atrito com o secretário do Desenvolvimento Regional, Egberto Batista.

Marcílio Marques Moreira, embaixador brasileiro em Washington, assumiu o lugar de Zélia e, em junho de 1991, indicou Malan para consultor especial do Ministério da Fazenda e negociador-chefe para assuntos da dívida externa do Brasil.

Desgastado pela recessão brutal, pela disparada da inflação e do desemprego e por denúncias de irregularidades até nas compras da Legião Brasileira de Assistência, presidida por sua mulher, Collor entregou a coordenação política do governo para o pefelista Jorge Bornhausen, que já encerrara seu mandato como senador.

A posse como secretário-geral da Presidência só ocorreria em abril de 1991, mas antes mesmo de assumir Bornhausen ligou para Fernando Henrique, que estava num congresso de Sociologia em Moscou, e informou-o que pretendia levar o PSDB para o governo assim que limpasse o primeiro escalão, chamuscado por denúncias de corrupção.

A notícia dividiu os tucanos: FHC achava que um partido não podia se recusar a conversar com o presidente da República e participou inclusive de um encontro secreto com Collor no apartamento de Jarbas Passarinho, que repetiu o convite para assumir o Ministério das Relações Exteriores. Por pouco, a reunião não veio a público: ao saberem que o presidente estava lá, vários repórteres ocuparam o saguão do edifício. Passarinho, que costuma dormir cedo, teve de fazer serão, e Fernando Henrique só deixou o apartamento depois da meia-noite, quando o último fotógrafo saiu.

No início de fevereiro, Tasso Jereissati e FHC reuniram-se com o presidente no Palácio do Planalto. A cúpula tucana ficou aguardando o resultado da conversa na casa do deputado Sérgio Machado. O relato é de Fernando Henrique, que ficou com Bornhausen enquanto Tasso conversava com Collor. Segundo FHC, os dois saíram do palácio dispostos a recusar o convite, restrito a ambos e não extensivo ao PSDB:

– *Eu percebi, e o Tasso também, que ele não tinha proposta nenhuma para o partido, queria só nós dois. Sempre tive simpatia por ele e ele, respeito por mim, e fui franco. Essa é a verdade histórica. No carro, Tasso disse que, se eu quisesse ir, ele me apoiaria e eu respondi que era vice-versa. Mas não queria-*

mos isso. Chamei o Covas para a casa do Sérgio Machado, porque nós íamos recusar o convite. Mas antes de ir o Covas passou na TV e deu uma entrevista dizendo que era contra e que nunca aceitaria. Só que ele já sabia que eu também era contra e não ia aceitar. Quem queria que fôssemos para o governo era o Ciro, que fez inclusive um discurso veemente, dizendo que eu era a pessoa mais preparada e que o Covas estava impedindo minha ida para o governo.

Durante o governo Collor, Lula e Fernando Henrique se reaproximaram em torno de um sonho comum: fazer com que os brasileiros optassem pelo regime parlamentarista no plebiscito marcado para 21 de abril de 1993. Numa reunião no apartamento do senador tucano, acertaram uma agenda comum de viagens de Lula e Tasso – também presente – para defender o parlamentarismo. Fariam palestras em universidades e sindicatos, manteriam contatos com donos de veículos de comunicação – antes de revelarem o apoio do PSDB à candidatura do petista à Presidência tendo um tucano como vice. Nesse cenário hipotético, o perfil de FHC se encaixava muito bem no figurino de primeiro-ministro.

O acordo não prosperou no PT e, quando Tasso perguntou o que estava acontecendo, Lula disse que os radicais do partido – todos presidencialistas – inviabilizavam sua militância pró-parlamentarismo. Genoino, o último petista a abandonar a trincheira parlamentarista, daria outra explicação para a mudança de atitude:

– *O Lula abandonou a campanha parlamentarista e está usando os radicais como pretexto.*

De todo modo, para não se envolver na disputa interna, como era seu costume, ou por estar na frente em todas as pesquisas, o distanciamento de Lula pavimentou a vitória do presidencialismo dentro do PT. Lula nem votou no plebiscito: estava num ônibus, refazendo o trajeto que o levara de Garanhuns a São Paulo, na primeira Caravana da Cidadania.

Com o PT a favor do presidencialismo e o PSDB contra, 70% dos brasileiros foram às urnas. Dois terços escolheram a manutenção da república e 55%, o presidencialismo. E o próprio Lula acabou justificando sua atitude olímpica:

– Ulysses Guimarães passou quatro anos na Constituinte e não votou uma única vez. No PT e no sindicato, eu abri mão do voto de minerva.

Quando o cerco se apertou contra Collor e a imprensa passou a denunciar o comportamento de Paulo César Farias,[1] Dirceu e Suplicy pediram a instalação de uma Comissão Parlamentar de Inquérito (CPI). O requerimento não citava o presidente, mencionando apenas as denúncias contra PC Farias, por tráfico de influência. Ainda assim, houve muita pressão para engavetar o pedido: Ulysses lembrou a Pedro Simon que o suicídio de Vargas se originara de uma investigação parlamentar contra Benjamin, o irmão de Getúlio.

Depois que a revista *Veja* publicou 17 páginas de nitroglicerina pura sob o título "Pedro Collor conta tudo", os petistas conseguiram finalmente as assinaturas necessárias para instalar a CPI. A comissão iniciou seus trabalhos meio desacreditada, mas o destino de Collor foi se complicando pela conjugação dos depoimentos colhidos sob os holofotes da CPI, o intenso trabalho de apuração que galvanizou quase toda a mídia e a mobilização da sociedade civil, encabeçada pelos petistas. Uma conjunção em muito facilitada pela arrogância e o desprezo com que o presidente tratara o Legislativo.

No início de agosto, quando jovens com as caras pintadas exigiam o *impeachment* de Collor em manifestações por todo o país, o fim era só questão de tempo.

---

[1] Nascido em Passo de Camaragipe, Alagoas, em 20 de setembro de 1945, Paulo César Farias tornou-se empresário em Maceió. Foi tesoureiro de campanha de Fernando Collor e, durante seu governo, passou a operar um grande esquema de corrupção. Condenado a quatro anos de prisão por sonegação de impostos no valor de 1,7 milhão de dólares, junto com seu sócio, Jorge Bandeira de Melo, PC Farias, como ficou conhecido, foi preso na Tailândia. Libertado, foi morto ao lado da namorada Suzana Marcolino, em sua casa de praia em Guaxuma, Alagoas, na madrugada de 23 de junho de 1996. O assassinato não foi totalmente esclarecido e jamais foi encontrado o dinheiro que PC teria desviado durante o Governo Collor. As estimativas dessa quantia oscilam entre 300 milhões e um bilhão de dólares.

A primeira atitude de Fernando Henrique, como líder do PSDB no Senado, foi de cautela diante das denúncias. Mais preocupado em manter o governo em condições de operar que em engrossar o coro dos que queriam Collor fora do palácio, ele chegou a declarar, num pronunciamento:

– Impeachment *é como bomba atômica; é para dissuadir, não é para usar.*

Só assinou o pedido de abertura do processo de *impeachment* depois da entrevista de Pedro Collor na *Veja*. No dia 21 de agosto, FHC classificou Collor de "cadáver político" e defendeu a posse do vice Itamar Franco:

– *É inaceitável e imperdoável. O presidente poderia fazer um apelo ao país, dizendo "errei", mas ele não fez isso. O que ele diz é o seguinte: "Eu não errei, eu vou apresentar provas e o PC é um bom rapaz."*

O prestígio de Collor despencou tanto que até Paulo Maluf defendeu seu *impeachment*. Foi uma adesão pública, durante o programa eleitoral do PDS, obra do publicitário José Eduardo Mendonça, de 47 anos, conhecido como Duda, que desde 1990 comandava as campanhas malufistas.

Publicitário há 26 anos, Duda era um baiano de classe média, mas não perdia um carnaval, gostava de capoeira e sinuca e era fanático por brigas de galo.

Duda cursou Administração na Universidade Federal da Bahia,[2] mas não concluiu o curso. Contratado como escrevente na Faculdade de Arquitetura, passou a vender imóveis como bico e abriu uma imobiliária que inovou os métodos de venda de apartamentos, chegando a oferecer um telefone para cada novo apartamento vendido, quando constatou que o bairro estava no plano de expansão da companhia telefônica.

O passo seguinte foi uma agência de propaganda, batizada com suas iniciais. Como o *d* do título fora grafado em caixa-baixa, acrescentou o número que parecia a letra invertida só para equilibrar a marca, e assim surgiu a DM-9. Criou anúncios que zeraram o estoque de bicicletas de

[2] Em sua autobiografia, *Casos & Coisas*, Duda afirma que foi "aconselhado" a trancar matrícula por estar envolvido com a política estudantil.

um magazine dando buzinas de brinde. E para materializar o desconto oferecido por uma loja de tecidos, pouco evidente naqueles tempos de inflação galopante, inventou o *metrão* de 1,20 metro. Nessa toada, a DM-9 acabou eleita a agência do ano por colunistas do Sul.

Mas a fama – e a fortuna – de Duda Mendonça viriam a partir de 1982, com as eleições e o *marketing* político. Entre outros candidatos, ele ajudou a eleger Collor para o governo de Alagoas em 1986 e em 1990 recebeu um convite de seu colega Nelson Biondi e foi para São Paulo, trabalhar para Maluf, que vinha de uma série de derrotas.

Maluf foi derrotado por Fleury no segundo turno, mas a campanha comandada por Duda e Biondi renovou sua imagem e tornou seus criadores conhecidos no país inteiro.

O vice Itamar assumiu interinamente a Presidência no dia 29 de setembro de 1992, quando o Senado abriu processo contra Collor. No dia seguinte, os brasileiros foram às urnas escolher prefeitos e vereadores. Na eleição, o PT venceu em 52 cidades, incluindo três capitais: Porto Alegre, Belo Horizonte e Vitória. Mas, em São Paulo, Maluf derrotou Suplicy no segundo turno.

Logo após a divulgação dos resultados, Kotscho convidou Duda e Lula para um churrasco. No fim da noite, quando os dois já pareciam velhos amigos, combinaram que, se Maluf não fosse candidato, Duda faria a campanha do petista.

Em seguida, Kotscho preparou o *Projeto PT 2000*. O documento de oito páginas, aprovado por Lula e pela direção do partido, estabelecia um roteiro para a conquista do poder.

A operação começaria com viagens de Lula pelos quatro cantos do país. Nelas, o candidato do PT poderia conhecer a fundo a realidade brasileira, fazer agitação política e coletar preciosas imagens de vídeo para usar na futura campanha a ser pilotada por Duda.

Como já ocorrera com a Causa Operária, a Convergência Socialista e os trotskistas da Organização Socialista Internacionalista,[3] a direção do

---

[3] A que estavam ligados Luiz Gushiken, Clara Ant e Antonio Palocci, entre outros, e que se autodissolveu.

PT conseguiu enquadrar os últimos grupos de esquerda ainda incrustados no partido. Mas em novembro de 1992, por 26 votos a 25, os moderados foram derrotados, quando o PT se colocou em oposição ao Governo Itamar. Um erro crasso, segundo Dirceu:

– *Naquele dia, eu falei: perdemos a eleição de 1994! Ali o PT disse que o Itamar era igual ao Collor!! Uma tragédia.*

Um mês mais tarde, a bancada do PT na Câmara dos Deputados elegeu Vladimir Palmeira como líder e Dirceu perdeu por um voto.

O *impeachment* foi aprovado e Collor renunciou, numa fracassada manobra para evitar a condenação a oito anos de inelegibilidade. Logo após ser confirmado no cargo, Itamar reuniu os presidentes de partidos em sua casa, inclusive Lula, muito embora o PT já estivesse na oposição. Embora não fosse o presidente do PSDB, Fernando Henrique também estava lá.

O petista sugeriu ao novo presidente formar um ministério composto apenas por Jatenes, numa referência ao médico Adib Jatene, que Collor havia nomeado para o Ministério da Saúde e que é um dos mais respeitados cardiologistas do país. Propôs o nome de Raymundo Faoro para a pasta da Justiça e Almir Pazzianoto, que estava no TST, para o Trabalho.

Pouco depois, Itamar colocou o médico Jamil Haddad na Saúde, levando Lula a resmungar publicamente:

– *A gente sugere o Pelé e ele nomeia o Cafuringa.*

No final de janeiro, sem consultar o PT, Itamar convidou Erundina para assumir a Secretaria da Administração Federal. A concordância da ex-prefeita levou os radicais a pedirem sua expulsão do partido.[4] Lula declarou-se contra a expulsão, classificou o momento como um dos mais

---

[4] Erundina teve seus direitos partidários cassados e acabou demitida por Itamar por ter criticado Eliseu Resende, que assumira o Ministério da Economia. Reintegrada ao PT, disputou e perdeu a eleição para o Senado em 1994. Disputou a prefeitura novamente em 1995, mas perdeu para Celso Pitta no segundo turno; em setembro de 1997, saiu do PT.

difíceis que vivera, mas reconheceu que os filiados de um partido tinham de acatar suas decisões.

Em junho de 1993, as correntes de esquerda venceram a disputa interna no 8º Encontro Nacional do PT. Preservado como símbolo da unidade, Lula viu seu projeto de alianças e moderação ser posto em banho-maria.

Logo após a posse definitiva de Itamar, Fernando Henrique alcançou o cargo que lhe escapara sete anos antes, na eleição de Tancredo, e foi nomeado ministro das Relações Exteriores, substituindo Celso Lafer. Seis meses depois, no dia 19 de maio, em Nova York, um telefonema mudou sua vida.

Era o presidente, convidando-o para assumir a Fazenda[5] no lugar de Eliseu Resende, então sob tiroteio cerrado, com acusações de favorecimento à construtora Norberto Odebrecht, onde trabalhara anteriormente. Fernando Henrique explicou que estava muito bem nas Relações Exteriores, mas não fechou a porta.

Sua nomeação imediata apanhou de surpresa até dona Ruth. Com uma tarefa imensa pela frente – a inflação aproximava-se dos 30% ao mês –, FHC precisava entrar logo em ação. Antes de voltar ao Brasil, convocou seu primerio assessor. Mineiro de Lambari, 52 anos, Edmar Bacha tinha feito pós-graduação na PUC-Rio e integrara o time que havia criado o Plano Cruzado. Bacha acabou aceitando. A ele se somariam Clóvis Carvalho, Winston Fritsch, André Lara Resende, Pérsio Arida, Gustavo Franco e Malan.

Ele e Fernando Henrique haviam se aproximado por causa da negociação da dívida externa, que pouco sensibilizava outros senadores.

---

[5] Itamar havia restabelecido a denominação tradicional de Ministério da Fazenda, usada pela primeira vez em 1891, quando a República recém-implantada substituiu pelo novo órgão a antiga Secretaria de Estado dos Negócios da Fazenda, criada em 1821. O primeiro-ministro de Estado da Fazenda foi o baiano Ruy Barbosa.

Foi no apartamento de FHC que o negociador-chefe da dívida externa brasileira explicou a Covas, Marco Maciel, Esperidião Amin, Ronan Tito e outros, o rumo que estava imprimindo às tratativas com os credores.

Em julho, Fernando Henrique convenceu André Lara Resende a reforçar a equipe, assumindo o lugar de negociador da dívida externa, e colocou Malan na presidência do Banco Central.

No final de agosto, já havia um esboço de plano. Ele previa a aprovação pelo Congresso de um importante conjunto de emendas e a adoção de um novo indexador – a Unidade de Conta, igual a um dólar – a partir de janeiro de 1994. Foram feitas algumas cópias do documento, cada uma com um título diferente, para permitir a identificação de eventuais vazamentos. Uma delas chamava-se Real I.

André Lara Resende, um dos idealizadores do Plano Real.

No dia 13 de setembro, Pérsio Arida, outro pai do Cruzado, foi indicado para a presidência do BNDES, engrossando o time de economistas que desenhava o plano. A equipe ainda teria Gustavo Franco, promovido de secretário-adjunto de Política Econômica para diretor da área externa do Banco Central, onde cuidaria da área de câmbio. Franco integrara uma banda de *rock* pesado na adolescência e ainda mantinha o rosto e a estatura de garoto, mas consolidara fama de gênio da Economia.

O economista Gustavo Franco, um reforço para a equipe de Fernando Henrique.

Nova versão do plano saiu do forno oito dias mais tarde, com uma terceira fase prevista, em que o indexador seria substituído por uma nova moeda. Essa etapa só deveria ocorrer em 1995, já com um novo presidente da República – governista, provavelmente. Mas esse não era um ponto pacífico – Fernando Henrique e Clóvis Carvalho queriam lançar a nova moeda antes das eleições. O plano – ainda sem nome – tinha duas características essenciais: não comportava qualquer tipo de surpresa ou manobra brusca e se desenrolaria em etapas. A reforma monetária nem era seu passo decisivo.

A primeira das 14 Caravanas da Cidadania partiu de Garanhuns no dia 19 de abril de 1993. De ônibus, Lula refez o trajeto que percorrera quando menino, até Vicente de Carvalho. Ao todo, seriam 14 caravanas, percorrendo mais de 350 cidades e 80 mil quilômetros em 23 estados. Ao voltar, Lula diria que ninguém conhecia o Brasil melhor do que ele. Nessa e nas outras viagens, ele ainda exibia um jeito desabrido de falar, que volta e meia lhe causava problemas. No dia 8 de setembro, durante um discurso para 200 empresários de Rondônia, em Ariquemes, criticou sem perdão os políticos:

– *Dos deputados no Congresso, pelos menos 300 são picaretas.*

O Plano Real tornou-se a base de lançamento sobre a qual Fernando Henrique iria conquistar o Planalto, mas engana-se quem imaginar que os dois movimentos – a guerra contra a inflação e sua candidatura – tenham sido concebidos simultaneamente.

Itamar queria o peemedebista Antônio Britto, ministro da Previdência, como seu sucessor, e Ulysses chegou a aconselhar FHC a candidatar-se a deputado. Nessa época, numa conversa com Lula e Mercadante em seu apartamento, Fernando Henrique explicou que não sabia ainda o que ia ser da sua vida e se disse preocupado com sua campanha para o Senado.

Os três concordaram que PT e PSDB deveriam fazer uma disputa sem polarizar no primeiro turno da eleição presidencial que se aproximava, estabelecendo um acordo tácito em torno de quem fosse mais votado – e que, na visão de Fernando Henrique, seria o próprio Lula. Os petistas também discutiram essa possibilidade com Tasso, Serra e Serjão.

Em novembro de 1993, numa carta ao presidente, FHC assegurou que não seria candidato. Mas Britto resolveu concorrer ao governo gaúcho e FHC mudou de idéia:

– Percebi que, se o Itamar não tivesse chance de ganhar a eleição, não adiantaria eu ficar na Fazenda, porque eu não faria o Plano. A minha preocupação era com o Plano Real, não era com a eleição. As pessoas não vão acreditar jamais nisso, mas é verdade, eu estava realmente empenhadíssimo em estabilizar a economia e fazer o Plano Real, e aí eu topei ser candidato.

O passo seguinte foi buscar o apoio do PFL. Governador da Bahia pela terceira vez, Antônio Carlos Magalhães pretendia concorrer à Presidência e era o candidato natural dos liberais. No Encontro Nacional do partido, no dia 26 de fevereiro, Bornhausen e Maciel convenceram-no a sustar sua candidatura, porque seria prudente aguardar os resultados do Plano Real.

No dia seguinte, ACM já falava que FHC era o melhor candidato.

Dirceu se licenciara da secretaria-geral do PT na época da CPI do Caso PC, em que teve intensa atuação. Como todo o grupo da Articulação, perdera espaço na luta interna, mas resolveu disputar a eleição para o governo de São Paulo. Muitos petistas ainda sonhavam com uma aliança com tucanos, enquanto ele mesmo chegou a publicar um artigo, descartando essa hipótese. Numa das paradas de mais uma Caravana da Cidadania, em São Luiz Gonzaga, no Rio Grande do Sul, o próprio Lula admitiu:

– O José Dirceu é um candidato forte, preparado, mas ele tem consciência de que, se houver possibilidade de fazer aliança nacional, nós poderemos rediscutir.

A declaração de Lula punha lenha na fogueira alimentada pelo prefeito de Porto Alegre, Tarso Genro, que pretendia organizar um manifesto de prefeitos petistas a favor da aliança com os tucanos. Na mesma linha, Plínio Sampaio e Roberto Freire, do PPS, assinaram um artigo conjunto na *Folha*. O raciocínio era simples: a esquerda trocar a candidatura própria em São Paulo pelo apoio do PSDB a Lula já no primeiro turno.

Dirceu ficou uma onça. Sugeriu a Tarso que transferisse o título eleitoral para São Paulo, antes de dar palpites, e desafiou Plínio a defender a idéia nos encontros municipais do PT. Pensou até em criticar Lula publicamente, mas, aconselhado por Erundina, limitou-se a reafirmar sua candidatura e a apontar o desvio para a direita que os tucanos haviam realizado com o real. Finalmente, Lula recuou.

Na família de Cardoso, só Paulo Henrique apoiava o projeto presidencial – Ruth era abertamente contra. A indecisão do próprio FHC fez um grupo de tucanos pedir que ele aceitasse a candidatura como uma espécie de sacrifício. Em seguida, os jornais apresentaram o embaixador Rubens Ricupero como seu virtual sucessor na Fazenda. E, finalmente, Fernando Henrique deixou o ministério, assumiu a candidatura e foi em busca de alianças:

– *Vi o Mário Covas em 1989 e aprendi que você não faz campanha só com o PSDB. Já que não deu certo a aliança com o PT, queríamos com o PMDB. Não deu com o PMDB, porque o Quércia barrou, e fizemos com o PFL.*

Para vice, convidou Luís Eduardo Magalhães, o filho de ACM, que passara pela Arena e pelo PDS antes de fundar o PFL e eleger-se para a Câmara dos Deputados em 1986 e 1990, quando fora o campeão de votos na Bahia. Com bom trânsito na oposição, tinha sido um dos líderes do Centrão[6] e ficara até o final ao lado de Collor. Luís Eduardo ajudou a costurar a aliança entre o PSDB e o PFL, mas recusou o posto. Em seu lugar entrou o senador alagoano Guilherme Palmeira.

---

[6] Bloco que reuniu 280 deputados dos vários partidos para reagir à articulação dos parlamentares de esquerda na Constituinte.

Finalmente convencida, Ruth Cardoso engajou-se na campanha presidencial de Fernando Henrique em 1994.

FHC, Mário Covas e José Serra na campanha presidencial de 1994.

No fim de março, Maluf anunciou que não concorreria à Presidência, e Duda Mendonça foi jantar na sua casa. De presente, levava uma garrafa de Romanée Conti 1961. Ao abrir o pacote, Maluf comentou:

– *Belo vinho, bela safra. A julgar pelo presente, o que você tem para me dizer deve ser uma coisa realmente muito séria.*

Duda informou então que, como seu cliente não concorreria, pretendia fazer a campanha de Lula. Maluf não gostou e perguntou quem trabalharia para o candidato do PPS, Esperidião Amin. Duda empurrou a tarefa para seu sócio, Nelson Biondi, e a conversa parou aí.

Fernando Henrique chegou a ligar para o publicitário quando já tinha contratado a DM-9 e soube que a decisão não lhe garantia a posse de Duda – a agência fora vendida ao Grupo Icatu, do empresário Daniel Dantas, e era comandada por outros dois baianos: Nizan Guanaes na publicidade e Geraldo Walter no *marketing* político.

Nenhuma das alas petistas conseguiu obter a maioria no 9º Encontro Nacional do partido. O programa de Lula virou uma colcha de retalhos e a coordenação da campanha foi compartilhada entre os três vice-presidentes – Mercadante, Rui Falcão e Luiz Eduardo Greenhalgh, um comando triplo jamais funcionaria. Duda foi vetado pela esquerda petista e o *marketing* político continuou nas mãos de Paulo de Tarso Santos, que fizera a campanha de 1989.[7] No posto de vice, Lula manteve Bisol, que o acompanhara na eleição anterior. Até o nome da coligação – Frente Brasil Popular – era um repeteco da eleição anterior.

Em junho, Lula viajou para a África do Sul. No avião, Clóvis Rossi, da *Folha de S. Paulo*, perguntou-lhe se não temia que o lançamento do

---

7 Duda acabou fazendo a campanha do candidato a governador pelo PMDB, Barros Munhoz, além de outros candidatos pelo país.

real, marcado para dali a dez dias, atropelasse sua liderança. A resposta, curta e grossa, ficaria na memória do jornalista:

– *Vai apenas congelar a miséria.*

Nas pesquisas, Lula continuava muito à frente: segundo o Datafolha, passou de 37 pontos percentuais em abril para 42 em maio e 40 em junho. Fernando Henrique andava para trás: 21 pontos em abril, 16 em maio, 17 em junho.

Geraldo Walter, o marqueteiro dos tucanos, concluiu que a agenda proposta por Lula estava correta e apropriou-se dela, apresentando seu candidato como um Lula melhorado. FHC seria o candidato do real, mas não o de Itamar. Como símbolo da campanha, foi escolhida a mão aberta, o inverso do punho fechado e sua conotação de radicalismo. E para escapar da pecha de representante da elite, FHC seria sempre apresentado como professor.

Quando o real tornou-se a moeda oficial do Brasil, os brasileiros, disciplinadamente, passaram a dividir o preço de cada produto ou serviço – do pãozinho ao salário – por 2.750 para saber seu novo valor.

Dez dias depois do lançamento da moeda, no interior da Bahia, num comício de Fernando Henrique, o povo acenava com orgulho as novas notas de um real e dizia que elas valiam mais do que as de dólar. Foi quando FHC percebeu que venceria a eleição:

– *Essas pessoas nunca tinham tocado em um dólar, mas sentiam orgulho em ter uma moeda que valia. Soberania é isso, e não* slogans *"abaixo não sei quem", e sim a autoconfiança na moeda nacional.*

E aconteceu o que FHC classificaria mais tarde como "curto-circuito":

– *A minha análise é essa. A de que a sociedade cansou da inflação. Chegou a um ponto em que houve uma saturação. Então, precisa-se de um fato que dê o curto-circuito. Esse fato foi o Plano Real.*

Fernando Henrique entrou na campanha disposto a tudo: numa viagem ao Nordeste, montou num cavalo e usou um chapéu de couro.

Dias antes, respondendo a Quércia, o candidato do PMDB que o acusara de ter as mãos brancas, ele se definia como "um mulatinho" e explicou que tinha "um pé na cozinha".

Do outro lado do campo, a CUT partiu para o ataque ao plano econômico:

– *Parece pesadelo, mas é real.*

Lula também bateu forte:

– *De cara, os trabalhadores podem perder 30% do seu poder aquisitivo.*

A receptividade imediata do plano colocou Lula e seu partido num mato sem cachorro: se o apoiassem, levariam água para a cacimba do adversário; se o condenassem, iriam contrariar o sentimento da população, que adotara o real de modo entusiasmado. Aos poucos, o candidato do PT começou a poupar o plano, assestando suas baterias contra o seu criador, comparando-o a Fernando Collor.

Em maio, uma penada do Tribunal Superior Eleitoral acabou com o sonho petista de animar o horário eleitoral com cenas gravadas durante as Caravanas da Cidadania, ao restringir a propaganda a gravações em estúdio. Pouco depois, Lula teve de colocar Mercadante no lugar de Bisol, em virtude das denúncias de que teria assinado emendas superfaturadas, beneficiando a cidade mineira de Buritis, onde tinha uma fazenda.

Fernando Henrique desafiou Lula para um debate sobre o Plano Real e reclamou da atitude do PT, que obstruía a votação da medida provisória da URV (Unidade Real de Valor). Numa feira do Ceará, de calça de linho e tênis importado, o tucano ironizou Mercadante, que volta e meia criticava o plano:

– *Ele (Mercadante) é um bom rapaz. Se tivesse estudado um pouco mais, não teria errado tanto no Real...*

O tucano rejeitou a insinuação dos jornalistas de que não tinha intimidade com feiras e outros locais populares:

– *Eu sempre andei em feira. Eu sou sociólogo e andava nas favelas e nas feiras para estudar a vida do povo. E o povo é uma coisa formidável, porque dá energia para a gente. Governo que fica longe do povo não presta.*

Seu vice, Guilherme Palmeira, também foi alvo de um tiroteio, em virtude de ter assinado emendas que beneficiavam uma empreiteira, mas Marco Maciel assumiu o posto rapidamente e a troca pouco afetou seu avanço nas pesquisas.

Lula recusou o desafio proposto pelo tucano. Nos comícios, diante dos trabalhadores, passou a criticar as reportagens que recomendavam à dona Maria pesquisar os preços para comprar onde fosse mais barato:

– *As donas Marias do povo são diferentes das donas Marias deles. Elas trabalham e não têm tempo de ficar pesquisando preços.*

Outra Maria – a empresária e atriz Maria Ruth dos Santos, mais conhecida como Ruth Escobar – ofereceu um almoço para sua quase xará Ruth Cardoso e lá pelas tantas sapecou:

– *Nessa eleição temos duas opções: votar em Sartre ou escolher um encanador.*

A comparação deselegante foi rebatida pelo próprio Lula:

– *A Ruth Escobar pode passar a vida sem um sociólogo, mas não pode passar sem um encanador.*

Ruth Escobar desculpou-se em público, mas o estrago já estava feito.

A campanha de Dirceu não decolava – enquanto Lula estava com 29% das intenções de voto em São Paulo, seu candidato a governador não passava de 5%, quase seis vezes menos. O mesmo distanciamento ocorria entre o desempenho dos candidatos a presidente e seus aliados nos estados, configurando um fenômeno que Pedro Simon, do PMDB, resumiu numa frase definitiva:

– *Essa eleição casada é a mais descasada da história.*

No dia 1º de setembro, Rubens Ricupero foi dar uma entrevista ao vivo para o *Jornal Nacional* da Globo. A entrevista nada teve de relevante, mas o ministro da Fazenda permaneceu no estúdio, para gravar uma participação para o *Jornal da Globo*. Enquanto a equipe ajustava o equipamento, ele continuou conversando informalmente com o jornalista Carlos Monforte, que é seu contraparente. A certa altura, mencionando o índice de preços que media a inflação, o ministro afirmou:

– *Eu não tenho escrúpulo: o que é bom a gente fatura, o que é ruim a gente esconde.*

Em seguida, admitiu que suas aparições na mídia serviam de propaganda subliminar para o candidato governista. Nem ele, nem Monforte sabiam que, por um descuido técnico, aquela conversa informal estava sendo captada pelo país afora por todas as parabólicas sintonizadas na Globo.

Muita gente ligou para o comitê de Lula, falando sobre as declarações de Ricupero. Greenhalgh, um dos coordenadores da campanha, reuniu os correspondentes estrangeiros e lhes apresentou uma versão apimentada e incorreta da conversa. A coletiva foi convocada sob a alegação de que, na mídia brasileira, havia um complô contra a candidatura de Lula. A suposta transcrição da conversa do ministro incluía até uma frase sua ameaçando "soltar a polícia contra as greves".

Ricupero pediu demissão e, quando deixava o ministério, 60 militantes do PT se reuniram em frente ao prédio e improvisaram um refrão constrangedor:

– *Bandido, bandido, bandido!*

Num comício no Paraná, Lula bateu no ex-ministro e, por tabela, em FHC:

— O ministro, que parecia tão cristão, tão bonzinho, de repente tem a petulância de dizer que só mostra as coisas boas e as coisas ruins ele esconde. Imagino como não deve proceder um candidato ateu.

Fernando Henrique minimizou a derrapada de Ricupero e contestou as críticas petistas à escolha de Ciro Gomes para o cargo. Numa longa entrevista, tratou Lula como um professor trata um aluno rebelde:

— Tenho pena do Lula. Vejo-o como um grande líder sindical que está se desfigurando como se fosse um político comum. Virou político. Fazendo gritaria, dizendo coisas que não são verdade.

Já com pose de vencedor, admitiu convidar alguns petistas para compor seu futuro governo. Cobrado por artistas cariocas sobre a aliança com o PFL, explicou que o apoio dos liberais a seu governo sairia mais caro, caso fosse firmado após as eleições.

— Eu precisaria distribuir posições no governo, coisa que eu não quero.

O tratamento dado por ele a Lula oscilava entre o elogio e a crítica. Ao final de uma visita a dom Paulo, FHC disse ter apreço pelo petista. Dias depois, em Blumenau, colocou sua amizade com Lula no passado:

— Nós somos gente séria, gente decente. Tanto é assim que o meu principal adversário hoje disse que somos amigos há anos. Foi verdade.

Diante do esvaziamento do escândalo da parabólica, Lula percebeu que a luta estava perdida. Quinze dias antes da eleição, desabafou com seus companheiros:

— Não dá mais para esconder. Essa coisa de operário e de partido operário não funciona. O PT não vai ganhar uma eleição enquanto não tiver um candidato de classe média.

Estava certo: o tucano elegeu-se no primeiro turno, com 54,3% dos votos, contra 27% do petista – ou em números absolutos, com 34,3 milhões de votos contra 17,1 milhões.

Na primeira entrevista coletiva depois da vitória, no dia 7 de outubro de 1994, FHC procurou desfazer a imagem de neoliberal, que começavam a lhe pregar, defendendo a aplicação dos recursos obtidos com as privatizações em infra-estrutura. E descartou a reeleição, àquela altura não prevista na lei:

– *No meu caso, quatro anos está mais do que bom.*

FHC elogiou o PT, mas disse que o partido não estava nos seus planos, salvo para ajudar a aprovar a reforma tributária e da Previdência. Sobre seu adversário, explicou:

– *Nunca assumi a posição de anti-Lula, porque não sou anti-Lula. Sou Fernando Henrique, e o Lula é o Lula.*

Fernando Henrique colocou Serra no Planejamento, Serjão nas Comunicações e Paulo Renato de Souza na Educação. Weffort – que, sem grandes traumas, deixara o partido de Lula – assumiu o Ministério da Cultura. Outros escolhidos atendiam a arranjos políticos destinados a assegurar a governabilidade – sempre criticados pelo PT.

Para o comando da economia, Fernando Henrique tinha um perfil ideal:

– *Para ser ministro da Fazenda – eu fui – você tem que ser uma pessoa emocionalmente madura, equilibrada, e ter um alto sentido de serviço público, porque aquilo é uma pedreira, é horrível. É o pior emprego da República; se você der a uma pessoa brilhante, mas instável, vai dar com os burros n'água, é preciso alguém que tenha sentido de Estado, sentido de responsabilidade.*

Como Bacha não quis sair do Rio, FHC escolheu Malan. Ele vinha ampliando seu espaço na área econômica desde a queda de Ricupero, quando orientou o comportamento de toda a equipe, recomendando aos colegas que evitassem declarações e aguardassem a escolha do novo ministro. Como Ciro não tinha intimidade com as questões econômicas, Malan passou a palpitar nas decisões, até porque, como presidente do Banco Central, ele era o secretário-executivo do Conselho Monetário Nacional, anunciando e defendendo as principais propostas.

Já estava escolhido para a Fazenda, mas continuava no comando do Banco Central, em novembro de 1994, quando um ataque especulativo retirou 1,7 bilhão de dólares do México, levando à desvalorização de 13% no peso mexicano. A Argentina foi imediatamente afetada, e o Brasil apontado como a próxima vítima.

Pedro Malan, então ministro da Fazenda. Para Fernando Henrique, comandar esse ministério era "o pior emprego da República".

Fernando Henrique Cardoso tinha 63 anos quando tomou posse, no dia 1º de janeiro de 1995, como o trigésimo presidente do país. No discurso de meia hora, no Congresso, classificou a questão social como o grande desafio do Brasil naquele final de século, mas cobrou a participação dos parlamentares:

– *Sem que o Congresso aprove as mudanças na Constituição (...) e sem que a opinião pública se mobilize, as boas intenções morrem nos discursos.*

Depois da posse, FHC recebeu a faixa presidencial de Itamar Franco no parlatório. Era a segunda vez na história que a transmissão do cargo ocorria diante do público – a primeira fora em 1961, quando Juscelino Kubitschek passou a faixa a Jânio Quadros.

O descompasso entre o novo presidente e o Congresso complicou os primeiros dias do governo. No dia 4 de janeiro, o nome de Pérsio Arida para a presidência do Banco Central não foi aprovado pelo Senado,[8] porque um grupo de senadores deixou o plenário na hora da votação e foi tomar café. Todos agiam a favor do senador Humberto Lucena, que utilizara a gráfica do Senado para imprimir milhares de calendários com sua foto e dependia de uma sanção presidencial no projeto de lei que o anistiaria.

Os deputados aprovaram, em uma votação simbólica, o aumento do salário mínimo para cem reais, equivalente a 100 dólares, conforme projeto do deputado petista Paulo Paim, obrigando o presidente a vetar a proposta, que, segundo ele, estouraria as contas da Previdência. A essa altura, sua popularidade já despencara para 36%.

Mal haviam se iniciado os trabalhos legislativos e o jovem e desconhecido deputado José Mendonça Filho, do PFL de Pernambuco, apresentou uma emenda permitindo a reeleição dos chefes de Executivo, em todos os níveis, inclusive dos que estavam no exercício do cargo. Seria apenas mais um papel fadado a mofar nas gavetas, não fosse o empenho do governo em sua tramitação.

---

[8] Arida acabou aceito uma semana depois, mas ficou apenas cinco meses no Banco Central.

Um mês e meio depois da posse, Fernando Henrique encaminhou os projetos de cinco reformas constitucionais: redefinição do conceito de empresa brasileira, fim do monopólio estatal do petróleo, abertura para o capital estrangeiro na distribuição do gás natural, permissão para que empresas estrangeiras fizessem a navegação de cabotagem e a reforma da Previdência.

Em fevereiro, na esteira da crise do México, o país registrou uma fuga de capitais especulativos de 1,247 bilhão de dólares, quatro vezes mais do que em todo o ano de 1994. A equipe econômica reagiu: gastou mais de cinco bilhões em reservas, desvalorizou o real e adotou um sistema de banda cambial.

Entre fevereiro e março de 1995, mais de sete bilhões de dólares saíram do país. Quando se discutiu a possibilidade de desvalorizar o real, Malan foi contra, porque achava que uma desvalorização naquele momento teria feito o Plano Real juntar-se ao Cruzado, ao Bresser, ao Verão, aos Collor 1 e 2.

Alguns economistas tucanos reclamaram do caráter monetarista das medidas. Era o embrião do autodenominado grupo desenvolvimentista, que gravitaria em torno de José Serra e do futuro presidente do BNDES, Luiz Carlos Mendonça de Barros.

No final de janeiro, Lula propôs que os petistas se mobilizassem contra o anunciado veto do presidente ao aumento do mínimo para 100 reais. E ainda reclamou que seus companheiros não tinham se interessado pelo tema, porque nenhum deles vivia com o salário mínimo.

Pouco depois, numa reunião de deputados, senadores, prefeitos e governadores petistas em Brasília, Lula tentou se desfazer da condição de candidato natural à sucessão de Fernando Henrique:

— *Quem sabe não acontece com o PT o que aconteceu com o Flamengo e aparecem por aqui vários Romários?*

Na manhã de sábado, 4 de fevereiro, na sede do PT, os repórteres Reinaldo Azevedo e Américo Martins, da *Folha de S. Paulo,* encontraram-no corado, vestindo um pulôver de mangas compridas combinando com a gravata azul com detalhes de várias cores. Na ponta do nariz, óculos para ajudar a vista cansada. Na mão, uma cigarrilha. Bem-humorado, Lula disse que não tinha a mesma sede de fazer oposição que alguns setores da imprensa cobravam do PT. Reconheceu que o partido fora duro demais nos primeiros tempos do Governo Collor e que não deveria "ficar babando como se estivesse desejando que as coisas não dessem certo":

– Nós queremos que as coisas dêem certo neste país, porque, se não derem certo, quem paga o pato somos nós.

Por isso, não cobrava realizações imediatas de FHC:

– Eu acho que você tem um tempo para fazer as coisas. Eu não posso exigir do Fernando Henrique, em apenas um mês, aquilo que eu não quero que exijam dos administradores do PT.

Mas não resistiu e alfinetou:

– Algumas desculpas dele, no entanto, não se justificam.

Folha – Quais?

– Não ter pensado numa política para o salário mínimo. Essa discussão de 100 reais existe há pelo menos seis meses.

Ele achava que com Luís Eduardo Magalhães e Sarney comandando a Câmara e o Senado o presidente teria dificuldade para cumprir seu programa. Com aquela dupla, garantia Lula, era impossível avançar:

– A direita conservadora passa a ter muito mais influência no poder do que em qualquer outro momento da história.

No apartamento de Brizola, no Rio, duas horas e meia de conversa traçaram as bases para uma frente anti-reformas. Na saída, Lula respondeu às acusações de FHC, para quem os protestos contra seu governo não passavam da reação dos derrotados:

– A prepotência e a arrogância sempre fizeram parte do currículo do Fernando Henrique Cardoso. É verdade que perdemos as eleições, mas não perdemos o amor à nossa nação. (...) O presidente é passageiro, mas o Brasil não.

A tréplica de FHC veio dois dias mais tarde, depois de audiências com a Força Sindical e com uma delegação de prefeitos, no Palácio do Planalto:

— *Recusar-se ao diálogo, dizer não às reformas é ficar condenado a ser reacionário. Reagem contra tudo. Isso é que era a verdadeira direita reacionária do passado. Agora, uns querem ser a vanguarda e viram reacionários.*

Teoricamente, Fernando Henrique tinha base parlamentar para aprovar as suas cinco reformas, mas, na prática, a base governista barganhava cada voto. Havia ainda o problema do salário mínimo, cujo aumento ele condicionara à aprovação de uma reforma, ainda que parcial, na Previdência. Depois de muita discussão, o Congresso cedeu e FHC sancionou, afinal, o aumento do mínimo para 100 reais.

Todas essas escaramuças resultaram na primeira de uma série de tentativas de reaproximação entre Lula e Fernando Henrique, rejeitada pelo petista que, ao ver o presidente descendo a rampa do Planalto pela primeira vez, acusou-o de copiar o estilo de Collor. Quando soube que ele fora aplaudido de pé por empresários norte-americanos, Lula observou que FHC não seria aplaudido "nem sentado" se anunciasse que manteria o controle estatal sobre áreas estratégicas, como o petróleo. E foi mais fundo:

— *Esse não é o papel de um presidente da República que tem que defender a soberania da nossa nação.*

Em maio, sob o comando da CUT — Central Única dos Trabalhadores, os petroleiros entraram em greve contra o fim do monopólio. Fernando Henrique achou que não podia perder aquela queda-de-braço:

— *Em greve de estatal é assim. Se a gente faz corpo mole na primeira, depois não recobra a força. Eles sugam tudo.*

O governo bombeou o máximo de petróleo para os distribuidores independentes e colocou em prontidão cinco dos seis comandos militares do país. Quando o Tribunal Superior do Trabalho considerou a greve abusiva, tropas do Exército ocuparam as refinarias.

Lula enviou um fax ao presidente, reclamando da intransigência do governo. FHC respondeu publicamente. Não houve acordo, nem mortes. E, apesar das filas nos postos de gasolina, em menos de um mês os petroleiros voltaram ao trabalho, derrotados.

Dirceu quase caiu para trás quando Lula lhe propôs que disputasse a eleição para presidente do partido:

— *Eu nunca esperava voltar a ter um papel na direção do PT. Achei que ia ser candidato a vereador... Até porque o Lula sempre pensava em mim como organizador do partido, mas não como presidente do partido.*

O convite sinalizava um novo comportamento de Lula, que deixava de pairar sobre as disputas internas do partido, para assumir claramente um lado, entrando em campo disposto a ganhar o jogo. Duas semanas antes de deixar a presidência do PT, Lula submeteu seu partido a um raio X nada condescendente. Ele admitia que os petistas se preocupavam demais com as eleições, até pelo fato de muitos militantes agora trabalharem nos gabinetes parlamentares. Sobre FHC, afirmou:

— *Agora, está ficando claro para a opinião pública que o Fernando Henrique Cardoso não está deixando de fazer as coisas porque o PFL está no governo. O problema não é a cabeça do PFL. É a cabeça do Fernando Henrique Cardoso. Ele acredita, como monetarista, que a única coisa que tem que fazer é estabilizar a economia, sem ter nenhuma política social.*

Em Guarapari, Dirceu derrotou o candidato da ala esquerda e assumiu o comando do PT disposto a diminuir a luta interna e abrir o partido para a sociedade, ampliando a política de alianças.

Fernando Henrique arrumou uma encrenca com ACM quando o Banco Central interveio nos bancos Mercantil de Pernambuco, no Comercial de São Paulo e no Econômico da Bahia. Sétimo maior banco do país, o Econômico estava pendurado no redesconto do Banco Central, o que significava que não era capaz de ficar em pé pelas próprias pernas.

ACM tentou evitar de todo modo a intervenção, que procurou apresentar como "crime contra a economia baiana".

No dia 15 de agosto, Sarney, como presidente do Congresso, promulgou quatro das cinco emendas à Ordem Econômica. Ficou faltando apenas a que liquidava com o monopólio estatal do petróleo.

A intervenção no Econômico contaminou a entrevista coletiva em que Fernando Henrique detalharia essas reformas. Os jornalistas só perguntavam sobre o choque com ACM, a crise com o PFL, a confusão do Econômico.

Os interventores encontraram operações irregulares de remessa de recursos para o exterior na papelada do Econômico, sobretudo dinheiro oriundo da venda ilegal do patrimônio do próprio banco para escapar da intervenção.

Depois de conversar com os principais banqueiros, o governo autorizou a entrada de capital estrangeiro nas instituições brasileiras, para garantir a credibilidade e a segurança do sistema financeiro, abalado pela crise dos bancos estaduais e pela quebra do Econômico.

Lula entrou no novo debate batendo em FHC e em ACM ao mesmo tempo:

– *O presidente da República deve estar se sentindo uma marionete nas mãos do coronel Antonio Carlos Magalhães ou está perdido, sem saber o que fazer. Intervir num banco e dois dias depois assumir o seu rombo é, no mínimo, incompetência ou muita subserviência aos poderosos. Quem sabe as duas coisas.*

Os petistas pretendiam entregar um memorial sobre a reforma agrária ao presidente. Na data imaginada pelo PT, FHC estava na Bélgica. Lula acompanhou a entrega do documento a Sarney e ao presidente do Supremo Tribunal Federal, mas não participou do encontro com Marco Maciel:

– *Não vou ao Planalto porque não sou mais nada no partido. (...) Se o Fernando Henrique quisesse fazer reforma agrária, não colocaria um latifundiário no Ministério da Agricultura.*[9] *É como deixar um rato cuidando do queijo parmesão.*

Os protestos contra FHC não deslanchavam e o movimento em defesa do monopólio estatal do petróleo não obteve as 205 assinaturas necessárias para barrar a emenda que acabava com o monopólio.

---

[9] O ministro era José Eduardo Andrade Vieira, dono do Banco Bamerindus e produtor rural.

Fernando Henrique encontrou-se no Palácio do Planalto com Dirceu e os líderes do PT na Câmara e no Senado, Jacques Wagner e Eduardo Suplicy, em outubro de 1995. Os petistas transmitiram o convite do MST para que FHC visitasse um acampamento de sem-terra e pediram ao presidente que retirasse o projeto de lei que estabelecia critérios de avaliação judicial do preço das terras para desapropriação.

O presidente concordou em ir a um acampamento e prometeu analisar os pedidos. Pediu também uma trégua no campo. Dirceu, Suplicy e Wagner concordaram com a trégua em relação à violência, mas não quanto à luta pela reforma agrária.

Para permitir que o Banco Central socorresse bancos em dificuldades, FHC editou, no dia 3 de novembro, a medida provisória nº 1.179 e a resolução nº 2.208. Era o Proer.

A medida permitia que os bancos "bons" comprassem as instituições em dificuldades e que as dívidas das empresas adquiridas fossem abatidas do imposto de renda. O dinheiro para socorrer as instituições vinha do sistema financeiro, dos depósitos compulsórios que os bancos têm de fazer. Depósitos de até 20 mil reais de correntistas de instituições sob intervenção passavam a ser garantidos pelo governo. O patrimônio pessoal dos controladores serviria de garantia para obter crédito. Segundo Malan, o sistema viera para ficar – acabou extinto em 1995.

Já sob a vigência das novas regras, o Banco Central interveio no Banco Nacional, forçando a transferência de seu controle acionário para o Unibanco. A nora de FHC, Ana Lúcia Catão de Magalhães Pinto, casada com Paulo Henrique, era uma das herdeiras do Nacional e integrava o Conselho de Administração do banco.[10]

[10] Em agosto de 1997, a Polícia Federal indiciou 39 pessoas no inquérito que investigava fraudes fiscais no Banco Nacional, entre elas a já ex-nora de FHC – ela e Paulo Henrique se separaram em 1997. Ana Lúcia acabou absolvida, mas seus irmãos – e toda a diretoria do Nacional – foram condenados em primeira instância pela Justiça Federal do Rio, em fevereiro de 2002, por formação de quadrilha e crime de colarinho-branco. As penas variaram entre 20 e 27 anos, mas todos recorreram. Marcos Magalhães Pinto e seu ex-diretor de contabilidade, Clarimundo Sant'Anna, também foram proibidos pelo Conselho de Recursos do Sistema Financeiro Nacional de atuar no mercado por 20 anos.

Lula condenou o Proer com veemência. Pelas suas contas, o governo pagara 20 bilhões de juros das dívidas interna e externa, dera 13 bilhões para o sistema financeiro e gastara outros sete para comprar a bancada ruralista. Enquanto isso, a cesta básica teria recebido apenas 50 milhões de reais:

– Se desse os bilhões dos bancos para a cesta, ela teria caviar e lagosta. Com o dinheiro que deu ao Econômico e ao Nacional, poderia ter assentado 240 mil famílias de sem-terra.

O Proer e as reações a esse programa não foram a última complicação de 1995. No dia 18 de novembro, a transcrição de uma escuta telefônica ilegal revelou indícios de tráfico de influência na escolha da empresa que forneceria os equipamentos para o Sivam – Sistema de Vigilância da Amazônia –, vencida pela americana Raytheon, depois de supostas pressões da CIA.

No dia 8 de dezembro, a revista *IstoÉ* revelou que o interventor do BC havia encontrado uma pasta cor-de-rosa com os nomes de 25 candidatos às eleições de 1990, que teriam recebido dinheiro do Econômico para suas campanhas – o que na época era proibido por lei.[11] Apesar do conteúdo explosivo, o diretor de Normas e Fiscalização do Banco Central, Cláudio Mauch, simplesmente guardou-a num cofre do BC, em vez de entregá-la à Polícia Federal.

No tradicional discurso de final de ano, FHC não falou nem no Sivam, nem na pasta: prometeu acelerar a reforma agrária e realizar mais investimentos nas áreas sociais, assegurando que o governo estava vencendo "a batalha contra o pessimismo".

Malan foi escalado como bombeiro no caso da pasta cor-de-rosa: deu entrevista ao *Jornal Nacional*, elogiando Luís Eduardo e ACM. De-

[11] As doações somavam 2,4 milhões de dólares – só para ACM, seriam 1,114 milhão de dólares, de acordo com a revista. Na lista estavam também Luís Eduardo Magalhães, Serra, Sarney, Renan Calheiros, Ricardo Fiúza, Benito Gama, Joaquim Francisco e José Agripino Maia. A pasta tinha ainda as contribuições feitas pela Federação Brasileira das Associações dos Bancos, a Febraban.

pois, explicou que não era "divã de psicanalista" para resolver os incômodos que os diretores estariam sentindo com aquela crise, mas defendeu sua diretoria:

– Mauch não vai ser demitido. Nenhum diretor vai ser demitido. O presidente (Gustavo Loyola) não será demitido. Todos gozam da confiança do presidente e minha. Estão querendo transformar isso numa crise política. São documentos do passado e a legislação já foi alterada.

Lula cobrou uma CPI para o caso Sivam e afirmou que nem o fato de envolver uma questão de segurança nacional justificava a dispensa de concorrência, principalmente num negócio de 1,4 bilhão de dólares. Sobre a pasta cor-de-rosa, "um caixa dois sobre o qual o Banco Central manteve segredo durante dois meses", pediu uma investigação com "serenidade e seriedade" e perguntou que norma obrigava o BC a manter em sigilo um documento sobre fraude eleitoral:

– É muito grave que o BC compactue com a podridão.

No início de 1996, ele se dizia interessado em viver melhor a vida e fazer as coisas "com menos ativismo e mais qualidade". Volta e meia, insistia: mais do que ser o candidato natural à sucessão de FHC, estava interessado em construir uma frente antineoliberal.

No 1º de maio, Artur Virgílio, secretário-geral do PSDB, quis participar do ato promovido pela CUT em São Paulo. Ele pretendia defender o reajuste do salário mínimo, de 12%, que os petistas criticavam. Vaiado e xingado, não conseguiu discursar e saiu reclamando da atitude que considerou fascista. Em seu discurso no mesmo ato, Lula afirmou que o tucano não deveria nem estar ali.

– Se o reajuste do mínimo fosse bom mesmo, FHC deveria chamar o ato de 1º de maio dele.

No final do ano, a *Folha de S. Paulo* revelou que Lula recebia R$ 2.195,40 de aposentadoria como anistiado. O petista reagiu dizendo que, se não reivindicasse esse dinheiro, "estaria perdoando todos aqueles que perseguiram a mim e a outras pessoas". Parte dos petistas queria Tarso Genro como candidato a presidente, mas Lula conseguiu adiar o debate, alegando que era cedo para uma definição.

Ele só apontava por onde seu projeto político não passaria:

– *Durante oito anos, acreditei cegamente que era possível mudar a história desse país. Não tenho interesse em ser deputado federal, deputado estadual, prefeito ou governador. Queria ser presidente da República. Agora vou ser o que o partido quiser que eu seja.*

Em janeiro de 1997, o PMDB rachou, mas aprovou a tese de reeleição e ainda emitiu uma declaração formal de apoio à nova candidatura de Fernando Henrique, que publicamente ostentava um elegante, mas forçado, distanciamento do tema: em férias na ilha de Fernando de Noronha, reiterou não ter qualquer interesse pessoal no assunto. Duas semanas mais tarde, ao comentar a aprovação da emenda na comissão especial da Câmara, classificou-a de uma resposta "à voz rouca das ruas". Mais tarde, admitiria que a reeleição era indispensável, diante do tamanho da obra reformista que pretendia realizar.

A Câmara acabou aprovando a emenda da reeleição e, em fevereiro, passou a ser comandada por Michel Temer. Luís Eduardo tornou-se líder do governo e ACM assumiu a presidência do Senado, depois de derrotar o peemedebista Íris Resende.

No dia 17 de abril, uma marcha dos sem-terra chegou a Brasília. Era o primeiro aniversário do massacre de Eldorado dos Carajás, no qual 19 sem-terra foram mortos num confronto dos agricultores com a Polícia Militar, no Pará.

Oficialmente ligado à reforma agrária, o ato transformou-se numa catarse contra "tudo aquilo" que estava ali. Debaixo de uma chuva torrencial, 30 mil pessoas ocuparam a Esplanada dos Ministérios, gritando contra as reformas na Constituição, a privatização da Companhia Vale do Rio Doce, o desemprego e a política econômica. Lula foi muito aplaudido ao pregar a unidade das oposições:

– Esse ato é uma resposta da oposição para o presidente perceber que nós existimos. Vocês estão fazendo aqui a unidade da oposição brasileira que não pode se desfazer até que consigamos a reforma agrária e outra alternativa política para o país.

Num encontro com os jornalistas, depois do ato, Lula explicou o motivo de sua relutância em se candidatar outra vez:

– Eu já provei que 25% dos votos dos brasileiros eu tenho. Fiz isso duas vezes. O problema é que, para ser eleito, são necessários 50% dos votos.

No dia seguinte à marcha, FHC recebeu representantes do MST, retomando o diálogo interrompido há meses. João Pedro Stédile, o líder do MST, bateu duro:

– Nós viemos aqui contar ao senhor o que o povo pensa do seu governo e seus puxa-sacos não dizem.

Apesar do tom, a conversa foi cordial. Fernando Henrique insistiu que estava executando um programa de governo aprovado pelas urnas em 1994. De concreto, os dirigentes do MST saíram com uma promessa: o presidente tentaria apressar a votação dos projetos ligados à reforma agrária. Sem o menor constrangimento, FHC deu uma de sociólogo e explicou que, se não estivesse na cadeira presidencial, estaria na rua com os manifestantes:

– A mobilização é importante para fazer as coisas mudarem.

Uma semana mais tarde, num programa de rádio, o presidente revelou o convite feito a Lula para se encontrar com ele e a resposta que recebera:

– Ele (Lula) já mandou dizer pelos jornais que não vem. Depois eu que sou arrogante? Estranho, né?

O encontro entre Lula e Fernando Henrique melou definitivamente quando a *Folha de S. Paulo* divulgou que o deputado Ronivon Santiago (PFL-AC) recebera 200 mil reais por seu voto a favor da emenda da reeleição.

Os compradores teriam sido os governadores Orleir Cameli (sem partido-AC) e Amazonino Mendes (PFL-AM). O deputado mencionava outros quatro deputados do Acre – João Maia, Zila Bezerra, Osmir Lima e Chicão Brígido – como beneficiários da negociata.

O chefe da Casa Civil, Clóvis Carvalho, disse que o caso nada tinha a ver com o governo. Mas na terça-feira a Bolsa de Valores caiu e a Câmara dos Deputados criou uma comissão de sindicância. Os petistas e membros de outros partidos de oposição insistiam numa CPI.

Na quarta-feira, nova reportagem apresentava a gravação de uma conversa em que o deputado João Maia, do PFL do Acre, dizia que o dinheiro viera do ministro Sérgio Motta:

– *Aquele dinheiro era o dinheiro do Amazonino. Que mandou trazer por ordem do... do... menino aqui, do Serjão.*

Serjão informou que só se pronunciaria depois de toda a série de reportagens. E o porta-voz da Presidência, Sérgio Amaral, informou que FHC considerara graves as denúncias e que elas deviam ser investigadas pela Câmara.

Na quinta-feira, nova gravação em que Ronivon relacionava a autorização para o funcionamento de uma retransmissora de TV concedida por Serjão ao deputado com seu voto a favor da reeleição. Ronivon teria ainda recebido a promessa de uma concessão de rádio.[12]

A compra de votos funcionou como um elixir para a candidatura Lula. E como um veneno mortal para o seu encontro com FHC.

Serjão tentou convencer Fernando Henrique a facilitar a instauração de uma CPI, mas o presidente demoveu-o:

– *Fui eu que disse a ele: "Sérgio, você está maluco? CPI não é para apurar a verdade, é para infernizar o governo."*

---

[12] Ronivon Santiago e João Maia foram imediatamente expulsos do PFL. Amazonino Mendes e Orleir Cameli negaram qualquer participação na compra de votos.

A CPI não saiu. Serjão depôs na Comissão de Justiça. Ronivon e João Maia renunciaram aos mandatos para escapar da cassação e outros três parlamentares foram absolvidos pela Câmara. Fernando Henrique jamais admitiu interesse na compra de votos:

— Afirmou-se que a reeleição obrigou a uma relação espúria com o Congresso, inclusive com compra de votos. Mentira. Todo mundo queria reeleição, naquela ocasião. Todos os editoriais de jornal, todas as pesquisas de opinião. A reeleição ganhou na Câmara por mais de 40 votos, e no Senado com 80% de aprovação. Comprar voto pra quê? No dia em que esta história puder ser passada a limpo, você vai ver... Mas não vão passar nunca, porque isso revela as entranhas do sistema político brasileiro. Não tem nada a ver nem comigo, que jamais soube disso nem concordaria com isso, nem com o Sérgio Motta, nem com o resultado da votação.

Em junho de 1997, a emenda da reeleição foi aprovada definitivamente no Senado e FHC conquistou o direito a disputar um novo mandato.

No final de maio, uma entrevista de Paulo de Tarso Venceslau ao *Jornal da Tarde*, de São Paulo, e ao *Diário do Povo*, de Campinas, causou um estrago na imagem de Lula. Ex-guerrilheiro e fundador do PT, Paulo de Tarso[13] fora secretário de finanças das prefeituras petistas de Campinas e São José dos Campos, onde a empresa CPEM tinha oferecido seus serviços para alavancar o recolhimento do ICMS, por meio de contratos sem licitação. Dirceu Teixeira e seu irmão Roberto apresentavam-se como representantes da empresa. Roberto era compadre de Lula e dono da casa onde o líder petista morava de graça.

O PT concluiu que as denúncias eram verídicas, mas deu o caso por encerrado, porque a prefeitura acionou judicialmente a empresa, cancelando os pagamentos. Demitido do cargo de secretário, Paulo de Tarso não ficou satisfeito e continuou batendo na mesma tecla: em 1995, encaminhou relatórios a Suplicy e Mercadante e registrou em cartório uma

[13] Ver página 97.

carta destinada a Lula. No ano seguinte, escreveu a Dirceu, já na presidência do PT.

Eles tinham sido muito próximos,[14] mas, quando não obteve resposta, Paulo de Tarso apelou para a imprensa. Denunciou a existência de uma triangulação entre as prefeituras, Roberto Teixeira e Lula. O caso funcionou como fogo de encontro nas mãos dos governistas, atrapalhados com a proposta de criação de uma CPI para analisar a compra de votos durante a votação da emenda da reeleição. ACM ironizou:

– *O senador Suplicy certamente vai pedir uma CPI.*

ACM estava errado.[15]

Quando o caso CPEM ainda estava quente, o presidente deu uma entrevista à *IstoÉ* sem mencionar expressamente as denúncias, deixando o tema nas entrelinhas:

IstoÉ – O senhor acha que o Lula será seu principal adversário?

Fernando Henrique – *Não sei. Gosto pessoalmente do Lula. Inclusive não acho justo o que está acontecendo com ele. Não quero julgar se fez ou não fez. Mas acho que o Lula é uma figura respeitável. Nunca disse qualquer coisa pessoal sobre ele. Acho que o país não pode desperdiçar suas lideranças.*

IstoÉ – Ele não tem condições de ser presidente?

Fernando Henrique – *Bom, aí é outro assunto. Condição pode ser até que tenha, não sei, vamos ver. Eu não jogo pedra no Lula, embora alguns petistas joguem pedra fisicamente em mim.*

---

[14] Paulo de Tarso participara do seqüestro do embaixador norte-americano trocado por 15 presos políticos – entre eles Dirceu, que anos mais tarde o indicaria para a prefeitura de São José dos Campos. Mais que isso: passou cinco anos e meio preso pelo crime, e depois colocou Dirceu para morar na casa de sua família, enganando o próprio irmão, José Venceslau.

[15] Não houve CPI, mas a repercussão das denúncias levou o PT a indicar nova comissão interna para reexaminar o caso. Hélio Bicudo, José Eduardo Martins Cardoso e Paul Singer ouviram mais de 30 depoimentos, concluindo que tanto Paulo de Tarso como Roberto Teixeira deveriam ser submetidos à comissão de ética. Finalmente, o escândalo perdeu força.

Com a inflação dominada, FHC tinha motivos para achar que as coisas iam bem, apesar do aumento no déficit das transações correntes, igual a 4% do PIB. Ainda em junho, Fernando Henrique recebeu Maluf por três horas no Palácio da Alvorada. A conversa teria girado em torno do projeto de Maluf de disputar novamente o governo de São Paulo – o que facilitava a reeleição de FHC. A imprensa especulou sobre os acordos que podem ter sido fechados na conversa e como eles afetariam a candidatura de Covas. Nenhum dos interlocutores esclareceu o que foi conversado efetivamente.[16]

Mas havia uma tempestade a caminho.

No início de junho, num encontro do diretório paulistano do PT, Lula foi aclamado como candidato a presidente. Insinuou que o governo teria tido alguma participação na divulgação do caso CPEM, mas reconheceu não ter provas. E novamente descartou a conversa com o presidente.

Pouco depois, o bloco das oposições – PT, PDT, PSB e PC do B – resolveu lutar pela CPI da reeleição e lançar uma candidatura única contra FHC. No encontro, Brizola defendeu Lula da acusação de morar numa casa pertencente a Roberto Teixeira:

– *Eu nunca vi neste país alguém condenado por não ter casa.*

Numa declaração que podia ser premonição, realismo político ou jogo de cena para fortalecer a tese da aliança ampla, Dirceu alertou os militantes:

– *Nada indica nossa vitória em 98.*

---

[16] Em agosto de 1998, centenas de *outdoors* com uma fotomontagem em que FHC aparecia ao lado de Maluf foram espalhados por São Paulo. O presidente não reagiu à atitude do adversário de Covas e sua postura olímpica gerou uma crise entre os tucanos. Por pressão dos covistas, Fernando Henrique cancelou a participação em todos os eventos que pudessem ligá-lo a Maluf e no final do mês formalizou seu apoio a Covas. A mensagem foi divulgada em outros *outdoors*.

Ele disse isso no lançamento da candidatura do ex-prefeito de Ribeirão Preto, Antonio Palocci, à presidência do diretório regional do PT em São Paulo, quando sugeriu que o PT adotasse a eleição direta para todos os cargos internos.

Filho de um artista plástico que foi secretário municipal de Cultura da cidade e morreu em 1987 e de uma ex-costureira, Palocci, o Tóti, interessou-se por política desde muito jovem, até porque sua mãe tinha militância na esquerda. Era calouro da Faculdade de Medicina da USP em Ribeirão Preto, onde se formaria como sanitarista, quando foi apresentado ao então pós-graduando Luiz Carlos Schenberg, dirigente da clandestina Organização Socialista Internacionalista e que, no meio universitário, controlava a tendência conhecida como Libelu. Com o codinome de Pablo, entrou para o grupo, chegando a integrar seu comitê central. Quando a OSI dissolveu-se no PT, Palocci a acompanhou.

Em 1988, aos 28 anos, elegeu-se vereador e, quatro anos depois chegou à Prefeitura de Ribeirão Preto, numa coligação que incluía o PSDB. Durante seu mandato, abriu 49% do capital da companhia telefônica local, estabeleceu uma parceria com a iniciativa privada para ampliar a rede de esgotos e aproximou-se do empresariado. Por pequena margem, não emplacou seu sucessor em 1996.

No final de julho de 1997, Palocci foi eleito presidente regional do PT em São Paulo. Na mesma reunião, foram escolhidos os delegados para o Encontro Nacional do PT, marcado para agosto. O peso da representação paulista – 20% do total de delegados – revertia a desvantagem de Dirceu, derrotado no Rio Grande do Sul e em Santa Catarina pelos partidários do candidato da esquerda petista, o deputado carioca Milton Temer. O embate entre eles era decisivo para a campanha presidencial: Dirceu queria uma frente mais ampla. A esquerda pretendia restringir as alianças a partidos como o PC do B.

Discursando na abertura do encontro regional de São Paulo, Lula condicionara sua candidatura às alianças amplas e a uma campanha com chances de vitória. Condenou a ferocidade da luta interna, dizendo que não acreditava que pudessem chegar a uma nova sociedade "enquanto existir tanto ódio entre nós". Lula também sapecou FHC, que, pouco antes, havia elogiado os jacarés.[17]

– *Um jacaré é mais democrático que o Fernando Henrique.*

Sugeriu inclusive a substituição de Malan por um jacaré:

– *Ele teria mais sensibilidade social que o ministro.*

Malan estava mais preocupado com outros bichos – os chamados Tigres Asiáticos. No dia 2 de julho, Tailândia, Malásia, Cingapura, Filipinas e Indonésia haviam desvalorizado drasticamente suas moedas, num movimento que levaria a uma queda de 15% no PIB da Indonésia e de 7% na Malásia, na Tailândia e na Coréia no ano seguinte. A crise nos Tigres Asiáticos atingiu em cheio os países emergentes que dependiam dos capitais voláteis, como o Brasil.

A primeira reação do ministro foi tentar provar que a crise asiática era previsível e que o Brasil tinha algumas vantagens sobre outros países emergentes, como um déficit menor e bons resultados nas primeiras privatizações da telefonia celular.

Mas Malan teria de enfrentar trovoadas produzidas dentro do governo também. Numa entrevista para a revista *Veja*, Serjão disse que a crise demonstrara que Gustavo Franco estava errado ao insistir na âncora cambial. E com seu inconfundível estilo de falar a sério como quem estava brincando, defendeu a ida de Serra para o comando da economia:

– *Eu até já brinquei com o presidente, dizendo que o governo funcionaria melhor se o Serra estivesse cuidando da economia e eu da política: poderíamos brigar feio, mas não tenha dúvida de que o governo funcionaria a todo o vapor.*

---

[17] Ao anunciar um projeto no Pantanal, FHC disse ter perdido o medo dos jacarés, que chamou de quase humanos – e até mais dóceis. Era um cutucão nos petistas, que tinham feito um protesto contra ele em Corumbá.

Malan recorreu a FHC. O teor da conversa não veio a público, mas o ministro sinalizou seu desagrado:

— *Especular com a minha substituição por Serra provoca incertezas sobre os rumos da economia.*

Luís Eduardo Magalhães ameaçou deixar a liderança do governo na Câmara e FHC acabou enquadrando seu velho parceiro político em particular — e em público:

— *Cada ministro deve se limitar à sua área de atuação político-administrativa. Qualquer outra opinião só pode existir no âmbito privado.*

Duas semanas mais tarde, aos 41 anos, Gustavo Franco substituiu Gustavo Loyola na presidência do Banco Central, consumando uma demissão que remontava ao ano anterior. Sua primeira tarefa foi ajudar Malan a implementar uma decisão crucial: manter a política cambial que aproximava o real do dólar, apesar da fuga de capitais.

Em outubro, quando a crise já derrubara várias bolsas de valores mundo afora, para manter o câmbio engessado, eles elevaram a taxa de juros de 20,7% para 43,4%, transformando o país em recordista mundial nessa modalidade.

Às vésperas do 11º Encontro Nacional do PT, Dirceu antecipou o que poderia acontecer caso Lula perdesse outra eleição:

— *Eu não diria que uma derrota do Lula em 98 inviabiliza a candidatura dele em 2002. As experiências históricas não mostram isso. No Brasil, mesmo não tendo nada a ver com o Lula, temos o caso do Maluf, por exemplo.*

Internamente, tendo Lula como delegado em sua chapa, Dirceu propunha a reestruturação do PT, com estatuto novo e a realização de um congresso em 1998, para definir a nova política de alianças e um programa de governo que atualizasse o socialismo petista. Com o apoio da Democracia Radical, de Genoino, e de parte da antiga Articulação de Esquerda, agora agrupada na Nova Democracia, que guinara para a direita, Dirceu conseguiu uma vitória apertada. A margem era estreita para assegurar mudanças maiores, mas suficientes para fazer transformar Lula em candidato mais uma vez.

No final de setembro, numa entrevista a Eliane Cantanhêde e Raymundo Costa, da *Folha de S. Paulo*, Lula reclamou que FHC mandava recados e não o procurava diretamente para conversar e admitiu a hipótese:

— Se ele quiser conversar, a gente estabelece uma pauta. Vamos falar sobre o quê? Sobre reforma da Previdência Social, privatizações, política de empregos? Eu adoraria conversar. A única coisa que eu não quero é conversar só para posar para foto. Para mostrar que ele é democrático, conversa com todo mundo.

Lula atribuiu os índices de preferência de FHC à condição de presidente, que podia aparecer a qualquer hora na televisão e ainda contava com a propaganda do PFL, do PSDB e do PMDB a seu favor. O petista não temia mais um fracasso nas urnas:

— Eu não tenho nenhum problema de ter uma terceira, uma quarta ou uma quinta derrota. Você pode perder uma eleição e ganhar politicamente.

Numa reunião com Brizola, Arraes e João Amazonas, Lula perguntou a cada um deles:

— Você é candidato? Você tem candidato?

Diante das diversas negativas, abriu o jogo:

— Se vocês não são candidatos, vamos parar com essa história. Eu já me despi, meus defeitos têm sido apontados todo dia e só se fala em outro candidato, que não existe...

Sempre agressivo, Lula acusou FHC de se achar o "príncipe de Mônaco".

Dois dias depois, um domingo, o "príncipe de Mônaco" passou quatro horas reunido com os principais ministros, no Palácio da Alvorada, e aprovou as 51 medidas de ajuste fiscal que seriam anunciadas na segunda. O objetivo era enfrentar a crise que se abatera sobre as bolsas de valores e evitar a desvalorização do real. Sem elas, informou Malan, o Plano Real não agüentaria seis meses.

O Congresso podia mexer muito pouco nas medidas: apenas duas decisões – um projeto de lei e outro de lei complementar – dependiam do voto de deputados e senadores. As outras foram implantadas por meio de 17 medidas provisórias, 14 atos do governo, 13 decretos e cinco exposições de motivos.

O pacote foi rejeitado por 53% dos paulistanos, segundo pesquisa do Instituto Datafolha realizada no dia seguinte ao anúncio. A aprovação ao real também caíra de 55% para 47%. A população estava pessimista: 53% achavam que o poder de compra iria diminuir, 65% previam um aumento da inflação e 77% temiam maior desemprego.

Quando o Congresso aprovou a reforma administrativa, o presidente não se conteve e reclamou da oposição:

– *Eu acho que uma decisão como a de ontem deveria ter sido aprovada por unanimidade. Os que não se juntaram a essa imensa maioria vão pagar o preço histórico de não ter entendido o momento do Brasil.*

No início de dezembro, durante uma viagem a Londres, onde conversou com os presidentes de grandes empresas britânicas interessadas no Brasil, Fernando Henrique elogiou Lula:

– *Respeito muito o Lula. Já concorremos uma vez e foi uma competição que não deixou nem marcas nem mágoas. Acho que o Lula é uma pessoa que o Brasil deve preservar.*

FHC fez questão de explicar que não havia qualquer alusão a uma suposta facilidade para derrotar seu oponente quando dizia que a presença de Lula na campanha presidencial seria positiva:

– *É positiva nesse sentido (o de respeito pelo líder petista) e não no outro, de que seja mais fácil (derrotá-lo). Ninguém sabe o que é mais fácil.*

O presidente ainda relevou as críticas de Lula a seu governo atribuindo-as ao "calor da hora".

Lula atacou as medidas por todos os lados:

— O Fernando Henrique Cardoso agiu como um menino teimoso que é advertido pela mãe para ter cuidado, para não fazer isso e, como não atende, acaba se machucando.

Classificou a demissão de funcionários públicos de "um acinte" e propôs taxar as grandes fortunas, pondo em prática o projeto apresentado pelo próprio FHC quando senador, em vez de aumentar o imposto de renda da classe média. Dizia que o pacote só prejudicava a "parte honesta" do país:

— Só paga imposto no Brasil trabalhador que recebe em contracheque, aposentado e débil mental.

Em novembro, FHC deu uma entrevista coletiva, acompanhado por Malan e Kandir, na tentativa de demonstrar que a crise não era resultado da ação do governo e que estava fazendo o necessário para preservar não apenas a moeda, mas a estabilidade.

Explicou que, sem fidelidade partidária, a tal base governista tornava-se instável, exigindo mais negociação. Por isso queria mais sensibilidade por parte da oposição:

— Fiz dois ou três apelos. Não convidei ninguém, porque a cada apelo que eu faço vem uma saraivada, às vezes até de desaforo. Masoquista não sou.

No final de 1997, Lula trocou a casa emprestada por Roberto Teixeira pela cobertura de 186 metros quadrados, no edifício Green Hill, em São Bernardo. Lula comprara o apartamento por R$ 189.142,50. Mas os detalhes do negócio ainda lhe trariam dor de cabeça.

No dia do lançamento de sua candidatura, 11 de dezembro, compareceu ao Ato pelo Emprego, no Paço Municipal de São Bernardo, e concitou os desempregados a cercarem as prefeituras com barracas, passarem o dia em frente à Fiesp e irem a Brasília:

— O presidente Fernando Henrique Cardoso terá um chilique quando levarmos 100 mil desempregados ao Palácio do Planalto.

Na mesma manifestação, Stédile, do MST, defendeu a estatização e a ocupação dos bancos, após a tomada dos latifúndios. Ouvido pelos repórteres, Lula não endossou as ações, mas retomou a idéia de que era preciso mobilizar os desempregados para transformar o problema do emprego numa questão política.

Na metade de dezembro, Fernando Henrique aparecia na frente em todas as simulações de disputa – com e sem Itamar e Maluf – ainda que todas as projeções apontassem para a realização do segundo turno.

Ciro, que acabara optando pelo PSB de Arraes, fora quem mais avançara nas pesquisas desde o pacote das 51 medidas, mas ainda registrava uma desvantagem de 35 pontos percentuais num hipotético segundo turno contra o presidente. Ou seja, o mais expressivo rival de FHC continuava a ser Lula.

14

A Voz Rouca das Ruas

(1998-2001)

Fernando Henrique Cardoso sofreu dois golpes duros em abril de 1998. O primeiro foi a morte de Serjão, no dia 19, depois de quase três semanas internado, por causa de uma infecção pulmonar.

Ao receber a notícia, FHC convocou os jornalistas credenciados no palácio e, com lágrimas nos olhos, tornou público o recado que recebera pouco antes. No bilhete, Serjão o encorajava a melhorar o Brasil e concluía:

— *Não se apequene. Cumpra seu destino histórico. Coordene as transformações do país.*

Acompanhado pela maioria dos ministros, Fernando Henrique ficou 45 minutos no velório de seu velho amigo. Enxugou os olhos pelo menos três vezes, ajudou a fechar o caixão e levá-lo até o carro do Corpo de Bombeiros. Abatido como nunca se vira antes, retornou para Brasília. Na véspera, havia elogiado publicamente seu antigo parceiro:

— *Ele carregava o piano, às vezes, até desafinadamente. O que mais me indigna é quando comparam o Sérgio a outras figuras lúgubres da vida brasileira, como se o Sérgio não fosse um militante, um político. Como se ele fosse um homem que estivesse traficando, coisa que ele nunca fez. É um homem que ajudou a todos nós.*

Marcelo Alencar, FHC e seu ministro das Comunicações e amigo pessoal, Sérgio Motta. Junho de 1996.

O espaço político ocupado por Serjão tinha um herdeiro lógico, ainda que de outro partido: Luís Eduardo Magalhães, que ditava o ritmo das votações que interessavam ao governo no Congresso e costurava todos os acordos com os partidos da base governista, sem deixar de negociar com a oposição.

Dois dias depois do enterro, Fernando Henrique participava de um jantar na embaixada do Brasil em Madri, quando seu filho cochichou que Luís Eduardo sofrera um infarto. Minutos depois, por telefone, FHC recebeu a confirmação da notícia – e da gravidade do ataque – do próprio ACM. Recolheu-se para dormir no palácio onde estava hospedado e, de madrugada, o vice-presidente Marco Maciel informou-o da morte do ex-presidente da Câmara.

Numa outra ligação, FHC e ACM choraram juntos e, apesar do calmante, o presidente dormiu mal a noite. Na manhã seguinte, contra a vontade do Itamaraty, cancelou todos os compromissos na Espanha e voltou ao Brasil.

A articulação política do governo jamais seria a mesma depois da dupla perda em menos de uma semana. Nesse contexto, pequenos escorregões transformaram-se em crises, como a deflagrada quando o presidente chamou de "vagabundos" os aposentados com menos de 50 anos, num discurso em que defendia a reforma da Previdência.[1]

FHC tentou explicar que estava se referindo à minoria que trabalha em gabinete, sem risco de vida e sem qualquer circunstância de insalubridade e aposenta-se com apenas 20 anos de contribuição, mas não se retratou.

No dia 27 de maio, adotando uma prática comum entre presidentes norte-americanos, ele concedeu uma longa entrevista – 83 minutos – nos jardins do Palácio da Alvorada. Reconheceu não ter realizado todas as promessas da primeira campanha, afirmou que ainda não era candidato, negou-se a comentar a liderança de Lula nas pesquisas e repetiu sua palavra de ordem predileta:

– *Foi feito tudo? Não. Por que não foi feito tudo? Porque não dá para fazer tudo. O rumo foi mudado, nós mudamos o rumo do Brasil.*

Quase meia hora de seu pronunciamento foi dedicada à seca. O presidente declarou-se comovido com o que vira no Nordeste e garantiu que ninguém morreria de fome na região.

Para Lula, FHC tornara-se um "prisioneiro da burocracia e dos tecnocratas" depois das mortes de Serjão e Luís Eduardo. Sobre as observações do presidente em relação à seca, raciocinou:

[1] Examinada em seu contexto exato, a frase não passa de uma mancada. Trombeteada pela mídia, melindrou aliados, garantiu balas à oposição e provocou a ira da bancada dos aposentados no Congresso – algo próximo a 150 dos 480 parlamentares. Ele mesmo fora aposentado compulsoriamente aos 38 anos, no tempo da ditadura. A partir de 1979, com a anistia, poderia ter voltado a lecionar, mas preferiu a carreira política e continuou a receber a aposentadoria.

– Se fosse uma defesa de tese e o Paulo Renato (ministro da Educação) estivesse na banca examinadora, o Fernando Henrique seria reprovado. (...) Ao contrário da elite conservadora, que ao menos conhece o país, ele conhece muito o mundo, a filosofia, mas não conhece o chão do país que governa.

Lula e Brizola se uniram na chapa presidencial, mas a um alto custo: a direção nacional interveio no diretório do Rio de Janeiro, que insistia em lançar Vladimir Palmeira como candidato a governador e sacramentou a dobradinha Anthony Garotinho[2] e Benedita da Silva. Palmeira recorreu à Justiça, mas não adiantou.

Quando as pesquisas apontaram uma recuperação da imagem do presidente, Lula atribuiu a reação à docilidade da mídia, conquistada por FHC convidando primeiro os donos de jornais e depois os colunistas para jantar no palácio:[3]

– Logo depois, a seca saiu dos jornais. A teoria do presidente é não mostrar coisas ruins, é só mostrar coisas boas.

O programa de governo de Lula foi lançado no dia 6 de julho, mas sem o capítulo econômico, que só seria divulgado em agosto, já com o horário eleitoral gratuito. Pouco antes do evento, Lula percebeu que a defesa do real sequer era mencionada. A primeira versão do documento já circulava na Internet, no momento em que ele acrescentou uma frase à mão:

– No meu governo, vou garantir a estabilidade monetária, mas também a estabilidade econômica e social.

---

[2] Anthony William Garotinho Matheus de Oliveira tinha 37 anos. Técnico em contabilidade, atuou como amador no teatro, foi disc-jóquei de um programa de *rock* e locutor de turfe e de futebol. Militou no Partido Comunista, fundou o Partido dos Trabalhadores em Campos e foi o candidato mais votado para vereador aos 21 anos (o partido não obteve votos suficientes para lhe garantir a legenda). Depois, passou para o PDT e elegeu-se deputado estadual aos 25 e prefeito de Campos aos 27. No segundo governo de Brizola, foi secretário de Estado de Agricultura, Abastecimento e Pesca, reelegendo-se prefeito.

[3] Em maio, o Datafolha indicava 17% para Fernando Henrique e 13% para Lula.

No dia 10, diante de 1.500 militantes reunidos no Centro de Convenções de Brasília, Lula criticou as privatizações e acusou FHC de estar se beneficiando da privatização da Telebrás:

– *Ele está dando de graça o maior patrimônio público desse país, possivelmente para fazer caixa dois para a campanha eleitoral.*[4]

Mas Lula evitou participar do protesto organizado contra a privatização do Sistema Telebrás no Rio, para não correr o risco de ser envolvido em um eventual confronto com a polícia.

Malan não ficou de fora do embate que se avizinhava. Em toda oportunidade, repisava que a inflação não deveria fazer parte do debate eleitoral, citando países como a Inglaterra, onde os trabalhistas ficaram 15 anos longe do poder, sem que Tony Blair classificasse a estabilidade como "uma política de direita", como faziam os petistas:

– *Acho que não é pedir demais àqueles que se propõem a ser alternativas críveis ao exercício do poder que digam que não pretendem trazer de volta o imposto inflacionário.*

Lula não via motivo para tanta angústia em torno de suas propostas para a economia:

– *Eu não sei por que essa angústia para que nós apresentemos um programa de governo. Em 90, votaram no Collor sem que ele tivesse um programa. Em 94, votaram no Fernando Henrique, que copiou o programa do PT.*

Para ele, cumprir as cinco metas do primeiro mandato de FHC – agricultura, segurança, emprego, saúde e educação – era mais que suficiente. Insistia que era preciso desvalorizar o real em relação ao dólar e impor uma espécie de "quarentena" para os capitais estrangeiros

---

[4] No dia 21 de julho, a juíza Adriana Pileggi de Soveral, da 8ª Vara da Justiça Federal em São Paulo, rejeitou a denúncia contra Lula, por causa da acusação que o petista fizera a FHC. O Ministério Público Federal recorreu e, em 1999, por unanimidade, a segunda turma do Tribunal Regional Federal de São Paulo manteve a sentença da juíza.

especulativos. Um acordo para garantir a estabilidade, ou debater com Malan, nem pensar.

– *Se o Malan quiser alguma coisa, que saia candidato. Burocrata não terá vez. Ele só sabe enxergar números e pesquisas e não sabe que por trás de cada número há uma criança com fome, um brasileiro desempregado, um homem expulso do campo e uma empresa falida. Como ele é um burocrata, não tem sensibilidade. Ele que mande o chefe dele debater.*

No dia 1º de julho, Malan e seu chefe participaram de uma superprodução com atores globais, efeitos especiais, muitas crianças e bolo de aniversário em forma de moeda. Era a festa de aniversário dos quatro anos do real. Paulo Autran resumiu o *script* da comemoração:

– *O Brasil após o real é outro. Um país livre para crescer e ser feliz.*

A badalação custou 150 mil reais, e a campanha publicitária, dois milhões. No vídeo exibido no evento, um porteiro de Salvador dizia que o Plano Real aumentara sua renda, permitindo que comprasse chocolate e iogurte para a filha – justamente os produtos apontados pelo governo como símbolos da expansão de consumo de alimentos decorrente da queda da inflação.

No dia seguinte, a CUT organizou outro evento meio às pressas. Para não deixar o barulho feito pelo rival passar em branco, Lula atacou o real. Para o petista, só banqueiros, especuladores – e Malan – tinham motivo para comemorar. Lula recusou-se a admitir que a oposição teria a responsabilidade de defender o plano de FHC:

– *Ele que jogou o Brasil nessa enrascada e é ele que tem que resolver.*

A declaração não era impensada, mas sinalizava uma mudança na orientação da campanha. Depois de muito debate, os petistas haviam percebido que a crise econômica lhes impunha só um caminho: provar aos eleitores que FHC era responsável pela crise, levando-os a escolher um novo rumo para a política econômica.

No dia 12 de agosto, uma reportagem do *Jornal da Band* colocou sob suspeição a compra da cobertura de Lula. A reportagem afirmava que o petista pagara muito pouco pelo imóvel, incorporado por uma empresa que tinha "relações íntimas" com Roberto Teixeira: a construtora Dalmiro Lorenzoni. A matéria mencionava ainda um cheque de dez mil reais depositado por Teixeira na conta de Lula.

O petista definiu a matéria como "o samba do crioulo doido" e explicou que conseguira 72 mil reais com a venda de um terreno que Marisa herdara, mais 40 mil reais de um Ômega vendido a Roberto Teixeira, pagando deste modo boa parte da cobertura.

O Ministério Público estadual abriu inquérito para apurar o caso e Lula entrou com ações judiciais contra a Bandeirantes e contra a *Folha de S. Paulo*. O jornal retratou-se na primeira página, informando que a notícia de que o Ômega teria sido comprado por uma concessionária Chevrolet que contribuíra para a campanha era baseada num documento expedido por engano pelo Detran. Na Band, Lula conseguiu 18 minutos de direito de resposta. Extrapolou e acabou multado pela Justiça Eleitoral.

Em Assunção, no Paraguai, Fernando Henrique defendeu o petista:

– Lula é uma pessoa decente. Isso não contribui para o amadurecimento político. (...) Conheço o Lula há muitos anos. Acho que ele não pode ser julgado a partir de questões desse tipo.

O problema de FHC era outro – e bem maior: o governo russo havia desvalorizado o rublo e decretado uma moratória de três meses nos pagamentos externos. Em conseqüência, 820 milhões de dólares deixaram o Brasil num só dia, mas o presidente quis mostrar que o país não corria o risco de sucumbir a um ataque especulativo:

— A saída de 820 milhões de dólares por mês, ou por dia, que seja, diante da quantidade que está para entrar não é uma coisa que nos preocupa.

Até o final de setembro, cerca de 30 bilhões de dólares deixaram o Brasil. Numa decisão que acabaria classificando como um dos grandes erros cometidos pela equipe econômica durante seu governo, FHC manteve a política de câmbio, como pregavam Malan e Gustavo Franco.

Quando começou a campanha pela televisão, FHC estava com 24% das intenções de voto, e Lula, 14%. A esperança dos petistas concentrou-se então na propaganda eleitoral e nas alianças. Disposto a purgar o erro de 1989, Lula manteve longas reuniões com dissidentes do PMDB, como Quércia, Requião e Paes de Andrade. Enquanto isso, no seu primeiro programa no horário eleitoral, a apresentadora propunha:

— Se você quer um país que valha a pena para todos, que seja a mistura de todas as cores, um país da paz, vista branco. Uma camiseta branca, uma fita branca no cabelo, um lencinho branco na antena do carro... Agite a sua bandeira branca.

Naquela mesma noite, sorrindo muito, Lula pediu aos telespectadores uma chance para mudar o Brasil. Numa imitação de um quadro do programa Sílvio Santos, amigos e parentes de Garanhuns falaram sobre ele. Sorrisos e emoção compunham a fórmula com que o publicitário Tony Cotrim pretendia reduzir os 32% de rejeição ao petista.

Era preciso bem mais do que isso.

Fernando Henrique estrelou uma produção luxuosa, ancorada pelo jornalista Rodolfo Gamberini e filmada em película. Tinha o dobro do tempo de Lula na TV e seu discurso não deixava de abordar os temas que a oposição martelava. Pediu mais quatro anos "para trabalhar para você que está desempregado, para você que ainda sofre com a seca" e apontou uma nova meta:

– Juntos derrubamos a inflação e juntos vamos vencer outro grande inimigo, o desemprego.

Trabalhando novamente para Maluf, candidato a governador de São Paulo, Duda Mendonça elogiou o programa tucano e criticou o petista:

– Achei o programa de FHC extremamente correto e eficiente. Bonito, bem-feito e cauteloso, como manda o figurino. Foi bom na defesa, antecipando-se em neutralizar pontos vulneráveis, como o desemprego e as questões sociais. (...) O programa de Lula, por sua vez, decepcionou totalmente. Apesar de bem cuidado e bem produzido tecnicamente, pecou na forma, no conteúdo e até pela ausência de uma boa música, sempre um ponto forte nas campanhas do petista. (...) Em resumo, o programa de FHC entra bem na retina e fica na memória; o de Lula pode resvalar na amnésia. A superioridade de FHC é tão grande que, se dentro de alguns dias alguma coisa não acontecer, só a bomba atômica de Enéas vai conseguir espantar o sono dos telespectadores.

Aconteceu alguma coisa: a ternura e o branco foram arquivados e o programa do PT arriscou-se a apresentar um editorial sobre a crise econômica. Mas uma pesquisa qualitativa revelou que os telespectadores não haviam entendido o recado do programa sobre a queda nas Bolsas e, para evitar o carimbo de pessimista, de quem torcia pelo caos, a crise perdeu espaço no horário do PT.

Na campanha de rua, Lula ia fundo. Nem dona Ruth escapou. No programa eleitoral tucano, ela afirmara que o país gastava 20% do PIB na área social. No interior de Minas, Lula satirizou:

– Ela deve estar confundindo ajuda do Proer com política social. Deve estar achando que as famílias Magalhães Pinto e Calmon de Sá fazem parte dos indigentes do país.

E sobre FHC:

– *O presidente, quando sai do* teleprompter, *parece que fala uma série de coisas indevidas. Chamou os aposentados de vagabundos, o povo de caipira, os sem-terra de maconheiros*[5] *e agora vem dizer que a vida de rico é chata. Fala isso porque não conhece a vida dos pobres.*

O programa do PSDB também batia em Lula. Mas a tarefa nunca era de Fernando Henrique. ACM, por exemplo, elogiou o presidente por ter dado ao Nordeste "tudo o que foi pedido pelas lideranças, pelos governadores" e depois foi só malvadeza:

– *Quem não tem competência não pode dirigir o país numa época dessas. E não é somente o problema do Lula, pessoalmente. É de um conjunto de idéias que ele encarna, que são retrógradas. As idéias antigas estão totalmente superadas. Seria o caos, mesmo. Graças a Deus, eu acredito que estamos longe do caos, que a eleição de Fernando Henrique é cada vez mais evidente.*

Malan e Gustavo Franco foram a Washington e, quando voltaram, o Banco Central elevou os juros para 49,75%. No dia 23 de setembro, o governo anunciou um plano de ajuste fiscal com novos cortes nos gastos públicos e aumento de impostos, para ajustar a economia a um acordo que estava sendo negociado com o FMI.

Lula foi subindo o tom, à medida que a derrota se tornava inevitável, mas não deu publicidade a um dossiê que poderia comprometer a imagem dos tucanos. A papelada fora oferecida por Lafayette Coutinho, ex-presidente do Banco do Brasil no governo Collor, que conversou com o petista no hangar da TAM em São Paulo.

---

[5] FHC dissera, na Bahia, que o MST estava "cooperando" com os produtores de maconha no Nordeste.

Dizendo falar em nome de Maluf, Lafayette carregava um conjunto de documentos que atestavam, supostamente, a sociedade de Fernando Henrique, Serra, Covas e Serjão na empresa CH, J & T, que teria sido criada em 1994 nas Bahamas.[6] Lula mandou submeter o chamado Dossiê Caymann a Márcio Thomaz Bastos. Concordou com o diagnóstico do advogado e desqualificou as denúncias:

– *Seria muita ingenuidade registrar uma empresa de gente do primeiro time do governo com as iniciais dos seus próprios nomes. (...) Não cheguei a ver os documentos e não podia bancar a denúncia. Já fui vítima de calúnia e sei que, feito o escândalo, é o caluniado quem tem de se matar para apresentar provas de sua honestidade e assim não adianta. Senti isso na pele no caso da Lurian. Tenho uma lógica para fazer política: não gosto de futricas.*

Com 35 milhões de votos, Fernando Henrique venceu em 23 estados e no Distrito Federal e foi reeleito no primeiro turno. Lula chegou aos 21 milhões de votos – quatro milhões a mais que em 94 –, mas em São Paulo, berço do PT, teve uma de suas menores votações. Ciro ficou em terceiro lugar, com 10,97% ou 7.426.235 votos.

Em São Paulo, com o apoio do PT, cuja candidata, Marta Suplicy, alcançara o melhor resultado já obtido por um candidato do partido, Covas derrotou Maluf no segundo turno. O PT elegeu três governadores: Jorge Viana, do Acre, no primeiro turno, Zeca do PT, de Mato Grosso do Sul, e o gaúcho Olívio Dutra, no segundo turno. Cristovam Buarque perdeu para Joaquim Roriz (assessorado por Duda Mendonça) no Distrito Federal.

---

[6] A fraude era obra de brasileiros radicados nos Estados Unidos, sob o comando de Luiz Cláudio Ferraz, procurador do ex-presidente Fernando Collor nos EUA. Ferraz acabaria declarando ter intermediado a venda para Leopoldo Collor, irmão do ex-presidente, por 4,2 milhões de dólares. Leopoldo Collor teria passado o dossiê para o ex-prefeito Maluf por dez milhões de dólares. Maluf negou qualquer ligação com o dossiê.

Depois da derrota, Lula foi jantar no apartamento funcional de Dirceu em Brasília, com Tarso Genro, Genoino, Mercadante e Suplicy. E abriu o jogo:

– *Posso ser o candidato em 2002, como posso não ser. Sei que existe a demanda por um nome novo e, se eu não for candidato, acho que deve ser um de vocês.*

Dirceu estava fora da disputa e Mercadante deixou claro que também não pretendia a vaga e ainda achava todo aquele processo contraproducente. Mas Lula autorizou expressamente os três presentes – e mais Cristovam Buarque, que não pudera comparecer – a percorrerem o país para tentar viabilizar seus nomes, garantindo que apoiaria o que se saísse melhor. Pouco depois, Genoino admitiu sua candidatura numa entrevista para a revista *Bundas*:

Genoino – *O PT tem que trabalhar com dois cenários: com Lula e sem Lula. Temos que construir um cenário sem o Lula. O PT tem vários nomes de expressão nacional e, entre eles, coloco a possibilidade de examinar o meu nome.*

Aroeira – *O mais provável é sem Lula.*

Genoino – *Veja bem, o PT e o Lula têm algo inédito na história dos partidos de esquerda no mundo: a maior liderança popular com 30% dos votos e uma barreira pra crescer. É uma força brutal de arrancada com uma laje impedindo a passagem. Temos que saber quebrar essa laje ou pensar em outro projeto.*

O que Genoino não imaginava, àquela altura, era o quanto Lula estava disposto a fazer para quebrar a tal laje dos 30%.

No dia 12 de dezembro, Lula foi ao Palácio da Alvorada acompanhado por Cristovam Buarque. Depois de mostrar todo o palácio para a dupla, o presidente disse em tom de brincadeira:

– *Um dia você pode vir morar aqui.*

A conversa rolou até as duas e meia da manhã. FHC procurou demonstrar que Lula estava enganado ao imaginar que a crise econômica levaria a uma explosão social e, esta, à tomada do poder pelos petistas:

– *Eu disse: "Lula, não se iluda. Não deixe que esses intelectuais de meia pataca ponham na sua cabeça essas coisas. Por quê? Porque, se houver uma crise séria, nós todos vamos perder, e depois não vem o paraíso. Porque você nunca foi socialista, mas o Cristovam e eu sim, nós acreditávamos que depois da crise vinha a bonança. Agora, depois da crise não vem nada, só vem a recuperação e penosamente. Além disso, o governo vai reagir. Não vai haver essa explosão que você imagina." Isso foi antes da desvalorização do real. Nunca pude convidá-lo uma segunda vez. E quem pôs a notícia do encontro no jornal não fui eu.*

A visita gerou uma cobrança dentro do PT. Depois de definir o encontro como uma manifestação de sua individualidade, Lula considerou positiva a abertura de um canal de diálogo entre oposição e governo, mas não perdeu a oportunidade de abespinhar seu anfitrião:

– *Com ele não existe estabelecimento de uma relação de amizade. Até porque, em quatro anos, ele nunca conversou comigo. (...) Ele só ouve a base de sustentação, achando que é democrático você fazer um rolo compressor com a maioria, não discutir com a minoria, impondo votação atrás de votação.*

No dia 30 de dezembro, Lula ligou para FHC, a pedido dos seqüestradores do empresário Abílio Diniz. Cumprindo pena em São Paulo, estavam em greve de fome para exigir sua extradição e ameaçavam parar de beber água. O petista lembrou ao presidente que ele não deveria carregar a morte daquelas pessoas em sua biografia. FHC prometeu encontrar uma solução para o caso e a greve de fome acabou suspensa.

A divulgação, pela *Folha de S. Paulo*, de gravações ilegais de conversas relacionadas com a privatização da Telebrás[7] gerou demissões em cascata no primeiro escalão do governo.[8] Um diálogo entre André Lara Resende e FHC indicava que o presidente autorizara o uso de seu nome para convencer a Previ – o fundo de pensão do Banco do Brasil – a aderir ao consórcio montado pelo Banco Opportunity, um dos concorrentes do leilão, entre cujos sócios estava Pérsio Arida.

Foi um duro golpe no projeto dos chamados "desenvolvimentistas", que já davam como certa a criação de um superministério, reunindo todos os instrumentos financeiros estatais para incentivar a produção industrial e o comércio exterior. O grampo e as demissões esvaziaram o chamado Ministério da Produção.[9]

Os partidos de oposição resolveram colher assinaturas para uma CPI, pedindo o *impeachment* do presidente. A reação de Fernando Henrique foi classificar a movimentação de leviana:

– *Chego aos 68 anos tendo toda uma vida de trabalho. Nunca tive qualquer coisa, a mais remota, que pudesse criar suspeição de algum interesse no exercício do cargo público que não fosse o povo, não fosse o meu país. Nunca.*

Para Lula, era uma inversão de papéis:

– *É a primeira vez no Brasil que um presidente que age com leviandade chama os outros de levianos.*

---

[7] Apesar dos protestos da oposição, o Governo Federal vendeu as 12 *holdings* do Sistema Telebrás, arrecadando 22 bilhões de reais com a transferência da telefonia e das telecomunicações brasileiras para a iniciativa privada.

[8] O chamado grampo do BNDES custou a cabeça de Ricardo Sérgio; do ministro das Comunicações, Luiz Carlos Mendonça de Barros; de seu irmão José Roberto, coordenador da Câmara de Comércio Exterior; de André Lara Resende, presidente do BNDES; e de José Pio Borges, vice-presidente do BNDES.

[9] O Ministério do Desenvolvimento da Indústria e Comércio Exterior foi criado em 2000, mas sem a musculatura original.

A posse de Itamar no governo de Minas azedaria o início do segundo mandato de FHC. Antes de ocupar o Palácio das Mangabeiras, o ex-presidente precisou mandar comprar lençóis e fronhas novos com seu dinheiro: o caixa do estado tinha apenas 19 milhões de reais e a dívida ultrapassava os três bilhões, sem contar o décimo terceiro do funcionalismo.

No primeiro dia útil depois da posse, o secretário da Fazenda de Minas tentou, sem sucesso, comunicar a Malan que Itamar pretendia suspender o pagamento da dívida com a União. Dois dias depois, o Ministério da Fazenda informou, sem rodeios, em nota oficial, que "eventuais situações de desequilíbrio fiscal não podem ser atribuídas a tais acordos, nem constituir causa para seu descumprimento".

O governador de Minas reagiu no mais puro estilo Itamar Franco: uma nota curta, de próprio punho, formalizou uma moratória de 90 dias. Divulgada imediatamente pelas agências de notícias, ela fez despencar instantaneamente todos os índices das Bolsas de Valores no Brasil e as cotações dos títulos da dívida externa brasileira.

Lula considerou a atitude "perfeitamente compreensível". Dirceu foi mais longe e identificou "terrorismo político" na reação do Governo Federal e começou a organizar uma reunião dos governadores de oposição para forçar a renegociação da dívida dos estados, enquanto Palocci procurava o vice-governador paulista Geraldo Alckmin, para saber se poderia contar com a adesão de São Paulo ao movimento.

No dia seguinte, Fernando Henrique chamou Malan e Gustavo Franco para uma conversa e informou que ia mexer no câmbio, aplicando a fórmula que o diretor de Política Monetária do BC, Francisco Lopes,[10]

---

[10] Em 1984, Francisco Lopes fundara a Consultoria Macrométrica, de onde teria se desligado ao assumir o cargo no BC, em 1995.

desenvolvera a seu pedido. Malan ainda tentou manter Franco no cargo, mas o presidente do BC foi demitido por telefone, no dia seguinte.

Francisco Lopes assumiu a presidência do Banco Central no dia 12. A fórmula imaginada por ele, batizada de *banda diagonal endógena*, continuava a ser uma incógnita para muita gente.

O mercado financeiro simplesmente ignorou a tal banda. No dia seguinte, o real caiu 8,26% em relação ao dólar, mas nem assim o mercado se acalmou – a fuga de capitais chegou aos quatro bilhões de dólares em apenas três dias. A cotação da moeda americana continuou nas alturas até que na sexta-feira, 15 de janeiro, enquanto Malan e Chico Lopes se preparavam para viajar a Washington para explicar a situação ao FMI, o governo finalmente permitiu a livre oscilação do dólar, sem interferência do BC.

No final de janeiro, o dólar estava cotado a 1,98 real. Na televisão, FHC mudou o discurso:

– *A âncora do real é o povo.*

As especulações sobre a queda de Malan multiplicaram-se na proporção da queda do real, e no dia 29 de janeiro ele afinal entregou seu pedido de demissão ao presidente. Depois de relacionar os cargos que ocupara e de reiterar que sempre havia indicado outros nomes para esses postos, pediu "encarecidamente" para ser dispensado:

– *Faço isso pensando no Brasil, na preservação das conquistas dos últimos quatro anos, conseguidas sob sua liderança, que não deve e não pode ser abalada por percepções que, certas ou erradas, estão afetando a confiança da população no país e em seu futuro.*

FHC recusou o pedido:

– *Aqui no Brasil, as pessoas confundem popularidade com credibilidade. Um homem de Estado pode perder a popularidade, mas não a credibilidade. Eu não tirei o Malan com a crise do Chico Lopes porque chequei no mundo todo e ele mantinha a credibilidade, apesar de tudo.*

Malan ficou. Chico Lopes não: na terça, 2 de fevereiro, irritado com a falta de ação do Banco Central – e antes de Lopes ser confirmado pelo Senado – Fernando Henrique trocou novamente o seu comando. Para o lugar de Lopes, escalou outro egresso do Departamento de Economia da PUC-Rio: Armínio Fraga, um homem rico e realizado, que nos últimos anos fora o braço direito do megainvestidor George Soros. Gustavo Franco acabou passando o cargo diretamente para Fraga e registrou em seu discurso de despedida:

– *Não se tem noção de quanto é desgastante e solitária a defesa de princípios, a execução de políticas impessoais, voltadas para a maioria, freqüentemente confrontando interesses poderosos e despertando ressentimentos. A defesa da moeda traz benefícios a maiorias silenciosas e desorganizadas, cuja voz raramente se faz ouvir.*

Lula responsabilizou FHC e Malan pela crise econômica e reagiu à nomeação de Fraga chamando-o de "testa-de-ferro" de Soros:

– *É como se a polícia do Rio de Janeiro indicasse o Castor de Andrade para mandar prender os bicheiros.*

Em nota oficial, a CUT usou uma metáfora surrada:

– *Ao indicar o senhor Armínio Fraga para a presidência do Banco Central, o governo pretende sinalizar com clareza: basta de intermediários, vamos logo colocar a raposa para tomar conta do galinheiro.*

Lula rechaçou uma nova tentativa de aproximação por parte de Fernando Henrique, que agora propunha um pacto entre o governo e o maior partido de oposição para enfrentar a crise, e chegou a mandar um recado por Suplicy. O petista sugeriu a instalação de um fórum de debate entre governo, oposição, empresários, partidos políticos, sindicatos e acadêmicos e ressuscitou as medidas que propusera durante a campanha eleitoral, como a centralização do câmbio, a queda nos juros, investimentos no setor industrial, comercial e agrícola, políticas de geração de emprego e controle de importações.

Armínio Fraga elevou os juros de 39% para 45% ao ano, reajustando os derivados de combustíveis nas refinarias em 11,5%. Com isso, conseguiu, afinal, conter a valorização do dólar quando ele já estava cotado a 2,17 reais.

Mas o panorama econômico continuou conturbado, por causa da revelação de que dois bancos, o Marka e o Fontecindam, haviam comprado 1,6 bilhão de dólares abaixo da cotação do dia durante a gestão de Chico Lopes. O ex-presidente do BC alegou que concedera o privilégio para evitar que os dois bancos quebrassem. Durante um depoimento na CPI dos Bancos, Lopes acabou recebendo voz de prisão da senadora Heloísa Helena e saiu do Congresso num camburão da Polícia Federal.[11]

Para complicar ainda mais a instabilidade brasileira, nessa mesma época a Argentina – principal parceiro econômico do Brasil na América do Sul – começava a viver sua maior crise político-econômica, da qual só começaria a sair em 2003.

No início de 1999, parte da esquerda decidiu que estava na hora de encerrar o segundo mandato de Fernando Henrique. A proposta de renúncia de FHC foi defendida inicialmente por Brizola:

– *Às pessoas que me acham radical, eu pergunto: deve o país continuar nessa degringolada? Ele deveria renunciar e passar a Presidência a seu vice, o senhor Marco Maciel, que é um conservador, mas um homem comprovadamente equilibrado. Tanto que colaborou com a ditadura e não ficou marcado como um homem violento.*

Brizola argumentava que só alguém que se sentia "inteiramente livre" como ele, que já tinha vivido seu momento, podia propor isso e se

[11] Em fevereiro de 2004, a Procuradoria da República pediu a condenação de Francisco Lopes e mais dez réus no processo que corre desde junho de 2000 na 6ª Vara da Justiça Federal do Rio. Eles são acusados de crimes que vão de gestão fraudulenta de instituição financeira a desvio de dinheiro público e corrupção ativa e passiva.

dispunha a desenvolver a tese "como quem expõe um teorema". O primeiro a assinar embaixo foi Tarso Genro, num artigo publicado na *Folha de S. Paulo*. Apesar de ressalvar que caberia ao próprio FHC encaminhar ao Congresso uma emenda constitucional convocando eleições para a Presidência em outubro, o ex-prefeito de Porto Alegre defendeu uma nova eleição ainda naquele ano para um mandato-tampão de três anos.

Lula chegou a dizer no *Programa Livre*, do SBT, que o presidente deveria "pedir as contas" se não resolvesse o problema do desemprego, mas considerou prematura e precipitada a idéia da campanha pela renúncia:

– *Se eu achar que, porque as coisas estão ruins, o presidente tem de renunciar, daqui a pouco vai ter gente defendendo a renúncia dos governadores do PT. Aí, vai virar moda no Brasil.*

Dirceu também criticou a idéia:

– *A proposta, ao mesmo tempo em que é radical por reduzir o mandato presidencial, é um pouco ingênua, porque depende de FHC e do Congresso tomarem uma decisão.*

As declarações de ambos não impediram que a tese se consubstanciasse no *slogan* repetido pela ala esquerda do PT, por Brizola e por várias entidades: "Fora FHC e o FMI!" E embora não endossasse essa palavra de ordem, Lula queria levar o povo às ruas "para contar o que está acontecendo no país".

Pouco antes, o ex-secretário-geral da Presidência, Eduardo Jorge Caldas Pereira,[12] numa entrevista ao jornal *Valor Econômico*, confirmara

[12] Ele havia ocupado a sala vizinha à de Fernando Henrique, no terceiro andar do Palácio do Planalto, controlando a agenda e com poder de veto sobre nomeações para qualquer ministério, até a campanha de 1998, quando saiu para ajudar a reeleição de Fernando Henrique e não voltou ao Planalto. FHC ofereceu-lhe um posto no Banco Nacional de Desenvolvimento Econômico e Social e a direção do Serviço Brasileiro de Apoio às Micro e Pequenas Empresas (Sebrae), mas Eduardo Jorge quis ser consultor.

que o ex-presidente do Tribunal Regional do Trabalho de São Paulo, Nicolau dos Santos Neto, havia ajudado o Palácio do Planalto a selecionar candidatos a juízes classistas na Justiça do Trabalho.

A declaração era explosiva porque, a essa altura, o juiz Nicolau, conhecido como Lalau, já era acusado de comandar o esquema de corrupção que desviara 169 milhões de reais das obras da nova sede do TRT. A confusão aumentou ao ser divulgado um parecer assinado em setembro de 1996 pelo ministro Martus Tavares, avalizando uma ampliação de 25,7 milhões de reais na verba para a obra da sede do TRT, já contestada pelo Tribunal de Contas.

Em nota oficial, o governo afirmou que jamais interferira na liberação de verba para a construção do prédio, mas a imprensa apurou que o pedido de Tavares fora endossado pelo presidente. Sua assessoria informou então que FHC não lia tudo o que assinava.

Lula reagiu ao caso Eduardo Jorge com a receita de sempre: CPI. Chamou o ex-secretário-geral da Presidência de "lugar-tenente de FH" e reclamou:

– *Não adianta Fernando Henrique fazer um bilhetinho destratando-o. Tem de apurar. Há muita podridão na alta esfera da República.*

No início de agosto, Dirceu reuniu-se no Palácio do Planalto com um antigo companheiro de militância no PCB: Aloysio Nunes Ferreira, prestes a tomar posse no cargo que fora de Eduardo Jorge. Aloysio afirmou que o relacionamento com a oposição seria respeitoso, sem "crispações desnecessárias", enquanto o petista negou qualquer aproximação com o governo e classificou o encontro de pessoal:

– *Não me encontrei com o ministro. O encontro foi com Aloysio, ex-guerrilheiro.*

Ao meio-dia de 26 de agosto, Dirceu entregou a Michel Temer, presidente da Câmara dos Deputados, no Salão Negro do Congresso Nacional, um abaixo-assinado com quase 1,3 milhão de signatários pedindo a abertura de uma CPI para apurar a privatização do Sistema

Telebrás e a abertura de processo contra FHC por crime de responsabilidade, primeiro passo para o *impeachment*.

O documento não tinha o condão de instalar CPI nenhuma e a oposição não conseguiu os 172 votos necessários para isso. Mesmo que tivesse apoio suficiente, a CPI demoraria dois anos para ser instalada, porque havia outras dez aguardando sua vez.

O gesto do presidente do PT fazia parte de um teatro cuja cena principal aconteceria pouco depois, na Esplanada dos Ministérios: a Marcha dos 100 Mil. Os cálculos sobre o número de manifestantes oscilaram entre 40 mil e mais de 100 mil, mas de todo modo era a maior reunião popular já ocorrida na capital federal, depois da visita do papa, em 1991.

Dois *slogans* se alternaram durante todo o protesto: o "Fora FHC", gritado pela ala esquerda, e o "Basta de FHC", preconizado pela turma da Articulação. Lula anunciou que começava ali "uma grande jornada" que só terminaria quando surgisse um governo confiável e encerrou seu discurso jogando algumas *pizzas* sobre a multidão.

No dia 7 de setembro, nova paulada no governo: o Grito dos Excluídos, organizado pela CNBB – Conferência Nacional dos Bispos do Brasil – junto com a CUT, o MST e a Central de Movimentos Populares. O Grito não chegou nem perto de um milhão de pessoas, como prometera, mas houve grandes protestos pelo país inteiro.

Ao chegar e ao sair da parada de 7 de setembro em Brasília, Fernando Henrique foi vaiado. No dia seguinte, a portas fechadas, diante do ministério e dos líderes do governo no Congresso, o presidente desabafou. Um circunstanciado relato da conversa foi publicado pelo repórter Josias de Souza, na *Folha de S. Paulo*. FHC exigiu que os ministros se expusessem, tornando-se "guerreiros". Pediu o fim do bate-boca interno, cobrou fidelidade dos aliados e apoiou Malan.

O tom de Fernando Henrique era de indignação. Para ele, a idéia da sua renúncia e do fechamento do Congresso, defendida pelo MST, era um recuo "às trevas". Quanto ao plebiscito da dívida externa, FHC considerava um retrocesso.[13]

Depois de um discurso duro, o presidente encerrou seu improviso com uma previsão otimista:

– *Vamos ganhar essa guerra, vamos vencer. Sobretudo porque aqui não tem ladrão, não tem ninguém querendo tirar proveito. Aqui só tem gente trabalhando. Parte da intelectualidade não entende o que estamos fazendo.*

Em setembro, Lula deu uma clara e inequívoca demonstração de que não pretendia condicionar sua prática política aos limites preconizados pela ala esquerda do PT. Convidou ACM para participar do seminário "Os Caminhos do Crescimento e o Combate à Miséria", organizado pelo Instituto Cidadania.

Valter Pomar, um dos vice-presidentes do PT, ligado à Articulação de Esquerda, radicalizou:

– *Se o ACM entrar na sede do PT, corre o risco de ser apedrejado. ACM não tem nenhuma contribuição a dar, porque só entende de impedir o desenvolvimento e ampliar a pobreza.*

Desde que voltara à cena, depois de afastar-se temporariamente da política por causa da morte do filho, ACM vinha se distanciando de FHC. Em março, avalizara a criação da CPI do Judiciário, que acaba-

---

[13] Inspirado no gesto do Vaticano, que reclamava o perdão para 40 países pobres altamente endividados – entre os quais não se encontrava o Brasil, ou qualquer outro país de porte –, o plebiscito aconteceu entre 2 e 7 de setembro de 2000. O movimento era organizado pela CNBB, com apoio da Conferência Nacional das Igrejas Cristãs, UNE, CUT, MST e Central dos Movimentos Populares. Cerca de 5,4 milhões votaram, quase todos a favor da tese da CNBB e do PT.

ria identificando as relações entre Eduardo Jorge e o juiz Nicolau. Em maio, fora apontado como o presidenciável preferido numa pesquisa entre os convencionais do PFL. Em agosto, apresentara uma emenda constitucional que criava o Fundo de Erradicação da Pobreza. Seu discurso parecia de esquerda – ao descer da tribuna, foi cumprimentado pelos colegas petistas.

No dia 18 de outubro de 1999, ACM compareceu ao seminário do Instituto Cidadania. Não foi na sede do PT, como antecipara Pomar, mas no auditório do hotel Meliá, em São Paulo. Numa demonstração de controle sobre o público interno, Lula colocou Suplicy a seu lado, apresentou seu convidado sem problemas e ninguém apedrejou ninguém.

Depois de aprovado nos encontros regionais do PT em todos os estados – à exceção do Paraná –, o "Fora FHC" ganhara apoio até mesmo dentro da Articulação. A idéia corria o risco de ser avalizada pelo 11º Congresso Nacional do PT, em Belo Horizonte, no final de novembro. Dirceu informou a Lula que renunciaria à presidência, se aquela proposta vencesse.

Até o momento da votação, os moderados não tinham certeza do resultado. O plenário mais parecia uma claque de programas de auditório. A turma da Articulação e da Democracia Radical berrava de um lado:

– *El, el, el, vocês querem Maciel...*

A rima dos radicais lembrava o seminário sobre a fome:

– *M, M, M/Abraçaram o ACM...*

Finalmente, o Congresso arquivou a proposta e Dirceu foi reeleito.

Fernando Henrique sentiu cheiro de golpe naquela história toda:

– *Como houve a derrubada do Collor, queriam derrubar outro presidente. Tanto a mídia, quanto o PT e a esquerda.*

Em dezembro, quando finalmente Lula, Dirceu e a maioria do PT aposentaram o *slogan* incômodo, Fernando Henrique voltou a elogiar seu opositor:

– Eu gosto do Lula. É muito inteligente, intuitivo, amadureceu. O Lula e eu estamos tantos anos em posições divergentes, já estivemos em coincidentes, mas ele nunca me ofendeu pessoalmente. Só em comícios. Ele tem uma certa elegância natural. Se não tivesse tantas amarras no PT, seria uma pessoa ainda melhor. Votei nele em 89.

Como se fosse um sociólogo e não o presidente, FHC analisou a situação da oposição:

– Há certos momentos num país que você não tem oposição viável, no sentido de se transformar em governo e implantar um programa. Nós estamos vivendo uma fase desse tipo; não é para demérito da oposição, é porque eu acho que é uma realidade. (...) Eu acho que a oposição faz o seu papel. Eu não faria essa coisa tão pessoal. Eles querem me demonizar. Para quê? Eu não vou ser mais candidato. Não é bom para o Brasil.

A oposição resolveu melar as comemorações oficiais dos 500 anos do "descobrimento" do Brasil, programadas para Porto Seguro. O governador da Bahia, César Borges, proibiu a entrada dos manifestantes na cidade e armou barreiras nos acessos, revistando ônibus e carros e apreendendo faixas e panfletos. Dirceu estava lá e garantia que os manifestantes entrariam na cidade.

Procurado por Marcelo Cordeiro, assessor do ministro Aloysio Nunes Ferreira e seu ex-companheiro no movimento estudantil, o petista tentou convencer o Conselho Indigenista Missionário a realizar o protesto em outro local, mas não conseguiu convencer a entidade. O resultado foi um confronto entre a polícia e os manifestantes, o que terminou com 30 pessoas levemente feridas e 141 presos.

Depois da antifesta dos 500 anos veio o Plebiscito Nacional da Dívida Externa.

Malan definiu a iniciativa como "uma grande baboseira" e elegeu o presidente do PT como alvo preferencial. Irônico como sempre, publicou longo artigo no jornal O *Globo*, sob o título "PT Saudações", no qual afirmava:

– É comovedor acompanhar o esforço de representantes da ala moderada do PT (que felizmente existe) por dissociar, ainda que parcialmente, o partido da proposta de suspensão do pagamento da dívida externa e interna.

Malan não usou eufemismos ao criticar a iniciativa:

– A minha opinião sobre o "plebiscito" tal como formulado, com suas enviesadas perguntas à militância, é a seguinte: trata-se de uma idéia fora de lugar (o Brasil não é um país miserável, altamente endividado, cujas dívidas estão sendo perdoadas), fora de tempo (a discussão sobre moratórias teve lugar 15, 20 anos atrás, e hoje o problema não tem a mesma natureza e dimensão), fora de foco (há problemas muito mais importantes a enfrentar no país) e, portanto, fora de propósito.

Argumentou que comunistas italianos, socialistas franceses, sociais-democratas alemães, trabalhistas ingleses, socialistas chilenos, oposições argentinas e mexicanas já haviam incorporado o controle da inflação, o respeito a restrições orçamentárias e o controle do déficit público.

Nos seus artigos e entrevistas, Malan relembrava a importância da responsabilidade fiscal, que o PT colocava na condicional:

– Está lá, na página deles na Internet, que é preciso fazer uma mudança radical na lei, porque a suposta, entre aspas, responsabilidade fiscal não pode ser feita às expensas da responsabilidade social. Essas coisas precisam ficar um pouco mais claras, porque senão viram ruído, som e fúria, significando nada.

As críticas e respostas de Malan às propostas de Lula e do PT alimentaram as especulações em torno de sua candidatura à sucessão de FHC. O próprio ministro sempre negou qualquer intenção nesse sentido. O máximo que admitiu é que podia ter todas as qualidades para o cargo, menos uma – os votos. FHC admite que tentou convencê-lo da idéia, mas não teve sucesso:

– *Todas as vezes que conversei com ele, ele afastou essa idéia totalmente.*

Lula menosprezou a hipotética candidatura de Malan, dizendo que o ministro da Fazenda teria de "explicar o inexplicável". Chegou mesmo a dizer que duvidava que o PSDB lhe desse legenda:

– *Seria uma situação de desespero. O Malan não consegue visualizar que por trás de cada número estatístico existe uma pessoa.*

Noutra ocasião, comparou-o ao Tio Patinhas:

– *Parece que tem uma chave sagrada dos cofres públicos, guarda o dinheiro só para ele, de vez em quando abre o Tesouro Nacional para mergulhar e nadar nas moedas e, em época de eleição, libera o dinheiro para obras dos amigos, ou que beneficiem candidatos oficiais.*

Malan recorreu à Justiça e Lula teve de se explicar por causa da declaração.

Depois de uma estiagem excepcional – e com 90% da geração de energia vindo das hidrelétricas –, em maio de 2001, o país foi obrigado a adotar o racionamento de eletricidade para não ficar no escuro. O próprio FHC reconheceu:

– *A crise é indesculpável.*

Um conselho de técnicos teve de ser montado às pressas para elaborar um plano com o objetivo de evitar interrupções no fornecimento de energia e ganhou um apelido amargo: Ministério do Apagão. O plano se apoiava essencialmente no controle de consumo por parte da população.

Houve dificuldades no Nordeste, mas os brasileiros correram às lojas em busca de lâmpadas econômicas e reduziram o consumo.

Os nove meses de economia forçada evitaram o apagão e as conseqüências da crise acabaram sendo menos graves que as estimadas inicialmente. Mas um estudo da consultoria Macrométrica, de Francisco Lopes – ex-presidente do Banco Central –, estimou que o PIB tivera uma queda de pelo menos 2,5%, equivalentes a 30 bilhões de dólares, em razão da crise de energia.

Em oito anos de governo, Fernando Henrique controlou a inflação, mas dobrou a dívida pública e aumentou o desemprego. Houve avanços no abastecimento de água e no acesso à energia elétrica. Caiu a taxa de mortalidade infantil e a expectativa de vida dos brasileiros subiu de 65 anos, em 1992, para 71 anos, em 2000.

Fernando Henrique se considerou satisfeito com os resultados de seu governo. Acha que o país melhorou enquanto esteve sob seu comando:

– *Não se resolvem 500 anos de injustiças em oito anos. A pergunta que deve ser feita é: "Ficou menos injusto?" Eu acho que ficou menos.*

Ele diz que cumpriu o que prometera nas campanhas:

– *Não fiz tudo o que queria, mas o que fiz tinha um rumo. Disse por que ia privatizar isso e não aquilo. Houve uma antecipação do Brasil que eu queria. Não era um governo de cabra-cega. Você pode estar contra o rumo ou dizer que andou pouco no rumo, mas havia um rumo.*

Em novembro de 2002, acabou reconhecendo que ele e a equipe econômica temiam mexer no câmbio, mas não deu o braço a torcer:

– *Hoje, dá para afirmar que poderíamos ter acelerado a mudança de câmbio no começo de 1998. Mas é fácil ser engenheiro de obra feita. Na época, tínhamos medo da memória da inflação. Hoje, só se enfatiza o aspecto negativo da política de câmbio. Mas ela permitiu a modernização da indústria. A população gostava mais daquele câmbio. Minha popula-*

ridade foi altíssima no primeiro mandato e caiu muito no segundo. Tudo o que os economistas acham bom, que foi feito no segundo mandato, a população não acha. A população viveu melhor quando o real estava mais apreciado.

15

A LAJE DOS 30%
(2002)

A aliança que elegera Fernando Henrique começou a sossobrar quando os tucanos resolveram reagir ao sentimento definido por FHC como a "síndrome da Gata Borralheira". Embora fosse o partido do presidente, o PSDB estava fora do comando do Legislativo, dividido entre o PFL de ACM e o PMDB de Michel Temer. Mas na primeira semana de setembro de 1999 alguns tucanos concluíram que chegara a hora de romper aquele acordo. Mais tarde, FHC identificaria o episódio como um ponto de ruptura para o processo de aliança:

– *Quando o Teotônio veio aqui para dizer isso, eu disse: "Meu Deus, o ponto fixo da política do Brasil passa a ser a eleição do Aécio... Tá bom... e o resto? Como é que nós mantemos a governabilidade? E a eleição, como ganhamos depois?" Tudo isso eu disse e registrei, na época. Espero que esteja lá, não revejo os registros. Mas disse a todo mundo isso: "Isso aí vai dar mau resultado."*

Para ele, a aliança chegara a seu limite, mas por outra razão:

– *Sem um presidente que galvanize uma proposta eleitoral forte não se mantém uma aliança entre forças tão desiguais. Ou você acha que agora o PTB, o PL, o PC do B se uniram ao PT pelos belos olhos do Lula? É pela possibilidade de poder que o Lula significava. Não estou criticando, é uma questão de realidade.*

Desde dezembro de 1999, Bornhausen apostava na candidatura de Roseana Sarney. Naquela época, ele recebeu uma pesquisa comparando quatro nomes do PFL: ACM, Marco Maciel, Jaime Lerner e Roseana Sarney. A governadora do Maranhão teve 6%, perdendo apenas para ACM, com 7%. Nova pesquisa apenas entre os dois deu 6% para ela e 3% para o senador.

O resultado piorou a situação de ACM, que já estava em rota de colisão com Fernando Henrique, por causa da tal síndrome da Gata Borralheira. O senador baiano pretendia emplacar Inocêncio de Oliveira na presidência da Câmara, na eleição marcada para o início de 2001, mas não admitia que Jader Barbalho assumisse o comando do Senado, como era a idéia de Fernando Henrique.

A intransigência de ACM impossibilitou o acordo entre PMDB e PFL e reforçou o projeto de Aécio Neves. Em dezembro de 2000, num almoço com correspondentes estrangeiros, ACM bateu pesado na aliança entre o PSDB e o PMDB:

> *– A corrupção só existe quando há uma certa tolerância dos órgãos governamentais. O presidente Fernando Henrique é um homem sério, digno, incapaz de participar de qualquer corrupção. Entretanto, tem sido tolerante para manter essa aliança.*

O rompimento foi inevitável e dois ministros indicados por ele[1] deixaram o governo. Em fevereiro de 2001, Jader e Aécio foram eleitos no Senado e na Câmara. Depois da derrota de Inocêncio de Oliveira, ACM aumentou o tom das acusações e seu bate-boca com Jader desceu ao nível de moleques de rua. Em maio, acusado de romper o sigilo de uma votação secreta, o senador baiano acabou renunciando, junto com o senador tucano José Roberto Arruda, para evitar a cassação por quebra de decoro parlamentar. Despediu-se com um discurso rancoroso, em que acusou FHC de "leniente com a corrupção", "autista", "moroso" e "imprevidente". Acusado de desvios no Banpará, o banco estadual, durante seu governo, Jader renunciaria em outubro, com o mesmo objetivo de evitar a provável cassação.

---

[1] Eram Waldeck Ornelas, da Previdência, e Rodolpho Tourinho, das Minas e Energia.

No início de 2001, Cristovam, Tarso e Genoino já tinham claro que Lula pretendia enfrentar mais uma vez a tal laje dos 30%. Só Suplicy mantinha-se no páreo petista, apostando na prévia que o partido teria de realizar. Em conversas reservadas com a direção do PT, Lula estabelecera uma condição básica para tentar a Presidência novamente: a campanha teria de ser do jeito que ele queria, o que significava alianças mais amplas e Duda no comando.

Lula e Duda Mendonça nos bastidores da gravação do último programa político para a tevê, em 2002.

O PT nem decidira oficialmente quem seria seu candidato, quando o primeiro comercial produzido por Duda Mendonça deu o que falar. Veiculado no auge da briga entre Jader e ACM, a peça mostrava um bando de ratos roendo a bandeira brasileira. Não tinha locução ou texto, só a assinatura final:

Ou a gente acaba com eles ou eles acabam com o Brasil. Xô, corrupção – uma campanha do PT e do povo brasileiro.

O comercial chocou os grupos de pesquisa qualitativa em que foi testado – e aprovado. Chocou a direção do PT – que o aprovou também – e os participantes de um seminário do partido em que foi exibido previamente. Chocado, o recém-eleito presidente nacional do PSDB, José Aníbal, acusou o comercial de "nazista" e chamou Duda de "publicitário decadente".

O programa do PT produzido por Duda, destacando a história do partido e a aceitação de suas administrações em cidades e estados, foi ao ar no final de maio. No encerramento, um comentário de Lula embalado por uma melosa canção da dupla sertaneja Zezé di Camargo e Luciano. A idéia de usar tal música foi do próprio Lula, que entregara ao marqueteiro uma coleção de seus CDs preferidos.

Quando produziu o programa, Duda ainda não completara a radiografia do PT, feita a partir de uma pesquisa quantitativa e outra qualitativa, com 24 grupos de discussão reunidos no exato momento em que os eleitores decidiam o voto para a eleição municipal de 2000. Os entrevistados eram pessoas que admitiam votar nos candidatos petistas em seis capitais, incluindo, intencionalmente, eleitores que iriam votar pela primeira vez no partido.

Com base nos resultados das duas pesquisas, Duda e seu sócio na época, o jornalista João Santana, elaboraram um aprofundado estudo de imagem do partido. Eles reconheciam o crescimento do PT, mas apontavam um nó que impedia sua expansão:

– Para uma boa parte do eleitorado brasileiro, o simples ato de "pensar em votar no PT" continua sendo uma experiência angustiante, dolorosa e arriscada. Repetimos: a mera reflexão, não a decisão em si, já é uma experiência estressante. Trata-se de um sentimento que alveja, inclusive, pessoas que já

votaram no partido. Mas que inquieta, sobremaneira, os neovotantes ou simpatizantes mais tímidos.

Duda via as eleições como o momento de decisão na relação entre o eleitorado e o partido, quando a disputa se daria entre a "vontade de mudar" e "o medo de errar". Lula era apontado como a síntese mais completa e mais complexa do PT:

"Ele é a soma de todas as virtudes e de todos os defeitos do partido. Um catalisador universal. Tocar no seu nome, e especialmente na sua candidatura para presidente, é abrir as comportas de uma grande barragem."

A "cara do PT", um sujeito que "fala a língua do povo", alguém que evoluiu, diziam os eleitores sobre Lula, reagindo bem à mudança na maneira de vestir e ao fato de ele ter se tornado mais flexível. A maioria queria um Lula maduro, equilibrado e menos radical, mas era preciso preservar um aspecto de sua imagem:

"A charada, portanto, não é Lula simplesmente mostrar que mudou, posar de mocinho. Ele tem que arranjar forma e conteúdo para mostrar que não é o 'velho PT', mas o PT eterno. Mostrar que ele é a cara primeva e fundamental dos valores petistas, dos conteúdos inegociáveis do partido. Daquelas coisas que fizeram a história, a aceitação e o sucesso do PT."

O estudo desenhava um figurino ideal para o candidato petista:

"O candidato ideal, idealíssimo para o PT, voltamos a repetir, seria um membro do partido que tivesse a credibilidade, a coerência, a coragem e a honestidade de Lula, mas que já fosse testado e aprovado no Executivo, de preferência à frente de um estado importante; que fosse plenamente identificado com as bandeiras do PT, mas que tivesse um certo ar de moço equilibrado e educado, e com capacidade de negociação. E o mais imprescindível e importante de tudo: contasse com o apoio explícito, o apadrinhamento constante e a transfusão de sangue e voto de Lula. Agora, uma pergunta embaraçosa – esse homem ideal existe?"

E o documento concluía:

"Talvez do ponto de vista eleitoral a candidatura Lula seja a mais difícil. Mas do ponto de vista político e do ponto de vista partidário não há candidato melhor do que ele."

Os primeiros materiais desenvolvidos com base nesse diagnóstico foram o programa e os comerciais exibidos no dia 20 de setembro de 2001, em que a história real de um desempregado condenado por ter feito um "gato" – ligação clandestina de energia – depois de deixar de pagar R$ 4,77 de conta de luz e a do mecânico carioca que devolvera o dinheiro e o computador encontrados num ônibus foram usados para passar a idéia de que brasileiros indignados e revoltados com a miséria e a injustiça tinham sido tocados pela pontinha da estrela do partido.

E Duda acabou cunhando uma frase que considerou "delicada, simpática e nem um pouco impositiva" para resumir esse conceito:

– *Se fatos como esse tocam você, você pode até não saber, mas com certeza, no fundo, você também é um pouco PT.*

Na cabeça do marqueteiro, os *muito PT* seriam capazes de levar Lula ao segundo turno, mas a vitória dependia de quem era apenas *um pouco PT.* Na visão dele, esse *insight* foi decisivo para a vitória. O alvo de toda a campanha petista passava a ser aquele terço do eleitorado que não votava em Lula, mas também não descartava totalmente essa hipótese. Outro terço já estava com o petista e a terceira parcela não votaria nele de modo algum – eram os que Duda chamava de eleitores-turistas, que migravam de um para outro candidato, na busca do anti-Lula.

No dia 10 de setembro, as gravações desse programa foram suspensas por causa do assassinato do prefeito de Campinas, Antonio da Costa Santos, o Toninho do PT.[2]

Lula conquistou o apoio de Gilberto Gil e de Fernando Gabeira, que trocou o Partido Verde pelo PT. Ao mesmo tempo, tentava redu-

[2] Arquiteto e figura popular na cidade, o prefeito foi alvejado com um tiro desferido pelo ocupante de uma moto. Os pertences e as sacolas de compra que estavam no carro que ele dirigia não foram levados, fazendo suspeitar de um crime encomendado. A Secretaria de Segurança mobilizou uma equipe especial para investigar o caso, até hoje não elucidado.

zir as arestas com a chamada comunidade financeira. Procurou contato até com George Soros, que aceitou participar do Fórum Social de Porto Alegre em 2002. Manteve ainda um encontro discreto com o presidente mundial do BankBoston, Henrique de Campos Meirelles, que se ofereceu para organizar um encontro com outros banqueiros nos Estados Unidos e propôs que Lula formasse uma equipe de 20 ou 30 pessoas especializadas em orçamento público para comandar o governo, caso ganhasse as eleições.

Mas a retórica do petista mantinha a idéia de que os acordos e medidas firmados pelo governo FHC – inclusive os assinados com o FMI – teriam de ser revistos pelo futuro governo, obedecendo a um novo modelo de política econômica. A eventual continuidade de Armínio Fraga na presidência do Banco Central era rejeitada sem qualquer vacilação:

– É uma imbecilidade a pergunta e a proposta. É descabido. Com que direito o presidente Fernando Henrique pode querer indicar o presidente do BC para seu sucessor? Se era favorável ao BC independente, por que não fez isso no seu governo? (...) Um BC que emprestou dois bilhões de reais para o gângster do Cacciola, 30 bilhões de reais para salvar os bancos, sem autorização do Congresso, vai querer mais independência só se for para vender a alma dos brasileiros.

Enquanto Lula espinafrava Armínio Fraga, Malan repetia pela enésima vez que não era candidato e colocava em dúvida a possibilidade de os problemas do país serem resolvidos a curto prazo, como afirmava o petista. Àquela altura, com seis anos e oito meses no comando da economia, o terceiro mais duradouro entre os 110 ministros da Fazenda da história rejeitou a idéia de que haveria um "caminho Pedro Malan" e bateu novamente em Lula, que havia apresentado sua vitória como inevitável e prometido consertar o Brasil:

– É claro que pode perder, se essa for a decisão da maioria da população. E é claro que todo e qualquer governo comete erros. A idéia de "resolver" o país não é muito razoável. Razoável é esperar que um governante possa fazer o país avançar.

Quanto a seu trabalho, Malan se dizia feliz:

– É um desafio constantemente renovado e também uma tensão permanente. O Brasil não é fácil. Mas, como sou um servidor público de carreira – completo neste mês 35 anos de serviço público –, eu me sinto realizado.

Durante o 12º Encontro Nacional do PT, em Recife, um dos grandes destaques foi o combate à corrupção. Internamente, concluiu-se a eleição direta das novas direções partidárias em todos os níveis. Dirceu foi reeleito em primeiro turno, derrotando outros cinco candidatos a presidente e dando, afinal, o troco nas correntes de esquerda.

A resolução política *Um Outro Brasil É Possível* batia duro no governo tucano. O texto apontava a "falência moral" do governo, acusando-o de ter adicionado uma corrupção moderna e sofisticada à tradicional. Diante desse quadro, propunha "derrotar o neoliberalismo e construir um novo governo democrático e popular", valorizando instituições como o Fórum Social Mundial para enfrentar a "blindagem internacional que sustenta o neoliberalismo globalizado".

Os moderados conseguiram enterrar a proposta de suspensão do pagamento da dívida externa e de reestatização de empresas privatizadas, defendida pelos setores mais à esquerda, e abrir o partido para alianças mais amplas, cuja definição ficaria a cargo do novo diretório nacional eleito durante o Encontro.

Outro documento modificado e aprovado em Recife daria muito o que falar dali por diante. Era a base do futuro programa de governo e, como as manchetes de alguns jornais, seu título prometia mais que o conteúdo: *A Ruptura Necessária*. O texto preconizava o desmonte das "armadilhas deixadas pelo modelo neoliberal" e pretendia resolver "o drama histórico da concentração da renda e riqueza". Entre outras coisas, afirmava:

"Com relação à dívida externa, hoje predominantemente privada, será necessário denunciar o acordo com o FMI para liberar a política econômica das restrições impostas ao crescimento e à defesa comercial do país, estabelecer mecanismos transparentes de controle sobre a entrada e saída de capital, esti-

mular a reinversão do investimento direto estrangeiro, através da taxação das remessas de lucros e dividendos e bloquear as tentativas de reestatização da dívida externa, reduzindo a emissão de títulos da dívida interna indexados ao dólar."

Aclamado coordenador do programa de governo, o prefeito de Santo André, Celso Daniel, nem conseguiu incorporar todas as emendas aprovadas: pouco mais de um mês depois, seu corpo foi encontrado em Juquitiba, na Grande São Paulo, horas após ter sido seqüestrado ao sair de um restaurante em São Paulo. Deprimido com a morte do amigo, Lula optou por um substituto com o mesmo perfil: alguém com experiência administrativa e não um intelectual. Escolheu Palocci.

No Encontro de Recife ficou evidente que a candidatura de Lula era irreversível, mas ninguém conseguiu demover Suplicy. Empolgado com a possibilidade de disputar as prévias, ele submeteu-se ao conhecido professor de oratória Reinaldo Polito antes de enfrentar a militância. Repetiu seu discurso várias vezes diante do especialista, até reduzi-lo a dez minutos, ocupados pela argumentação que considerava o embate contra o presidente de honra do partido uma homenagem ao metalúrgico "que nunca desistiu diante das adversidades".

O senador fez até sua própria enquete no largo 13 de Maio, em Santo Amaro, Zona Sul de São Paulo. Prancheta na mão, abordou 50 eleitores. Apenas um lhe disse para não disputar as prévias. Vários perguntaram sobre seu filho, o roqueiro Supla, fazendo um sucesso estrondoso no *Casa dos Artistas* do SBT, mais vista que o *Fantástico* da Rede Globo. Uma das eleitoras entrevistadas arriscou:

– *Por que o senhor não bota o Supla de vice?*

Ainda sem vice, o nome de Lula foi inscrito nas prévias com o apoio das chapas: Articulação de Esquerda; Democracia Socialista; Movimento PT; Democracia, Solidariedade e Luta. Mesmo sem o apoio do diretório nacional, a candidatura de Suplicy foi preservada pelo fato de ter sido apresentada anteriormente. Contrariado com o fato de ter de disputar a condição que imaginava lhe pertencer por antiguidade e posto, Lula nem fez campanha, mas teve 85% dos votos.

A partir de então, era candidato do PT à Presidência pela quarta vez.

Duda começou a trabalhar na Quarta-feira de Cinzas, num escritório que acabara de ser montado em dois andares de um edifício em obras, na avenida Nove de Julho, na região dos Jardins, em São Paulo. Havia muito incenso e todos os ambientes foram organizados com base nos preceitos orientais do *feng chui*. Algumas semanas antes, ele reunira sua equipe pela primeira vez em sua cobertura, diante da baía de Todos os Santos, em Salvador. Numa das paredes, uma frase de um de seus autores preferidos, Paulo Coelho:

– *Ninguém escapa das derrotas. Por isso, é melhor perder alguns combates na luta por seus sonhos que ser derrotado sem sequer saber por que você está lutando.*

Duda pediu a seus auxiliares que apontassem o percentual de chances que Lula teria naquela disputa. O índice escolhido por ele mesmo – 25% – foi o menos otimista. Foi Duda também quem convenceu Kotscho a assumir o papel de assessor de imprensa do candidato. O argumento foi bem heterodoxo: se Lula vencesse as eleições, Kotscho jamais se livraria da fama de pé-frio, já que participara das campanhas malogradas.

A aliança do PT com o PL era um projeto remoto, quando o cenário eleitoral começou a se delinear. Não haveria frente de esquerda – Ciro concorreria pelo PPS, com Brizola de aliado, e Garotinho pelo PSB. Na extrema esquerda, corriam José Maria Almeida, do PSTU, e Rui Costa Pimenta, do PCO. O PMDB continuava dividido.

No campo governista, o racha também parecia inevitável. Covas, que seria o candidato natural, fora derrotado pelo câncer, que o atacou duas vezes – na primeira, levou-lhe o estômago, depois ressurgiu no cérebro. Internado várias vezes, ele havia voltado ao comando do governo paulista numa cadeira de rodas, tornou pública sua condição de saúde e comoveu a opinião pública até morrer, em 25 de fevereiro de 2001, perto de fazer 71 anos. Pouco antes, expressou seu apoio a Tasso Jereissati.

Mas havia José Serra, que vinha fazendo um bom trabalho no Ministério da Saúde e procurava tornar-se mais popular, participando de programas de auditório como os de Ratinho, Gugu Liberato, Adriane Galisteu e Luciana Gimenez. No PSDB, tinha o apoio de Aécio Neves e esperava contar com a adesão de FHC.

Em dezembro, numa entrevista exclusiva para Fernando de Barros e Silva e Valdo Cruz, da *Folha de S. Paulo*, o presidente citou vários possíveis candidatos do PSDB – Aécio, Paulo Renato, Dante de Oliveira e o próprio Serra –, mas garantiu que não imporia nenhum nome. Também não descartou um eventual apoio a Roseana:

– *Eu tenho dito sempre: se você está numa coligação, não pode ter a pretensão de falar "só faço coligação com um dos meus".*

Lembrou suas antigas divergências com o PT. A principal era justamente sobre as alianças que Lula e seu partido tinham execrado e agora buscavam com sofreguidão:

– *Querem fazer aliança agora com o PL. Qual a diferença entre o PL e o PFL, a não ser o fato de que o PFL é maior e tem uma maior tradição de responsabilidade pública? Acho engraçado...*

Serra tornou-se afinal o candidato do PSDB, mas na festa de lançamento, em janeiro de 2002, FHC estava em Moscou e vários tucanos mal escondiam seu desconforto. O mais evidente era o de Tasso, que só compareceu à festa por pressão de Aécio. Em seu discurso, Serra antecipou um *slogan* mais apropriado a um candidato de oposição:

– *O lema do nosso governo será nada contra a estabilidade, tudo contra a desigualdade.*

Esse era o cenário quando Lula e Dirceu tiveram a primeira audiência oficial com Fernando Henrique em sete anos de governo. No encontro que durou uma hora e meia, os dois petistas levaram ao presidente a preocupação com o crescimento do crime organizado no país e sua ramificação na política, na economia, nas polícias e na Justiça. Para eles, o assassinato de Celso Daniel e de Toninho do PT podia ser o começo de uma onda de violência contra o partido. Lula chegou a afirmar que, embora não quisesse tirar qualquer proveito eleitoral dos crimes, era preciso descobrir as razões pelas quais os dois tinham sido assassinados.

Em janeiro, quando o PFL colocou no ar novos comerciais de Roseana, o que era apenas um balão de ensaio transformou-se em projeto de poder. Numa referência indireta à briga das cervejas,[3] um deles ligava a imagem da governadora ao número um, enquanto outro associava a incerteza política ao PT e ao caos econômico, apresentando cenas da Argentina em crise. Os dois eram assinados por Nizan Guanaes.[4]

Para embalar a candidatura da maranhense, valia quase tudo: numa explícita operação de *merchandising*, a novela global *O Clone* exibiu cenas gravadas nos paradisíacos Lençóis Maranhenses, enquanto o carnavalesco Joãosinho Trinta armava o enredo *Papagaios Amarelos nas Terras Encantadas do Maranhão.*

Bornhausen oferecia duas alternativas para manter a aliança com o PSDB: a realização de prévias unificadas ou um acordo que sagrasse quem estivesse melhor nas pesquisas de junho.

Lula reagiu à candidatura de Roseana dizendo que eleição para presidente não era concurso de Miss Brasil. Com uma resposta curta,

---

[3] Brahma, Antarctica e Kaiser atacavam-se em comerciais.

[4] O publicitário deixaria a campanha do PFL logo depois do carnaval para retomar a produção do material de propaganda do Governo FHC e, mais tarde, iria trabalhar para Serra.

a governadora enterrou essa linha de raciocínio afirmando que, avó e mãe de 47 anos, ela ficava lisonjeada com a imagem.

No dia 26 de fevereiro, respondendo a uma consulta feita por Miro Teixeira, do PDT, o Tribunal Superior Eleitoral adotou uma deliberação que reproduzia as coligações estabelecidas em torno dos candidatos a presidente em todos os estados, independentemente das peculiaridades regionais. A medida pareceu tão impactante quanto uma nova lei e o Congresso tentou alterá-la. Em março, o TSE aprovou a chamada "coligação camarão", permitindo que o partido que não lançasse um candidato próprio à Presidência nem apoiasse candidato de outra legenda pudesse se coligar com qualquer outro partido nos estados, mas sem compor com dois partidos que fossem adversários na eleição presidencial. Em abril, o STF considerou que a resolução era uma interpretação legislativa, não uma nova lei, mantendo seu conteúdo. Com isso, vários partidos desistiram de lançar seus candidatos a presidente.

Roseana foi uma das que desistiu, mas por outro motivo: numa sexta-feira, 1º de março, a Polícia Federal invadiu o escritório da empresa Lunus, em São Luís do Maranhão. Apreendeu vários documentos, recolheu os computadores, abriu o cofre e encontrou 1,34 milhão de reais em cédulas de 50. Os maços foram cuidadosamente empilhados sobre uma das mesas do escritório e filmados e fotografados de vários ângulos. Naquela mesma noite, a cena, eloqüente por si mesma, estava em todos os telejornais.

A Lunus era propriedade de Roseana e de seu marido, Jorge Murad. Os documentos encontrados apontavam para uma conexão entre a firma do casal e empresas envolvidas em fraudes da Sudam.

A governadora reagiu com uma nota dura, em que afirmava que o alvo da diligência era ela, não o marido. Dias depois, Murad assumiu a responsabilidade pelo dinheiro, cuja origem teve diversas explicações.

Da tribuna do Senado, o petebista pernambucano Carlos Wilson chamou a atenção para um estranho detalhe da operação:

– Não consigo entender por que um singelo delegado da Polícia Federal, em meio a uma operação de busca e apreensão, no escritório de uma figura notável da República, o empresário Jorge Murad, esposo da governadora do Maranhão, Roseana Sarney, transmitiu via fax documentos – e não importa que tipo de documentos – para um número de telefone do Palácio da Alvorada. Como é que este delegado tinha o número da Ajudância de Ordens do Palácio da Alvorada? É no mínimo suspeito.

Embora tenha feito a ressalva de que achava difícil imaginar que o presidente estivesse à frente da operação da Polícia Federal e que podia parecer extemporâneo falar em *impeachment*, Wilson arrematou:

– Mas que o presidente Nixon caiu por muito menos, isto é verdade...

Quem caiu foi Roseana, em todas as pesquisas de opinião. Os cenários hipotéticos testados pelo Datafolha mostrando seu recuo indicavam também o crescimento de Serra, o que reforçou a paranóia dos pefelistas sobre a autoria da operação Lunus. No dia 11 de março, o PFL rompeu com o governo FHC e vários de seus integrantes deixaram seus cargos. Roseana acabou renunciando à candidatura em abril e os liberais ficaram sem candidato.

Duda conseguiu convencer Lula a usar uma engenhoca que sempre desprezara: o *teleprompter*. Colocado diante da câmera, ele permite a quem está sendo focalizado – como a maioria dos apresentadores – ler o texto sem recorrer ao papel, passando a impressão de que a pessoa domina perfeitamente qualquer assunto.

Sempre que tinha de abordar determinado tema, o publicitário gravava a explicação de Lula sobre o assunto, antes de redigir o texto a ser lido pelo candidato.

Na primeira gravação, Duda o fez repetir o mesmo texto sete vezes. No final, mostrou-lhe duas versões da gravação – a primeira e a sétima, muito melhor. Lula reconheceu a substancial melhora no resultado e surgiu um código entre eles – sempre que Duda queria uma fisionomia mais tranqüila e descontraída do seu candidato, dizia:

– Cara sete, presidente...

No início da campanha, Duda alugou alguns ternos para seu candidato, mas como Lula tem os braços curtos e o tórax muito largo, os costumes manequim 54, feitos em série, não lhe caíam bem – ficavam muito apertados ou com as mangas sobrando. Quem resolveu o problema foi Nazareth Amaral. Contratada como *personal stylist*, ela encomendou uma dúzia a Ricardo Almeida, que veste, entre outros, o empresário Abílio Diniz, o apresentador Gugu Liberato e o galã Thiago Lacerda. Cada terno assinado por ele custa dois mil reais, mas para a campanha os preços teriam sido mais baixos.

As camisas passaram a ser confeccionadas pelo baiano Ernesto Di Tomaso, como as de ACM, Norberto Odebrecht e do banqueiro Daniel Dantas. Há quase cinco anos Di Tomaso já tinha as medidas de Lula, por sugestão da mulher do deputado petista Jacques Wagner. E as gravatas vieram das confecções Aramis e Spring. Vestido assim, Lula nunca mais

Lula com a personal stylist *Nazareth Amaral, dando um perfeito nó* windsor *em sua gravata.*

apareceu em público mal-arrumado, gerando uma lenda que Duda tentou desfazer várias vezes – a de que o petista passara a usar ternos da grife italiana Armani.

O entusiasmo de Duda com a campanha do petista subiu vários pontos ao acompanhar Lula e Dirceu numa visita às fábricas do empresário e senador do Partido Liberal,[5] José Alencar, que Lula queria como seu vice. Dono da fábrica Coteminas, que produz as marcas Santista e Artex, com um faturamento de 774 milhões de reais em 2000, Alencar é um típico empresário que amealhou fortuna a partir do empenho pessoal. Nunca fez faculdade, começou a trabalhar muito cedo e também atuou no movimento sindical, muito embora no campo oposto ao de Lula: foi presidente da Federação das Indústrias do Estado de Minas Gerais.

Embora tenha votado em FHC em 1994 e 1998, Alencar acabou trocando o PMDB pelo Partido Liberal. Em João Pessoa, num encontro fechado do partido, Lula, Dirceu e Duda foram recebidos por um coro incômodo:

– *Ô Zé Dirceu/ Não leve a mal/ Quero o PT sem Partido Liberal...*

Microfone na mão, Lula defendeu a necessidade das alianças, elogiou Duda e o chamou de "companheiro", levando um dos presentes a reagir em voz alta:

– *Como é que é, Lula? Companheiro Duda Mendonça!!*

O petista reagiu com uma afirmação taxativa da importância do trabalho de comunicação naquela eleição, dando a Duda total segurança sobre sua relação com o PT. Lula estava disposto a utilizar qualquer equipamento, melhorar o guarda-roupa e enfrentar qualquer coro para fazer valer sua vontade.

---

[5] Criado em 1985, por Álvaro Valle, um ex-udenista que voltara ao parlamento pela Arena e que morreu no ano 2000. Depois disso, sob o comando de Valdemar Costa Neto, outro ex-arenista, o Partido Liberal tornou-se reduto dos bispos e pastores da Igreja Universal do Reino de Deus. Apoiou inicialmente o Governo Fernando Henrique, mas migrou para a oposição durante o primeiro mandato de FHC.

No sábado, 23 de março, às 8h15 da manhã, começou um movimento que poderia fulminar as chances do petista: os sem-terra invadiram a fazenda de FHC em Buritis, noroeste de Minas Gerais, que já estivera na mira do movimento em setembro de 2000.[6] Ele e dona Ruth deveriam passar aquele final de semana na fazenda, mas desistiram na última hora, porque o presidente passou mal com algo que comera no Chile.

A invasão não foi surpresa: fora prevista mais de 16 horas antes, no informe 0544, redigido por um agente secreto da Agência Brasileira de Inteligência:

— *Caso não sejam atendidos, os sem-terra ameaçam seguir em direção à fazenda Córrego da Ponte, de propriedade de familiares do presidente da República. Podem ser observados nas proximidades (...) três ônibus estacionados à disposição do MST, para realizar o transporte do grupo.*

Quando os policiais que vigiavam o local foram dormir, o pessoal foi para a fazenda. As porteiras estavam abertas. Obrigando o administrador da propriedade a segui-los, fincaram uma bandeira do MST em frente à sede e invadiram a casa. Depois de usarem os tratores e a colheitadeira, armaram suas barracas numa área livre, a 300 metros da sede. A primeira reação do governo foi do ministro da Justiça, Aloysio Nunes:

— *Evidente que é um ato político-eleitoral. O MST é a correia de transmissão do PT. É por essas e outras que o PT não vai ganhar a eleição.*

Fernando Henrique reuniu-se com os ministros Alberto Cardoso e Raul Jungmann, do Desenvolvimento Agrário, e determinou uma ação "dura, mas democrática", alertando que não queria um Eldorado do Carajás em sua casa. A partir do anoitecer, aviões da FAB passaram a

[6] Naquela ocasião, militantes do MST montaram acampamento em frente à propriedade e anunciaram que pretendiam invadi-la. FHC pediu a intervenção da PM mineira, mas Itamar negou apoio. O Exército foi acionado para proteger a fazenda, sob a alegação de que o presidente costumava se hospedar na propriedade de 1.100 hectares, onde se produziam gado brangus, soja, milho, milheto e café.

executar vôos rasantes sobre a fazenda e 300 soldados do Exército cercaram-na por volta da meia-noite.

O *Jornal Nacional* daquele sábado apresentou uma reportagem completa, com imagens feitas dentro da fazenda, durante a invasão, que FHC acompanhou estarrecido:

– *É chocante ver sua cama na televisão, é uma coisa horrível. Eu me preocupei com uma só coisa, o quadro do Poteiro.*[7] *Quando vi que estava em ordem, eu disse, ah, estragar, eles não estão estragando. O resto não me preocupava, até porque a fazenda já não era minha, tinha passado para as minhas filhas.*

Durante a madrugada, os invasores cantaram, dançaram e beberam todo o estoque de bebidas da adega: uísque, cachaça, vinho chileno e até vinagre. Os brindes eram intercalados com idas até a porteira, onde dois representantes do governo buscavam uma solução para o impasse. Eles prometeram que ninguém seria preso e que seria autorizada a compra de uma fazenda de 4,8 mil hectares em Buritis, onde havia um assentamento. Garantiram ainda que todos seriam recebidos na cidade pelo próprio ministro Jungmann.

Quando os sem-terra concordaram em deixar a propriedade, soldados e policiais federais entraram. Mulheres e crianças saíram primeiro, sempre em grupo de cinco. No momento em que restavam só os líderes, a Polícia Federal determinou que deitassem no chão e algemou-os com as mãos para trás, numa cena fartamente documentada pelos fotógrafos e cinegrafistas.

Serra afirmou que o Brasil estava diante de uma "escalada de abuso e provocação cujo alvo lógico é o processo eleitoral". Mas FHC esvaziou a tentativa tucana de vincular a invasão com a candidatura petista. Para ele, o PT se desgastaria naturalmente, por ter demorado para reagir.

---

[7] Antônio Poteiro, pintor regionalista cujos quadros decoravam a sala de visitas e que encantaram os sem-terra.

Além disso, temia que a reação dos tucanos estimulasse a idéia de que a invasão – prevista pela Abin e não evitada – fosse mais uma manobra inspirada por Serra.

A ação do Exército e da Polícia Federal foi mal recebida tanto pelo presidente do STF, ministro Marco Aurélio Mello, que perguntou por que os sem-terra tinham sido humilhados na hora da prisão, quanto pelo presidente da União Democrática Ruralista, a entidade dos grandes proprietários de terra. Luis Antonio Nabhan Garcia reclamou do uso de tropas do Exército, "fora da legalidade democrática".

Quando a fazenda de FHC foi ocupada, o Diretório Nacional do PT discutia as alianças eleitorais no hotel Hilton, em São Paulo. O encontro continuou, mas os principais líderes do PT se reuniram numa sala ao lado para combinar a reação do partido e do candidato. À tarde, uma nota oficial assinada por Dirceu deu uma no cravo e outra na ferradura:

– A ocupação é de exclusiva responsabilidade do MST. O PT não foi e nem deveria ser avisado ou consultado. Nossa posição é clara: somos contrários à ocupação de propriedades produtivas e consideramos que a negociação política e pacífica é a única via para implantar a reforma agrária.

Não foi suficiente: a mídia só queria a opinião de Lula. No domingo, ele abandonou a reunião e deu uma coletiva. Em seguida, num cenário armado pela equipe de Duda, falou com exclusividade para o *Fantástico*, da Globo. Nas duas ocasiões, repetiu o mesmo raciocínio:

– A invasão da fazenda não ajuda em nada na luta pela reforma agrária. Eu sou contra a invasão da casa do presidente, assim como sou contra a invasão da casa de qualquer brasileiro.

Na segunda-feira, ele preparou-se para enfrentar o tema novamente. Naquela noite, seria o centro do *Roda Viva*, da TV Cultura, que realizava uma série dedicada aos presidenciáveis.[8] Na agência de Duda, foi recebido em clima de festa: para levantar o astral do candidato, o publicitário decorou as paredes com as primeiras peças publicitárias da campanha – *banners* com um garoto sorridente abraçando uma estrela vermelha maior do que ele. A trilha sonora era o *jingle* da campanha, que aproveitava uma música feita por Duda em 1994, quando ainda imaginava que seria o marqueteiro do PT naquela campanha.

Foi quando o candidato conheceu a peça que Duda considera mais difícil de criar, porque tem de ser curta e direta: o *slogan* da campanha. O publicitário havia tentado "Bote fé e diga Lula" e "Uma chance para Lula", antes de escolher o anódino mas eficiente "Agora é Lula".

À noite, falando para uma audiência cinco vezes maior que a média do programa, Lula surpreendeu a bancada de entrevistadores. Repetiu o raciocínio contrário à invasão da casa de qualquer pessoa e inverteu o jogo, perguntando aos jornalistas a quem interessaria aquela ação. Depois, reagiu com ironia às declarações de Aloysio Nunes:

– *Eu fiquei preocupado com a leviandade do ministro da Justiça de querer acusar o PT. Eu falei: "Puxa vida, como eles sabem que não vão conseguir encontrar uma gaveta com 1,34 milhão do PT, será que eles estão querendo transformar isso num caso como o da Roseana?" (...) Ainda bem que, num momento de lucidez, o presidente Fernando Henrique o desautorizou a transformar a invasão num ato político.*

Duda, que antecipara a tese do "a quem interessa" para os jornalistas, ainda no domingo, considerou o desempenho de seu candidato melhor do que a encomenda:

– O Roda Viva *foi o grande divisor de águas. Lula deu um* show.

[8] Apresentada pelo jornalista Carlos Alberto Sardemberg, a série começou no dia 4 de março, com José Serra, e nas semanas seguintes trouxe Garotinho, Ciro Gomes e Lula.

Após o sucesso do *Roda Viva,* Duda precisava manter em cena a sedução de Lula, até o início do horário eleitoral. E para isso tinha uma receita em mente:

– *Ninguém sabia quem era o Lula, ele era uma barba política. Resolvi mostrar que ele era um homem casado, que tem família, netos, que é um bom pai. E mostrar também que o partido tem uma equipe de governo grande. Lula não é formado?* Ok, *mas ele lidera uma equipe que tem doutor pra caramba.*

Num salão alugado, montou um cenário que simulava um enorme escritório. Embora a lista de convidados e a seleção das pessoas com direito a pequenas falas tenham sido feitas por Palocci e Dirceu, na hora em que souberam sua condição de meros figurantes, muitos egos entraram em crise.

A grande estrela daquela planejada e artificial reunião de doutores foi Lula: caminhou por entre as mesas, parando atrás dos cérebros alinhados com o PT para apoiar-se amigavelmente no ombro de vários deles, enquanto fazia *cara sete* ao ler no *teleprompter* textos que antecipavam o que poderiam fazer pela saúde, educação, economia.

Mais complicado foi convencê-lo a falar sobre si mesmo. Quando finalmente concordou, queria gravar seu depoimento em São Paulo mesmo. Duda conseguiu transferir a filmagem para Caetés, imaginando que assim despertaria a emoção de Lula. Ao chegarem a Garanhuns, ficou evidente que não teriam a tranqüilidade necessária no velho sítio, porque a imprensa não largava o candidato.

O depoimento acabou sendo captado no jardim interno do hotel onde estavam hospedados. Presentes, o diretor de fotografia, Robério Braga, e o escritor Antonio Risério, co-autor da biografia de Duda, *Casos & Coisas*, e membro da equipe de campanha. Além de Duda, é claro:

– *Lula olhou para mim – ele não ia falar para a câmera – e me perguntou: "O que você quer?" Expliquei que queria que ele contasse a vida dele. Mas não esperava que ele fosse tão fundo. Várias vezes, eu tentei mudar de assunto, para que ele saísse daquela viagem, mas não adiantou. A previsão era gravar uns dez, 15 minutos, gravei uma hora e dez. Um depoimento em cinema de hora e dez, fantástico. Oitenta por cento não usei.*

Uma das minhas preocupações era evitar que ele usasse a palavra greve. E no depoimento, ele lembra do contato que teve com o comandante do 2º Exército, que já tinha recebido o presidente da Fiesp. O Lula falou com saudade e disse: "Foi o melhor tempo da minha vida. Era greve todo dia..."

Houve muitos cortes no material, mas nada foi acrescentado artificialmente. Em vários momentos, Lula chorou copiosamente como quando lembrou da infância, da primeira mulher e de dona Lindu. Para Duda, ele apenas realçou as características positivas do candidato:

– Eu não mudei o Lula. Meu esforço foi o de mostrar que o Lula poderia ser ele mesmo. O Lula que aparecia nas campanhas – mal-humorado, cara de bravo, rancoroso – era de mentira. Se eu tive algum mérito nessa campanha foi convencê-lo a ir para a televisão como ele é. Chorar, rir, piscar o olho, ser sedutor, brincalhão.

Para diminuir sua rejeição entre as eleitoras, Duda resolveu incluir no programa um depoimento de Marisa. Durante uma longa conversa, o publicitário demoliu sua resistência e explicou que ela teria de se preparar para uma nova etapa e que nunca mais seria a anônima companheira do sindicalista ou do líder político. Antes da gravação, a mulher de Lula submeteu-se, pela primeira vez, às indicações da *personal stylist* que cuidava de seu marido. Era o início da operação que resultaria em uma nova Marisa Letícia, mais elegante e rejuvenescida e cada vez mais presente ao lado do marido.

Em abril, quando os novos comerciais do PT foram ao ar, o marqueteiro ficou preocupado:

– Achava que ele ia subir logo nas pesquisas, mas passou dez dias estacionado. Eu fazia pesquisa com os grupos, sabia que aquele público maduro para votar no PT estava sendo sensibilizado, mas eles não mudavam de opinião. Depois, felizmente, subiu uns quatro pontos.

No final de maio, Lula pediu a Dirceu que convocasse Gushiken para a coordenação da campanha. Na sua chácara no interior de São Paulo, o ex-deputado recuperava-se de uma cirurgia que extraíra seu estômago, em razão de um câncer, e mal conseguia caminhar 100 metros por dia em torno da casa. Sua primeira reação foi recusar o convite, mas Lula insistiu, propondo que ele ficasse em São Paulo apenas dois dias por semana, acomodado num hotel próximo ao comitê e com uma enfermeira à disposição.

Gushiken finalmente concordou – e mergulhou de cabeça no trabalho, sete dias por semana. Com a experiência acumulada de outras duas campanhas e uma visão estratégica, ele ajudou a desenvolver a chamada Operação 62 – que concentrou esforços e eventos nas 62 maiores cidades brasileiras, onde vive a esmagadora maioria do eleitorado.

No início de junho, a aliança entre a facção governista do PMDB e os tucanos foi finalmente sacramentada, com a indicação da deputada Rita Camata para vice de Serra. No dia 17, Itamar anunciou, finalmente, que não seria candidato.

Mas quem ganhou fôlego foi Ciro. Em 16 estados, ele obtivera o apoio do PFL. Com a formalização da Frente Trabalhista, driblou as restrições legais e ocupou 82 minutos na TV, aparecendo nos programas eleitorais do PPS, PTB e do PDT, dobrando seus índices, alcançando os 18% nas pesquisas.

A subida de Ciro fortaleceu as especulações sobre um eventual segundo turno entre dois candidatos de oposição e complicou ainda mais a situação econômica do país. No dia 3 de maio, ao visitar a 9ª Agrishow, uma grande feira agropecuária em Ribeirão Preto, Lula reclamou do mercado e da equipe econômica:

– *Começo a me perguntar a quem interessa esse tipo de especulação. Não é possível que essas pessoas não tenham a dimensão da realidade nacional e tratem o país como uma republiqueta. O presidente, o ministro da Fazenda e qualquer outra pessoa séria não podem acreditar nisso e vincular esses fatos com o que vai acontecer daqui a seis meses.*

Depois, num restaurante da cidade,[9] o cardápio continuou a ser a crise econômica, lembraria Mercadante:

– *Quando uma casa está pegando fogo, o sujeito não está preocupado com o arquiteto que fará a reforma, mas com o bombeiro que deve apagar o incêndio. Ou nós apagávamos o fogo, ou não seríamos contratados como arquitetos. Era preciso sinalizar que nós íamos mudar, mas com segurança.*

Duda pensava igual, mas queria ir mais longe: pretendia que Lula anunciasse àquela altura seu futuro ministro da Fazenda ou o presidente do Banco Central. Lula não concordou – naquele momento, duvidava inclusive da necessidade de produzir um compromisso do partido com a estabilidade da economia. Para ele, o programa de governo, com lançamento marcado para 30 de junho, seria suficiente. Mas acabou cedendo diante da argumentação de seus companheiros. Palocci resumiu o projeto:

– *Tem de ser algo à parte, assinado por você.*

Uma semana depois daquele almoço em Ribeirão, Dirceu tentou desarmar a idéia de que a crise era resultado da reação do mercado ao predomínio de Lula e declarou:

– *A eleição é em outubro e ninguém sabe qual o resultado. Tem gente especulando e se aproveitando disso. E o ministro Malan e o Armínio são irresponsáveis quando validam e dão curso a essa versão de que o problema é que os candidatos precisam estabelecer quais são suas políticas. Se for assim, para o mercado aceitar, todos os candidatos terão de defender a atual política econômica. Aí não tem eleição no Brasil.*

Dentro do PT, a idéia da carta ganhava fôlego. No dia 10 de junho, durante uma reunião improvisada no parque Anhembi, em São Paulo, onde acontecia um seminário do partido, com a participação de Marta, já separada de Suplicy e acompanhada de seu novo namorado,

[9] No almoço, estavam presentes Dirceu, Palocci, Mercadante, Duda, Guido Mantega e José Graziano.

Luís Favre, Gushiken insistiu na urgência, num discurso oposto ao que Dirceu exibia para o público externo:

– *Defendi a tese de que o Brasil estava entrando num processo de crise em grande parte alimentada pela dúvida sobre o resultado do processo eleitoral. Eu achava que havia uma crise em curso. Esse elemento me fez sustentar a tese de que era preciso ter uma carta.*

Dirceu engrossou o coro:

– *Foi ficando claro que o eleitorado não reduzia seu apoio ao Lula, apesar da crise, mas foi ficando claro também que o eleitorado que nos faltava, inclusive para liquidar a fatura no primeiro turno, queria de nós garantias sobre como seria o governo no campo econômico. Não era o mercado. As pessoas acham que nosso problema era com o mercado, mas não era isso... Havia certa incredulidade diante das nossas declarações.*

Na maior parte do tempo, Lula apenas acompanhava as discussões, enquanto Mercadante mantinha contatos com Armínio Fraga.

A primeira versão da carta do PT foi redigida por Palocci e Mercadante na sala da presidência do diretório nacional, em São Paulo. O texto resultante foi encaminhado a Luís Dulci,[10] que costumava redigir os principais documentos do partido. No domingo, 16 de junho, numa grande reunião no Instituto Cidadania, ficou resolvido que Lula leria o documento no sábado seguinte, 22, quando os petistas discutiriam o programa do partido.

A carta foi produto de várias mãos: além de Mercadante, Palocci e Dirceu, o texto teve também a participação do sociólogo Glauco Arbix – professor do Departamento de Sociologia da USP, ex-militante da OSI e ex-editor do boletim *Linha Direta*, publicado pelo PT.

---

[10] Mineiro de 45 anos, Dulci conhecia Lula desde 1979. Ex-integrante do Movimento de Emancipação do Proletariado, coordenou a greve de professores que parou 200 mil funcionários da área do ensino em 1979, em 400 cidades mineiras. Fundador do PT, sempre foi encarado como um dos dirigentes de maior bagagem intelectual.

Lula concordou com as idéias, mas implicou com os termos técnicos e o excesso de números do documento. Encarregado de produzir a versão definitiva, Dulci rascunhou quase 100 páginas num caderno escolar e enviou o manuscrito para o jornalista André Singer,[11] que já atuava como porta-voz do candidato. Singer digitava tudo e repassava o material para Dirceu e Lula. As observações do candidato, mais de 20, foram quase todas relativas à forma, pedindo frases mais curtas e expressões mais acessíveis.

Na quinta-feira, Dulci instalou-se numa suíte do hotel Green Place, a um quarteirão do comitê de campanha do PT em São Paulo. Contornou o sono com doses cavalares de guaraná em pó e varou a madrugada debruçado sobre o texto. Na manhã seguinte, tinha em mãos 161 linhas. Elas começavam falando sobre as mudanças e atribuíam os problemas econômicos ao modelo adotado pelo governo que estava terminando. O texto antecipava que a margem de manobra da política econômica no curto prazo seria pequena, reafirmava o respeito aos contratos como premissa, elevava a manutenção da estabilidade econômica a um valor fundamental e vinculava a redução da taxa de juros de forma sustentada à superação da vulnerabilidade externa. A carta assumia um compromisso com o equilíbrio fiscal, definindo-o "não como um fim, mas um meio". Quanto ao superávit, a versão final não estabelecia percentual algum (a primeira versão dizia que o superávit primário seria de 3,5% do PIB):

– *Vamos preservar o superávit primário quanto for necessário para impedir que a dívida interna aumente e destrua a confiança na capacidade do governo de honrar os seus compromissos.*

---

[11] Filho do economista Paul Singer, tinha sido secretário de redação da *Folha de S. Paulo* e exerceu cargos de direção em outros importantes órgãos de imprensa, além de atuar como cientista político e professor na Universidade de São Paulo. Autor de *Esquerda e Direita no Eleitorado Brasileiro: A Identificação Ideológica nas Disputas*, em que defende a tese de que a maioria dos eleitores, mesmo os de baixa escolaridade, divide-se em esquerda, centro e direita, e tende a votar de acordo com a sua preferência ideológica.

Gushiken levou a carta para Duda ler, mas o marqueteiro não mexeu numa vírgula, dizendo que era um documento político, não uma peça publicitária.

No sábado pela manhã, Lula chegou tenso ao Instituto Cidadania. Para acalmá-lo, Gushiken se dispôs a ler o texto em voz alta:

— *Você vai ver que está supimpa...*

Lula ouviu e concordou. Descartou uma última sugestão do assessor de comunicação do Instituto Cidadania, Carlos Tibúrcio, e entrou no carro, enquanto Gushiken mandava imprimir rapidamente dezenas de cópias, para distribuir aos jornalistas. O serviço estava quase pronto quando tocou o telefone. Era Lula, do celular, pedindo para acrescentar uma menção sobre a agricultura. E o documento recebeu o último acréscimo:

"Aqui ganha toda a sua dimensão de uma política dirigida a valorizar o agronegócio e a agricultura familiar."

As cópias já prontas foram para o lixo enquanto se providenciavam outras, a toque de caixa. Com essa dose de improviso, nascia o documento que significava o maior salto já realizado pelo Partido dos Trabalhadores e o ponto crucial de toda aquela campanha, na visão de Gushiken:

— *Era o momento da* real politik, *no meio de uma campanha eleitoral que por vezes é marcada por sonhos, fantasias. Era um momento de clivagem entre o discurso político real, preciso, e sonhos e intenções futuras. Foi o nosso entendimento sobre a crise naquele momento, a clareza com relação à necessidade de expor nosso compromisso com as respostas que o problema estava demandando.*

Lula leu a carta com três horas e meia de atraso. Estava de terno e gravata, mas precisou pedir emprestados os óculos de Mercadante e arrancou gargalhadas da platéia composta por 500 petistas, com uma brincadeira:

– Os óculos combinam com o Mercadante, mas não com a minha cara redonda. Assim, vou tentar não usá-los para manter a boa imagem que preciso para ganhar as eleições.

O mercado não compreendeu de imediato o real significado da Carta ao Povo Brasileiro. No dia seguinte, no Fórum Mundial de Beaver Creek, Colorado, Alan Greenspan, presidente do Federal Reserve (Banco Central dos Estados Unidos), declarou:

– *O problema do Brasil é 100% político. Não tem nada a ver com a economia.*

Stanley Fisher, vice-presidente do Citigroup e ex-vice-diretor-gerente do FMI, corroborou:

– *As dúvidas estão todas concentradas no que Lula fará. Tudo indica que ele vencerá as eleições, gerando o atual nervosismo.*

A aliança com o Partido Liberal também enfrentava problemas. Os seguidores do bispo Edir Macedo inclinavam-se na direção de Garotinho, ameaçando o acordo. No Acre, Bahia, Rio Grande do Sul, Paraná, Ceará, Santa Catarina, Alagoas, Amapá, Rondônia e Roraima, os diretórios do PT e do Partido Liberal eram contra a coligação. Até o presidente do PL, Valdemar Costa Neto, estava desanimado:

– *A cada dia que passa a situação fica mais difícil.*

Foi a insistência de Lula que manteve a aliança, segundo Dirceu:

– *A aliança com o PL esteve para acabar. Mas aí predominaram a genialidade do Lula e a força de vontade dele. Ele disse: "De jeito nenhum. Você vai fazer." E eu fiz. Mas deu certo por causa da vontade do Lula e do José Alencar.*

Para Lula, o preconceito contra as alianças era coisa de quem jamais fora eleito para nada, "nem para síndico do prédio".

Na segunda-feira, 24 de junho, o acordo foi enfim sacramentado em Brasília. Cinco dias mais tarde, três mil petistas vindos de todo o país receberam José Alencar no Palácio das Convenções do parque

Anhembi, em São Paulo, já na condição de vice de Lula, embora um dia antes a aliança continuasse enfrentando a oposição dos candidatos petistas aos governos de Alagoas, Santa Catarina e Rio Grande do Norte.

No Anhembi, as vaias a Valdemar Costa Neto foram abafadas pelo *jingle* "Bote fé e diga Lula", que Duda mandou aumentar. Alencar, com sua voz pausada, enfrentou apitos e apupos, contou a história de sua vida e, no final de seu discurso, silenciou os protestos. Lula desqualificou a reação de seus companheiros, comparando o preconceito ao vírus da gripe, e a campanha, a uma vacina. Depois, resumiu sua visão sobre aquele momento:

– É a primeira vez, na história republicana, que um torneiro mecânico tem como vice um empresário. Na prática, é um novo contrato social.

A convenção foi também um ato de desagravo a Dirceu, que enfrentava um inquérito aberto pelo procurador-geral da República, Geraldo Brindeiro, que identificara "indícios" de que o presidente do PT teria recebido 1,2 milhão de reais de um esquema de arrecadação de propina da prefeitura de Santo André. Lula defendeu-o:

– Quando um homem honesto, com história e compromisso, é achincalhado por um arquivador de processos, que é o Brindeiro, a gente não pode ficar quieto. (...) Querem abrir nossas contas? Vamos abrir. Aliás, se quisessem ser honestos, teriam aprovado o financiamento público.

Na segunda quinzena de julho, Dirceu foi aos Estados Unidos. Vários contatos foram agendados graças à intervenção da equipe econômica de FHC. O próprio presidente conversou com ele por telefone, durante a viagem:

– Ele foi e de lá me telefonou muito assustado, porque tinha ouvido um economista declarar que o Brasil ia para a moratória. Expliquei: "Zé, não é bem assim..."

Dirceu esteve com empresários e banqueiros. Em Washington, conversou com Lawrence Lindsey, principal assessor econômico do presidente dos Estados Unidos, George W. Bush. Voltou convencido de que era preciso mostrar ao chamado mercado que o PT tinha um projeto consistente:

– *Quando fui aos Estados Unidos, as pessoas ficaram estupefatas, surpresas. Eles faziam uma idéia de nós de que não conhecíamos o Brasil, nem economia. E nos primeiros contatos levaram um choque.*

Ele garantia que o PT estava disposto a acalmar o mercado e desfazer mal-entendidos, mas impunha um limite:

– *Pedir para o PT manter o Armínio Fraga ou aprovar o Banco Central independente é pedir o impossível. Mas já fizemos um compromisso público com responsabilidade fiscal e controle de inflação.*

No início de agosto, Fernando Henrique manteve um encontro secreto com Dirceu em Brasília:

– *Quando o Ciro chegou a 27 e o Lula a 32 pontos,*[12] *o Dirceu esteve comigo e perguntou o que eu faria se os dois fossem para o segundo turno. Eu disse que não ficaria com o Ciro, mas com o Lula. Ele tem um partido, tem uma história, tem compromissos com uma porção de coisas, tem condições de governar, tem uma base, enquanto o Ciro é um aventureiro, não tem nada. Já tivemos muita gente no Brasil que chegou ao poder dessa maneira e não governou. Mas ponderei que talvez não fosse conveniente eu manifestar meu apoio, se isso ocorresse.*

Não foi a única conversa entre os dois durante a campanha:

– *Conversei muitas vezes com ele, que jantou lá no Alvorada algumas vezes e foi sempre correto comigo. Nunca vazou uma linha e sempre que falou sobre o que havíamos discutido, falou com correção. Do José Dirceu eu não*

---

[12] No dia 30 de julho, o Datafolha registrava 33 pontos para Lula, 28 para Ciro, 16 para Serra e 11 para Garotinho.

tenho o menor reparo, embora eu tenha uma relação muito mais antiga com o Lula, de geração também.

Ciro manteve o segundo lugar até começar o horário eleitoral. No primeiro dia, levou vários tiros de Serra, que estava 14 pontos atrás. O mais direto foi a frase com que o candidato do PPS brindara um ouvinte da rádio Metrópole, de Salvador, que lhe fizera uma pergunta num programa ao vivo:

– *Lá [na Suíça] é parlamentarista. É só um aviso aí para esses petistas furibundos. Tem de fazer as perguntas com um pouco mais de cuidado para largar de ser burro.*

Seus advogados recorreram à Justiça Eleitoral e conseguiram impedir a repetição da declaração infeliz. Ciro chamou Serra de "ministro da dengue" e "grampeador de telefones", mas seu inferno astral continuou ao final de uma entrevista coletiva. Os repórteres já haviam se levantado, quando uma jornalista perguntou qual a função de Patrícia Pillar na campanha dele. Ciro respondeu de bate-pronto:

– *O papel mais importante dela é dormir comigo.*

No dia 31 de agosto, Ciro estava com 20 pontos, tecnicamente empatado com Serra, que tinha 19. Uma semana depois, o Datafolha registrava 15 pontos para Ciro e 21 para Serra.

Sabatinado pelos repórteres da *Folha*, no primeiro de uma série de encontros com os presidenciáveis, Lula declarou que gostaria de ver FHC agindo como um magistrado na eleição. Evitou declarações polêmicas, atribuiu sua moderação à maturidade de avô e, mesmo sem renegar os tempos de radicalismo, admitiu que o perfil do partido de seus sonhos tinha mudado:

– *Eu me dei conta de que o PT que precisava construir era maior do que o PT de macacão que eu sonhava em construir.*

Sobre a possibilidade de Armínio Fraga continuar presidindo o Banco Central, foi polido, mas taxativo:

— Só se o José Serra ganhar as eleições. Acho que o Armínio Fraga tem demonstrado ser uma pessoa tecnicamente preparada, mas temos muita gente no Brasil igual ao Armínio. Gente com um pensamentozinho mais próximo a nós.

Em primeiro lugar em todas as pesquisas, Lula amiudava seus contatos com grandes empresários, dirigentes patronais e entidades de classe. Alencar facilitava seu trânsito nessa área, mas também petistas históricos entraram em campo. Gushiken foi escalado para preparar a visita do candidato à Bolsa de Valores de São Paulo, onde, nas campanhas anteriores, ele fora vaiado só por ter passado diante do edifício.

O ex-dirigente do sindicato dos bancários conhecia bem o presidente da Bovespa e aplainou o caminho. Ao acenar com medidas que estimulavam a compra de ações das empresas pelos trabalhadores, o PT facilitou as coisas. Lula foi tão bem recebido que acabou usando o praticável de onde se comanda o pregão como palanque.

Duas semanas depois, os principais presidenciáveis foram ao Palácio do Planalto para tomar conhecimento do acordo que o governo já negociara com o FMI. Diria FHC:

— Lá por agosto, o Malan me disse que valia a pena procurar novamente o FMI, não porque tivéssemos problemas naquele momento, mas para garantir 2003. Autorizei e isso foi conversado com o PT. Eles deram algumas declarações compreensíveis naquele clima de campanha, mas o FMI me pediu uma avaliação sobre qual seria a reação do PT ao acordo. Eu expliquei que, se o Serra ganhasse, ele cumpriria o acordo, mas meu interlocutor pediu uma espécie de aval em nome do PT. Argumentei que não podia prometer pelos outros e lembrei que o Brasil tinha instituições fortes — imprensa livre, Congresso, opinião pública —, mas não foi suficiente. Resolvi então chamar os candidatos para obter esse aval de todos. Mostramos o

texto do acordo – um texto de acordo com o Fundo não tem cláusulas secretas – e todos concordaram.

Lula estava tão à vontade no encontro que brincou com o presidente, diante dos jornalistas:

– O senhor tem que ser igual ao Didi, que colocou a bola embaixo do braço e comandou a reação brasileira depois que a seleção levou um gol no jogo contra a Suécia.

O petista apresentou algumas propostas de medidas emergenciais. No final da parte pública da conversa, Fernando Henrique perguntou se Lula poderia ficar mais um pouco na sala. Na verdade, explicaria adiante, o pedido para aquele momento a sós fora do petista:

– Quando o Lula chegou lá, estávamos só eu e ele e falei: "Ô Lula, por que você foi se meter nesse negócio de ser candidato a presidente outra vez? Você pode ganhar esta eleição, Lula, e vai ter de sentar naquela cadeira e agüentar essa chatice aqui. Você não gosta disso, isso daqui é muito trabalhoso, é muito chato, cai fora enquanto é tempo..." Disse brincando, claro, e aí ele me falou que precisava conversar comigo em particular. Aí, ao final do encontro com todos os candidatos, eu, por educação, disse que queria falar sozinho com o Lula. Ele é que tinha me pedido, mas os outros acharam que a iniciativa foi minha. Levei o Lula para a sala íntima ali ao lado. O Lula queria que eu ajudasse o Itamar em Minas. Com o Itamar eu faço o que posso, mas ele é difícil e acabamos ajudando mais ou menos. Nessa conversa, Lula me perguntou o que eu achava que ia acontecer. Expliquei que estava pintando que ele iria ganhar a eleição. E ele: "E aí, o que você faz?" Eu disse: "Se você ganhar, eu ajudo." E eu tenho feito isso. Foi uma boa conversa – todas as vezes que estamos juntos é agradável, não há constrangimento entre nós. Não vou entrar em detalhes, mas somos pessoas capazes de dizer um ao outro coisas muito pessoais, sem nenhum problema.

No início de setembro, Ciro e Serra trombaram de frente durante o debate organizado pela Rede Record; os dois se digladiaram enquanto

Lula mantinha a estratégia que antecipara aos jornalistas, durante uma viagem ao Acre, pouco antes:

– *Nessa eleição eu sou o Lulinha Paz e Amor.*

Ao contrário das campanhas anteriores, ele parecia sempre de bom humor. Mas essa tranqüilidade não impedia que fosse liberado da agenda antes daquele e de outros debates. Hospedado numa das duas suítes que Duda alugara no hotel Gran Melia WTC, em São Paulo, tinha um massagista para atendê-lo antes ou depois da soneca obrigatória.

A cada confronto, a suíte era decorada de modo diferente, com faixas que enalteciam a superioridade de Lula, ou sua performance, muitas vezes numa linguagem própria de torneiro mecânico. Certa feita, o piso foi coberto por pétalas de rosas vermelhas.

Durante os confrontos, Duda recebia pesquisas instantâneas feitas junto a vários grupos de eleitores e monitorava os resultados por um *palm top* conectado a um celular, orientando seu candidato nos intervalos da transmissão.

No dia 17 de setembro, a campanha de Serra, pilotada por Nizan Guanaes e Nelson Biondi, apresentou uma gravação em que Dirceu estimulava os professores reunidos em assembléia a fazer Covas "apanhar nas ruas e nas urnas". Em seguida, o programa exibiu imagens do governador apanhando mesmo, cercado por professores em greve. As imagens eram acompanhadas pelo título *Esse PT você não vê na TV.* O ataque se completava com uma comparação entre as biografias de Lula e de Serra – obviamente, ressaltando os aspectos negativos de um e os favoráveis de outro.

A resposta petista foi *light,* respeitando a máxima de Duda:

– *Quem bate perde.*

Biondi, que conhecia de cor e salteado a tese de seu ex-sócio, explicou a arriscada tática dos tucanos:

– *Não podíamos ficar sentados enquanto corríamos o risco de ver Lula ganhar no primeiro turno. Precisávamos agir.*

Lula recorreu a uma de suas metáforas para explicar como se preparava para os dois turnos:

– É como um aluno que vai fazer prova achando que vai ter nota 5, mas tenta tirar 10.

Duda, por seu lado, trabalhava desde o início mirando a segunda volta, pois temia o refluxo que poderia ocorrer investindo na vitória no primeiro turno. No final de setembro, o petista tinha apenas duas preocupações: acalmar o mercado e evitar um confronto com Serra. Para reforçar a imagem de equilíbrio, vários pesos-pesados da economia apareceram no programa político do PT.[13] Aos jornalistas, lembrou o que havia resolvido ao completar 50 anos, quando decidira tentar viver melhor e com mais humor, e prometeu:

– No último debate, vou estar do mesmo jeito: carinhoso com todo mundo, não vou brigar com ninguém. Isso irrita eles? Irrita. Eles vão bater em mim? Vão. Mas não tem problema.

O programa, organizado pela Globo, reuniu telespectadores num auditório e baseou-se em suas perguntas, o que esfriou o bate-boca. Serra foi o alvo preferencial de Ciro e Garotinho, e o petista não teve maiores problemas para terminar o programa sem perder a tranqüilidade. Segundo pesquisa do Instituto Datafolha, Lula venceu o debate.

Mas a última noite antes da eleição foi tensa, relata Frei Betto, que esteve com Lula o tempo todo:

– Foi uma noite mal dormida a de 5 para 6 de outubro. Por causa daquela ansiedade que toma conta de quem participa de uma grande disputa, como

---

[13] Entre eles, Eugênio Staub, do grupo Gradiente, Ivo Rosset, da Valisére, e Nildo Masini, diretor da Fiesp e ex-integrante do Grupo 14. Outros empresários deram depoimentos dizendo confiar em Lula, caso de Flávio Rocha, vice-presidente do grupo Guararapes, e Paulo Skaf, presidente da Associação Brasileira da Indústria Têxtil. Também manifestaram fé em Lula Delfim Netto e o ex-presidente do Banco Central no governo Collor, Ibrahim Eris.

estudantes à espera do resultado do vestibular. De manhã, após receber o telefonema de Cristovam Buarque comunicando que vencera o pleito entre os brasileiros radicados na Nova Zelândia, Lula pediu a um amigo massagista para aliviar-lhe a tensão. Saiu para votar e retornou ao seu apartamento.

Acompanhado por Marisa e Marta, Lula foi votar e voltou para seu apartamento, onde ficou conversando com Frei Betto e acompanhando o noticiário na TV. Ao meio-dia, relaxou e conseguiu dormir duas horas. Depois, gravou cenas para dois filmes sobre a sua trajetória política: um dirigido por Duda e outro por João Moreira Salles. Só então comemorou seu aniversário,[14] lembra Betto:

– *Sopramos uma vela e cortamos um bolo para comemorar seus 57 anos, oramos o pai-nosso e o salmo 72 na versão de frei Carlos Mesters.*[15] *Depois, foram todos para o comitê nacional esperar o resultado. Às 11 da noite, Lula soube que haviam faltado 3,5 milhões de votos para ganhar no primeiro turno e foi para casa com Marisa.*

Lula havia afinal quebrado a laje dos 30% a que se referira Genoino: recebeu 39.443.765 ou 46,44% dos votos.[16]

Para o segundo turno, não tinha qualquer intenção de cometer o erro de 1989: ainda no domingo, acertou o apoio de Ciro. Garotinho, que inicialmente condicionou sua adesão a um afastamento de Sarney e ACM, acabou apoiando o petista. Lula não descartou nem mesmo o voto de Maluf. Só não aceitou fazer um novo debate com Serra, alegando que tinha 11 estados para percorrer e que fizera 35 debates no primeiro turno. No dia 17 de outubro, jantando com empresários em São Paulo, admitiu:

– *Só perco se estourarem mais duas bombas no World Trade Center.*

---

[14] Era a primeira das duas comemorações, já que a data efetiva de seu nascimento coincidiria com o segundo turno.

[15] "E o bom governante escuta os apelos dos pobres."

[16] Serra teve 19.700.395, ou 23,2%; Garotinho ficou com 15.175.729, ou 17,87%; Ciro, com 10.167.597, ou 11,97%; José Maria de Almeida, do PSTU, 402.040, ou 0,47%; e Rui Pimenta, do PCO, 36.608, ou 0,05%. A abstenção passou dos 20 milhões, ou 17,76%. Os votos nulos foram quase sete milhões.

Mas, nos bastidores de sua campanha, temia-se outra bomba: um suposto dossiê que estaria pronto para ser levado ao ar. O boato levou Dirceu a procurar o presidente:

– Passamos a conversar para evitar que a campanha descambasse para denúncias infundadas de corrupção, ataques pessoais, dossiês. Nunca houve uma política nossa de trabalhar com dossiês. Até porque a campanha do Serra se ocupou disso... Se tivéssemos feito, teria sido um erro gravíssimo. Claro que em toda campanha aparece gente oferecendo dossiês, mas essa nunca foi a política do comando da campanha petista.

FHC confirma o contato:

– Eles estavam muito preocupados na campanha com várias coisas. Com a minha participação na campanha e com medo que houvesse golpe baixo. Isso eu afastei de imediato. Falei para o Dirceu que não ia haver, que o Serra não faz isso. Chamei o Nizan e disse: "Olha, não tem baixaria." No segundo turno, inventaram que haveria um dossiê, uma infâmia, uma podridão, que teriam filmado. É mentira, quer dizer, se alguém fez, nunca chegou até a gente – e se chegasse também iria morrer ali. O Zé Dirceu me telefonou explicando que o pessoal deles o estava deixando louco. Eu falei que ele podia informar que não ia haver nada. Mas o PT sempre faz um jogo: foram ao Antonio Candido, ao Celso Furtado, a dom Paulo, e mandaram uma carta, dizendo que era minha responsabilidade se o nível baixasse. O que é que eu tinha com isso, né?

Se havia a tal "bomba", ela nunca foi utilizada. O máximo que a campanha de Serra fez foi exibir um depoimento de Regina Duarte, dizendo que estava com medo de Lula, que não reconhecia mais o candidato do PT e temia pela volta da hiperinflação e a perda da estabilidade econômica já conquistada.

Duda escalou outra atriz de mesmo sobrenome, Paloma Duarte (que não tem parentesco com Regina), para responder, mas nem o ataque, nem a defesa tiveram qualquer relevância.

Alguns programas eleitorais do PSDB compararam a situação brasileira com a da Argentina, mas Fernando Henrique garante que ele mesmo nunca apostou na idéia do "quanto pior, melhor":

— Todas as minhas declarações foram noutro sentido, porque eu estava salvando a minha pele. Se você cria um clima de terror, a bomba explode antes, e eu não podia deixar explodir tudo que tinha sido feito. Por isso, nunca pensamos em complicar a vida do sucessor, fosse quem fosse. Para mim, pessoalmente — e politicamente também para o Brasil —, era muito melhor ganhar o Lula do que o Ciro ou o Garotinho. Eu posso ficar contra ele aqui ou ali, mas Lula não é um irresponsável. Nunca tive essa atitude, nem o Malan, nem o Pedro Parente, nem o círculo do poder.

No último programa eleitoral antes do segundo turno, Ciro e Garotinho expressaram seu apoio a Lula. Depois, embalados por doses gigantes de emoção, uma legião de ilustres petistas acenou lenços brancos ao som da música "Está chegando a hora".

Na hora, Lula venceu fácil o segundo turno, com 52.793.264 votos (61,27%) contra 33.370.739 de Serra (38,73%).

Na suíte do Gran Meliá, Lula acompanhou a apuração ao lado de Mercadante, Dirceu, Gushiken, Dulci, Kotscho, Genoino, Duda e suas famílias. Mariana Kotscho, repórter da Globo e filha do assessor de Lula, estava pela emissora ao lado do diretor do Ibope, Carlos Montenegro, e avisou ao pai em primeira mão sobre o resultado ainda sigiloso da pesquisa de boca-de-urna. Kotscho correu para repassar a informação, durante o almoço:

— Não deram a menor bola. Pensei que iam estourar champanhe. Eles já esperavam, e eu fiquei meio frustrado, porque achei que ia dar a grande notícia. Às 16h55, eu os chamei para avisar que a Globo ia entrar no ar às 17 horas, com o resultado da boca-de-urna. Tive que insistir para que fossem para a frente da televisão. Aí um dos apresentadores chamou a Mariana, que estava junto com o Montenegro no link *ao vivo, com os resultados. Eram 52 milhões de votos. Ficou todo mundo esperando o Lula dizer alguma coisa.*

E ele falou pra minha mulher: "Olha lá, a Mariana tá com cara de grávida mesmo!" Foi o único comentário que ele fez. Aí eu falei: "Pô, Lula, nós ganhamos a eleição, cara!" Pulei em cima dele e começou a festa.

Quase todos choraram. Duda distribuiu entre os presentes camisetas com a frase "*A esperança venceu o medo*" e também se debulhou em lágrimas:

– *Tive um ataque de choro e Lula me abraçou. Eu pensava: agora posso parar.*

Ao abraçar Dirceu, o presidente eleito comentou:

– *Essa vitória é da sua geração. É pra ela...*

O político frio e racional, que se orgulha de não ceder às emoções, admite que balançou com a frase. O cineasta João Moreira Salles pretendia registrar tudo, mas Lula pediu que ele saísse – não queria mais filmagens. Com a câmera digital de Moreira Salles, outra filha, Mariana Mercadante, registrou a reação de Lula e de seus companheiros no exato momento em que o jornalista Alexandre Garcia, da Globo, anunciou ao vivo que, pelo andamento da apuração, Lula era o virtual presidente do Brasil.

Em seu primeiro pronunciamento como presidente eleito, no hotel Intercontinental, nos Jardins, Lula acenou com uma "dura travessia" que exigiria austeridade, mas quebrou o protocolo ao fazer uma pausa para tomar água:

– *Não pode ser tão sério...*

Anunciou a criação da Secretaria de Emergência Social, encarregada de combater a fome a partir de 1º de janeiro, e explicou que, se ao final de seu governo cada brasileiro fizesse três refeições ao dia, ele teria cumprido a sua missão. À noite, na avenida Paulista, diante de milhares de petistas e eleitores, discursou emocionado – e de improviso.

Pouco antes, Serra reconhecera sua derrota, desejara sorte ao novo presidente e calara os militantes tucanos que ensaiaram uma vaia para

Lula. Para Fernando Henrique, o candidato tucano havia cumprido seu papel exemplarmente:

– *O Serra procedeu dignamente, o tempo todo. Com muita firmeza, foi até o fim, sabendo que ia perder. No segundo turno, era uma derrota anunciada. Foi uma pena porque o Serra seria uma continuação segura e o Lula me parecia uma continuação incerta – e parece até hoje.*

Na segunda-feira, Lula participou do *Jornal Nacional*, da Globo, numa condição jamais experimentada por qualquer outra autoridade: sentado na bancada de apresentadores, ao lado de William Bonner e Fátima Bernardes. Comentou diversas matérias, respondeu a várias perguntas e no final, quando os jornalistas anunciaram as cotações das Bolsas, do dólar e do real, ressaltando a reação dos mercados, perguntou:

– *Vocês não têm outros assuntos? Cadê a fome, o desemprego, a miséria, a desigualdade social?*

No dia seguinte, indicou Palocci como coordenador da equipe de transição.

Fernando Henrique comandou a mais civilizada transição da história republicana. Um processo que começou a ser planejado em janeiro de 2002, quando o governo mandou alguns técnicos conhecerem como funcionava essa passagem de bastão nos Estados Unidos. Foi feito um dossiê de cada ministério e um calendário para os primeiros 100 dias do futuro governo, lembra FHC.

A equipe indicada pelo PT foi remunerada oficialmente, pelo governo, evitando que a conta fosse paga de algum modo irregular. De 28 de outubro a 1º de janeiro, FHC e Lula tiveram várias conversas, algumas com a participação de Dirceu e Palocci.

Com Lula, a relação foi muito cordial. Fernando Henrique ofereceu a Granja do Torto para o presidente eleito e deu alguns palpites, sempre a pedido do petista, diz FHC:

– *Nunca entrei na questão da formação do ministério, só falei sobre as Forças Armadas e o Itamaraty, porque acho que são questões de Estado.*

Disse que achava que deveria colocar hierarquicamente as questões e botar um homem do Itamaraty, porque a Alca é uma discussão muito complicada, como as questões do Mercosul e da União Européia. Eu fui chanceler, o Celso Lafer também e nós não somos do Itamaraty – o Celso foi embaixador –, mas somos pessoas afeitas – sobretudo o Celso – a esse tipo de negociação. Lula fez isso não porque eu disse, mas porque é o óbvio. Quanto ao resto, ele até foi muito franco comigo e me antecipou o ministério que ia fazer. Eu não comentei, só registrei.

FHC diz que Lula lhe pediu uma opinião sobre Ricupero, que o petista pretendia indicar para as Relações Exteriores:

– Eu fiz elogios ao Ricupero, disse que era excelente, respeitado na casa, um excelente embaixador, e que o único problema é que você tem de estar de acordo com as idéias dele, porque ele já as manifestou muitas vezes. E o Lula tinha uma certa suspeita de que o Ricupero fosse difícil, fosse complicado. Aí eu disse: "Você quer saber se ele é como nós dois, se com ele você pode ter o tipo de conversa nossa?" E expliquei que não, que ele é embaixador – porque o Lula é boa-praça, gosta de um bom papo. Mas depois ele saiu dizendo que eu tinha inventado o Ricupero, como se eu tivesse esse poder. E o Ricupero acreditou, ficou até zangado comigo, mas não foi assim, eu apenas disse que o Ricupero seria um excelente ministro.

Em relação às Forças Armadas, FHC recomendou cautela ao petista:

– Comentei com o Lula para tomar cuidado com o pessoal a que ele estava ligado, da direita militar. São nacionalistas de direita, que hoje não têm poder nenhum nas Forças Armadas, que são democráticas e só se preocupam com o profissionalismo e a hierarquia. Sugeri que ele pegasse um dos três generais mais antigos, de quatro estrelas, e promovesse, sem dar carona para ninguém. E ele fez exatamente isso e depois me falou do resultado. Isso para você ver como foi o clima da transição.

Lula disse várias vezes que anunciaria todo o ministério de uma só vez, na hora que bem entendesse. Mas no dia 10 de dezembro, durante uma viagem aos Estados Unidos, acabou antecipando dois nomes: Marina Silva para o Meio Ambiente e Palocci na Fazenda:

– *Como a economia brasileira está na UTI, coloquei um médico para ser ministro da Fazenda.*

Lula ainda tentou desdizer-se, mas era tarde. Os jornalistas correram a ouvir Malan, que elogiou seu sucessor:

– *O doutor Palocci é uma pessoa extremamente sensata, equilibrada e objetiva.*

Lula também teria consultado o presidente em fim de mandato sobre a indicação para o Banco Central, garante Fernando Henrique:

– *Ele tentou botar o Armínio no Banco Central, mas aí ficou muito difícil, porque ele tinha falado muito mal do Armínio, e houve um incidente, alguém viu os dois conversando num hangar de aeroporto e não deu mais. Quando ele resolveu colocar o Henrique Meirelles, me telefonou e disse que havia um tucano ao lado dele querendo falar comigo. Passou o telefone para o Meirelles, que me relatou o convite e eu falei: "Tudo bem, mas você tem que sair do PSDB, porque não dá para continuar ligado ao partido e comandar o Banco Central do governo do PT."*

Três dias depois, na Granja do Torto, Lula confirmou Palocci e Marina em seus cargos, anunciou que Dirceu seria o chefe da Casa Civil e informou que o Banco Central ficaria com Henrique Meirelles.

No dia 16 de dezembro, Lula e Fernando Henrique trocaram calorosos elogios e ergueram os braços de mãos dadas, na entrega do prêmio O *Brasileiro do Ano*, da revista *IstoÉ*. Aécio, deixando a presidência da Câmara para assumir o governo de Minas, deu as mãos a Dirceu, enquanto Marta e Alckmin faziam o mesmo. Diante do empresário Abraham Kasinsky, escolhido o empreendedor do ano, Lula brincou:

– *Quando vocês assistirem na TV ao nosso amigo Kasinsky andando com aquelas vespas que ele está produzindo, deve ser montagem de algum marque-*

teiro. Ele parece um menino aos 85 anos. Espero que Deus me conceda a graça de chegar aos 85 com essa saúde.

Disse ainda que outros brasileiros poderiam estar sendo homenageados no lugar dele:

– *Eu sobrevivi fazendo apenas o necessário: sobreviver. Depois, me tornei adulto fazendo o que era possível e hoje, ao receber esse prêmio, acho que consegui fazer o impossível, coisa que espero realizar em quatro anos de mandato.*

Terminou reconhecendo a importância da relação civilizada mantida com FHC:

– *Como bom corintiano e bom santista que somos, a gente torce e vai por caminhos diferentes. Mas o dado concreto é que esse processo de transição que estamos fazendo no Brasil será um novo marco na política nacional.*

Fernando Henrique também minimizou os conflitos entre eles:

– *Quero dizer que nós tivemos mais divergências no passado do que hoje. Tenho visto tantas convergências nas últimas semanas. Estou muito feliz. Não digo isso com ironia, mas com alegria.*

No ocaso de seu mandato, Fernando Henrique usou uma metáfora religiosa para explicar a um grupo de empresários portugueses, em Lisboa, que Lula respeitaria todos os contratos:

– *Todos os candidatos beijaram a cruz, antes da eleição. Não só foram batizados, mas foram crismados, porque confirmaram, depois da eleição, que estavam, sim, no bom caminho.*

O petista, na visão do presidente, não era "nenhum ferrabrás, disposto a fazer rupturas". Mas FHC previu problemas entre Lula e os sem-terra:

– *Eu tenho um mês de governo. Pobre Lula, que tem quatro (anos), ele é que tem que se haver com o MST, não eu.*

Já fora do poder, Fernando Henrique deu uma explicação sociológica para a vitória do petista:

– *Uma espécie da revitalização de uma ideologia que eu classifico de nacional autoritária, expressa pelo Geisel, misturada com um certo estilo de desen-*

volvimento como se fosse do Juscelino, coincidindo com uma fase de expansão econômica em todo o mundo. Eles misturaram no imaginário o Geisel e o Juscelino. Não houve uma crítica à proposta do PSDB pela esquerda, mas pela direita, ainda que dita pela esquerda. São idéias que considero regressivas e conservadoras, só que ditas pela esquerda. Ninguém levantou temas como a participação nos lucros, ou o controle das empresas, com maior participação nos sindicatos. Sempre se fez a crítica ao estilo de Delfim, ao estilo de um certo juscelinismo, ou de um certo nacional-autoritarismo. E com isso, eles ganharam a eleição.

Ao PSDB faltaram convicção, consistência partidária, na visão de Fernando Henrique:

– *Quantas vezes disse aos líderes que nós íamos ganhar as votações? Disse que o painel podia dar a vitória do governo e que para o governo estava bem, mas que eles iam perder a eleição, por causa daquele voto sem defesa. Entregavam a mercadoria pró-forma – o voto – mas não defendiam as teses. E assim foi. As reformas foram feitas, a custo, sempre por imposição do governo, e não por convicção, e sempre com o discurso de que eram contra o povo.*

O tucano reconheceu competência nos petistas:

– *Eles têm partido. O risco é outro. É que esse partido perca a convicção ao ganhar e fique sem rumo. Se ficar muito tempo, vira PRI,*[17] *torna-se uma máquina com o único objetivo de manter o poder.*

Sobre a campanha de Lula, FHC só teve elogios – e uma pitada de maldade:

– *Foi genial o trabalho do Duda, porque ele percebeu como o Lula era e ressaltou suas características. O Lula gostou, porque o que foi apresentado é autêntico. O que o Lula é é petista.*

O novo estilo do poder começou a ficar evidente no dia 29 de dezembro de 2002, quando, por seis reais, Fernando Luiz da Silva ensa-

[17] PRI – Partido Revolucionário Institucional, criado no México em 1929, tornou-se uma supermáquina partidária que tinha dois mil prefeitos e 31 governadores. Controlou o poder até o ano 2000.

boou o rosto do presidente eleito com creme de barbear Bozzano, antes de acertar os contornos da barba grisalha e curta com uma navalha, finalizando a obra com loção pós-barba da mesma marca. Ex-metalúrgico e dono de uma barbearia no bairro do Ipiranga, perto do Instituto Cidadania, em São Paulo, Fernando aparava a barba de Lula há muitos anos. A diferença é que, em vez de conversar sobre o ataque do Corinthians com seu barbeiro, Lula discutiu a situação da Venezuela com seu assessor internacional, Marco Aurélio Garcia, que retornava de uma missão extra-oficial ao conturbado país vizinho.

No penúltimo dia do ano, Lula recebeu FHC, dona Ruth, Bia Cardoso e os dois netos do presidente na Granja do Torto, com um churrasco que avançou noite adentro. Foi o último contato entre eles antes da posse e da improvisada dança em torno dos óculos derrubados pela faixa presidencial.

Na noite do *réveillon*, o presidente eleito quase enlouqueceu sua segurança: combinou entrar o ano na Granja do Torto, mas saiu com Marisa para festejar 2003. Às 23h30, apareceu no restaurante Belle Epoque, do hotel Nacional, na recepção organizada pelo vice Alencar e que deveria ser uma das mais discretas e familiares daquela virada em Brasília. Pouco antes da meia-noite, tomou a palavra e creditou a vitória a Alencar:

— *Sem você, eu não teria ganhado essa eleição. Foi o encontro de duas trajetórias pelo bem do Brasil. Não vamos decepcionar o Brasil.*

Depois de deixar o hotel Nacional, Lula foi para a Esplanada dos Ministérios. Diante da Catedral de Brasília, mandou parar o carro e cumprimentou algumas pessoas. Então, seguiu para o hotel Blue Tree Tower, onde vários ministros e petistas ilustres o aguardavam. Ali estavam Palocci, Dirceu, Mercadante, Gushiken, Gilberto Gil, já indicado para o Ministério da Cultura, Luís Fernando Furlan, da Indústria e Comércio, Roberto Teixeira e Duda Mendonça, entre tantos. Também estavam os irmãos de Lula por parte de pai e de mãe. Alguns não se viam há muitos anos.

Fernando Henrique e dona Ruth passaram o *réveillon* no Palácio da Alvorada, em companhia de filhos e netos, Malan, Celso Lafer e as respectivas mulheres. Ao despedir-se dos jornalistas credenciados, pouco antes, FHC enfrentou uma sessão de fotos e arrematou:

– Depois de oito anos como presidente e dois anos como ministro da Fazenda, que era uma pasta pesada, eu fiz o que pude. Trabalhei bastante e agora vou descansar. Mas o Brasil não pode parar e eu vou continuar torcendo pelo Brasil.

Um grupo de funcionários do gabinete pregou na parede um cartaz que dizia: "Já estamos sentindo saudades". FHC e dona Ruth já estavam com lugares marcados na primeira classe de um vôo da TAM. Seu novo endereço seria a avenida Foch, no 16º *arrondissement*, um dos mais sofisticados bairros de Paris, onde teria um mês de férias antes de dar palestras e cursos em universidades européias.

A grande festa que transformou a Esplanada dos Ministérios num mar de gente foi minuciosamente planejada por Duda Mendonça, com direito até a ensaio geral.

Às 14 horas de 1º de janeiro de 2003, Lula enfrentou nova mudança. Cinqüenta anos antes, embarcara com a família num pau-de-arara, rumo a São Paulo. Agora, subia com a mulher num carro oficial, cercado pela pompa e atenção de 20 batedores da Polícia do Exército e dos Fuzileiros Navais. Em Garanhuns, Lobo, seu vira-lata de estimação, ficou para trás. Em Brasília, Michelle, uma *fox terrier* de oito anos, chegou antes dele ao Palácio da Alvorada, o novo endereço do ex-retirante, ex-engraxate, ex-torneiro mecânico, ex-sindicalista e ex-preso político, finalmente transformado no 30º presidente da República Federativa do Brasil.

Sua posse foi registrada desse modo pelo influente jornal *The New York Times*:

"A maior nação latino-americana embarcou numa ambiciosa experiência política e social ontem, quando Luiz Inácio Lula da Silva, líder do esquerdista Partido dos Trabalhadores e ex-operador de torno mecânico e líder sindical, tomou posse como presidente do Brasil, prometendo 'um novo estilo de governo' e uma cruzada contra a fome, a injustiça e a corrupção. (...)

Não há precedentes na história brasileira para a chegada ao poder de Lula, que concluiu apenas o ensino fundamental, perdeu parte de um dedo num acidente na fábrica e, como ele relembrou em seu discurso, vendeu amendoins nas ruas quando criança para ajudar a mãe divorciada a pagar as contas. Ele é o primeiro membro da classe trabalhadora a se tornar presidente aqui e o primeiro candidato de um partido de esquerda a vencer uma eleição presidencial. O novo presidente atribuiu seu triunfo retumbante à rejeição da política de mercado livre do antecessor, Fernando Henrique Cardoso."

O texto era assinado por Larry Rother, o mesmo que, um ano e quatro meses depois, publicaria uma reportagem inconsistente e irresponsável sobre Lula, escapando por pouco de ser expulso do país, numa imperial demonstração de poder do novo príncipe.

Referências Bibliográficas

Livros:

AMARAL, ROBERTO (coordenador). *FHC: os paulistas no poder.* Rio de Janeiro: Casa Jorge Editorial, 1995.

BETTO, FREI. *Lula, biografia política de um operário.* São Paulo: Estação Liberdade, 1989.

CARDOSO, FERNANDO HENRIQUE. *Autoritarismo e democratização.* Rio de Janeiro: Paz e Terra, 1975.

CONTI, MARIO SÉRGIO. *Notícias do Planalto.* São Paulo: Companhia das Letras, 1999.

DANTAS JUNIOR, ALTINO, *Lula sem censura... e aí a peãozada partiu pro pau.* Petrópolis: Vozes, 1981.

DIMENSTEIN, GILBERTO; SOUZA, JOSIAS DE. *A história real, trama de uma sucessão.* São Paulo: Ática e *Folha de S. Paulo*, 1994.

DIRCEU, JOSÉ; PALMEIRA, VLADIMIR. *Abaixo a ditadura — o movimento de 68 contado por seus líderes.* Rio de Janeiro: Garamond, 1998.

FANTINI, FLAMÍNIO (editor); OLIVEIRA, ANA CRISTINA GONÇALVES DE; ALBUQUERQUE, ANTÔNIO CELSO DE PAULA (organizadores). *Brasil, a era do Real.* Brasília: Presidência da República Federativa do Brasil, 2002.

FERREIRA, MARIETA DE MORAES; SARMENTO, CARLOS EDUARDO (organizadores). *Mário Covas, ação conforme a pregação. Uma revolução ética em São Paulo.* Fundação Mário Covas, FGV/CPDOC, 2003.

LAMOUNIER, BOLIVAR; FIGUEIREDO, RUBEM (organizadores). *A era de FHC – um balanço.* São Paulo: Cultura Editores Associados, 2002.

LEONI, BRIGITTE HERSANT. *Fernando Henrique Cardoso, o Brasil do possível.* Rio de Janeiro: Nova Fronteira,1997.

MARX, KARL. O *Capital,* Livro 2, vol. III. Rio de Janeiro: Civilização Brasileira, 1991.

MENDES, CÂNDIDO. *A presidência afortunada – depois do real, antes da social-democracia.* Rio de Janeiro: Record, 1998.

MENDONÇA, DUDA. *Casos & coisas.* São Paulo: Editora Globo, 2001.

MENEGUELLO, RACHEL. PT- *A formação de um partido.* Rio de Janeiro: Paz e Terra, 1989.

PARANÁ, DENISE. *Lula, o filho do Brasil.* São Paulo: Fundação Perseu Abramo, 2002.

PEREIRA, ÁLVARO. *Depois de FHC – Personagens do cenário político analisam o governo Fernando Henrique Cardoso e apontam alternativas para o Brasil.* São Paulo: Geração Editorial, 2002.

PETRAS, JAMES; VELTEYER, HENRY. *Brasil de Cardoso – a desapropriação do país.* Petrópolis: Vozes, 2001.

PSDB. *Mãos à obra – Proposta de governo de Fernando Henrique Cardoso.* Brasília, 1994.

RAMPINELLI, WALDIR JOSÉ; OURIQUES, NILDO DOMINGOS (organizadores). *No fio da navalha – crítica das reformas neoliberais de Fernando Henrique Cardoso.* São Paulo: Xamã Editora, 1998.

SINGER, ANDRÉ VICTOR (organizador). *Sem medo de ser feliz.* São Paulo: Scritta, 1990.

SUASSUNA, LUCIANO; NOVAES, LUIZ ANTÔNIO. *Como Fernando Henrique foi eleito presidente.* São Paulo: Contexto, 1994.

TOLEDO, ROBERTO POMPEU. *O presidente segundo o sociólogo.* São Paulo: Companhia das Letras, 1998.

VASCONCELLOS, GILBERTO FELISBERTO. *O príncipe da moeda.* Rio de Janeiro: Espaço e Tempo, 1997.

VENTURA, ZUENIR. *1968, o ano que não terminou – a aventura de uma geração.* Rio de Janeiro: Nova Fronteira, 1988.

Revistas:

A Revista – edição de dez./02

Bundas – edição de nov./01

Careta – edição de 08/10/81

Época – edições de 1°/6/98 a 28/10/02

Escrita/Ensaio – edição de 1982

Exame Vip – edição de 19/9/90

IstoÉ – edições de 20/7/77 a 2/10/02

IstoÉ Dinheiro – edição de 29/10/03

Nova – edição de jul./79

Playboy – edições de jul./79, set./84 e jan./92

Revista de Administração de Empresas – edição de abr./74, vol. 14, n. 2

Senhor – edição de 17/7/85

Teoria & Debate – edições de jan./fev./mar./90, out./nov./dez./90, jun./jul./ag./02

Veja – edições de 14/9/77 a 7/4/04

Além de reportagens não-assinadas, Paulo Markun recorreu também a textos dos seguintes autores, publicados nas revistas citadas acima: Alex Solnik, Aluizio Maranhão, Anamárcia Vaisencher, Ana Maria Lage, Andrei Meirelles,

Antônio Rago Filho, Clóvis Rossi, Eliane Brum, Eugenio Bucci, Eumano Silva, Expedito Filho, Florência Costa, Gerson Camarotti, Guilherme Evelin, Helio Campos Mello, José Meirelles Passos, José Onofre, Josué Machado, Leonardo Attuch, Ligia Martins de Oliveira, Luciano Suassuna, Luiz Fernando Sá, Luiz Roberto Serrano, Luiza Villaméa, Maria Dolores Prades, Mino Carta, Miriam Leitão, Nunzio Briguglio, Paulo Douglas Bársotti, Paulo Sergio Pinheiro, Regina Echeverria, Ricardo Antunes, Ricardo Azevedo, Ricardo Kotscho, Ronald Freitas, Rose Spina, Thomas Traumann e Tito Montenegro.

Depoimentos ao autor:

Entrevistas realizadas entre dez./02 e fev./04:

Airton Soares, Aluísio Mercadante, Almir Pazzianoto, Antonio Carlos Félix Nunes, Chico de Oliveira, Duda Mendonça, Enilson Simões de Moura, Fernando Henrique Cardoso, Fernando Morais, Frei Chico, Jorge Caldeira, José Dirceu, José Genoino, José Serra, Laerte, Luís Dulci, Luiz Gushiken, Lourdes Maria Coelho Barelli, Nildo Masini, Paulo Vidal, Pedro Malan, Ricardo Kotscho, Walter Barelli.

Jornais:

A Noite – edição de 14/3/64
A Notícia – edições de 3/2/99, 28/5/01 e 19/7/02
Diário de Notícias – edição de 14/3/64
Diário de S. Paulo – edição de 24/3/02
Folha de S. Paulo – edições de 14/3/79 a 21/4/02
O Estado de S. Paulo – edições de 15/3/1979 a 12/11/2002
Jornal do Brasil – edições de 6/3/1978 a 5/8/01
Jornal do Commercio – edição de 31/5/98
Jornal da República – edições de 5/9/79 a 9/10/79
Jornal da Tarde – edições de 1º/8/78, 13/3/79 e 27/1/88
O Globo – edições de 27/2/94 a 26/10/02
Pasquim – edição de 24/3/78
Valor Econômico – edição de 16/3/01

Shopping News – edição de 25/11/84

Além de reportagens não-assinadas, Paulo Markun recorreu também a textos dos seguintes autores nos jornais anteriormente citados: Alexandre Polesi, Artur Ribeiro Neto, Caio Túlio Costa, Carlos Eduardo Alves, Edson Flósi, Eliane Catanhêde, Elio Gaspari, Enio Pesce, Fernando Rodrigues, Francisco Barreira, Gerson Camarotti, Getúlio Bittencourt, Helena Chagas, João Máximo, Jorge Bastos Moreno, José Afonso Primo, José Luiz Longo, José Nêumane Pinto, Josias de Souza, Júlio de Grammont, Lourenço Dantas Mota, Lourival Sant'Anna, Mara Bergamaschi, Mario Sergio Conti, Maurício Dias, Monica Dallari, Paolo Marconi, Paul Singer Raymundo Costa, Ricardo Lessa e Rodolfo Fernandes.

Internet:

www.abcdeluta.org.br

www.correiodacidadania.com.br

www.rebelion.org. Depoimento de Wagner Benevides e Paulo Skromov no livro *El sueño era possible – La origen del Partido de los Trabajadores,* de Marta Harnecker, disponível no *site.*

Entrevistas:

Entrevista de FHC a Mino Carta, *Revista Senhor,* 1994

Entrevista de Pedro Malan à Rádio Gaúcha de Porto Alegre, em 14/5/1999

Palestra de Pedro Malan na comemoração dos 38 anos do Ipea, em 2/10/02

Depoimento de Lula a Duda Mendonça, março de 2002

Depoimento de Lula a Duda Mendonça em Garanhuns, abril de 2002

Entrevista para Claudio Cerri, repórter da Campanha Lula Presidente, com Adélia Chagas (Agência Carta Maior), Carlos Tibúrcio, Denise Gorczeski, Mônica Alterthum, Ricardo Kotscho, Spensy Pimentel e Olívio Lamas

Monografias/teses:

Rodrigues, Petterson. *A virada – do exílio ao Planalto Central,* Universidade Brás Cubas.

Brandão, Marco Antonio. Dissertação de Mestrado apresentada ao Programa de Pós-Graduação em História da Faculdade de História, Direito e Serviço Social da Universidade Estadual Paulista "Júlio de Mesquita Filho", Campus de Franca, para a obtenção do título de Mestre em História. 185 páginas

Artigos:

"Lembranças PT", escrito para a Fundação Perseu Abramo, 1980

Betto, Frei. "O amigo Lula", 29/10/02

Diversos:

Estudo de imagem, Duda Mendonça Marketing político, documento interno

Resoluções Políticas do 5º Encontro Nacional do PT

Resoluções Políticas do 9º Encontro Nacional do PT

Press release do Ministério da Fazenda, 31/12/96

Carta de demissão de Pedro Malan a FHC, 29/1/99

Mesa-redonda no jornal *O Estado de S. Paulo*, com a participação de Milton Luiz Belintani, do Sindicado dos Empregados em Editoras, o publicitário Carlito Maia, Dermeval Nevoeiro Junior, prefeito de Rio Claro, Raymundo Magliano Filho, vice-presidente da Associação da Sociedade de Corretoras de Valores, o jornalista Lenildo Tabosa Pessoa, articulista do *Jornal da Tarde* e os repórteres Carlos Manente, Célia Romano, Itaboraí Martins, Luiz Fernando Emediato e Mário Lucio Franklin

Arquivo do DEOPS: Pasta: 50-z-9 / Documento: 44475 a 44460

Boletins:

Boletim Estadual do PT São Paulo, fevereiro de 1982, novembro de 1984, janeiro de 1985, janeiro de 1988 e março de 1993

Créditos das Imagens

Foto de capa:
Clóvis Cranchi Sobrinho

Fotos de contracapa:
Lula e Fernando Henrique – Fernando Pereira/AJB
Pedro Malan – Luz Bittar/Prensa Três
José Dirceu – Arquivo/Agência O Globo
Presos políticos – Reprodução/AJB

Fotos de miolo:

Carlos Magno/Prensa Três (pág. 10)
Adriano Machado/BG Press/AJB (pág. 14)
Acervo pessoal Lula (pág. 18)
Acervo pessoal Lula (pág. 22)
Arquivo Fernando Henrique Cardoso (pág. 25)
Acervo pessoal Lula (pág. 29)
Acervo pessoal Lula (pág. 36)
Acervo pessoal Nivaldo Campagnolo (pág. 40)
Arquivo Fernando Henrique Cardoso (pág. 43)
Arquivo/Agência O Globo (pág. 59)
Arquivo Fernando Henrique Cardoso (pág. 65)
Carlos Namba/Editora Abril (pág. 75)
Acervo pessoal Lula (pág. 79)
Acervo pessoal Lula (pág. 85)
Reprodução/AJB (pág. 98)
Acervo pessoal José Dirceu (pág. 100)
Fernando Pereira/AJB (pág. 102)
João Bittar (pág. 132)
Irmo Celso (pág. 137)
Eduardo Simões (pág. 163)
Acervo pessoal Lula (pág. 171 – acima)
Hélio Campos Mello (pág. 171 – abaixo)

Ariovaldo Santos/AJB (pág. 204)
Roberto Faustino/AJB (pág. 231)
Ricardo Stuckert /Prensa Três (pág. 247)
André Teixeira/Agência O Globo (pág. 248)
Arquivo Fernando Henrique Cardoso/Divulgação/Direitos reservados (pág. 252)
Divulgação/Unibanco (pág. 260)
Carlos Magno/AJB (pág. 284)
Acervo pessoal Nazareth Amaral (pág. 313) – www.nazarethamaral.com.br
Acervo pessoal Nazareth Amaral (pág. 325)

Índice Onomástico

Luiz Inácio Lula da Silva e Fernando Henrique Cardoso não constam do índice abaixo, uma vez que, sendo protagonistas deste livro, são mencionados em quase todas as páginas.

Este livro foi impresso na
LIS GRÁFICA E EDITORA LTDA.
Rua Felício Antonio Alves, 370 – Jd. Triunfo – Bonsucesso
CEP 07175-450 – Guarulhos – SP – Fone: (011) 6436-1000
Fax.: (011) 6436-1538 – E-Mail: lisgraf@uninet.com.br